GOTTESDIENST PRAXIS SERIE A

Arbeitshilfen für die Gottesdienste
zu den Sonn- und Feiertagen
des Kirchenjahres

Herausgegeben von Horst Nitschke

Gütersloher Verlagshaus Gerd Mohn

GOTTESDIENST-PRAXIS

I. Perikopenreihe

Band 3: 7. Sonntag nach Trinitatis
bis Ewigkeitssonntag

Gütersloher Verlagshaus Gerd Mohn

CIP-Titelaufnahme der Deutschen Bibliothek

Gottesdienstpraxis / hrsg. von Horst Nitschke. –
Gütersloh : Gütersloher Verl.-Haus Mohn.
Früher hrsg. von Erhard Domay u. Horst Nitschke
Ser. A, Arbeitshilfen für die Gottesdienste zu den Sonn-
und Feiertagen des Kirchenjahres.
Perikopenreihe 1.
NE: Domay, Erhard [Hrsg.]; Nitschke, Horst [Hrsg.]; 1. Abt.

Bd. 3. 7. Sonntag nach Trinitatis bis Ewigkeitssonntag. – 1991
ISBN 3-579-02871-5

ISBN 3-579-02871-5

Satz: Satz-Service-Berkemeier, Gütersloh
Druck und Bindung: Ebner Ulm
Umschlagentwurf: Franz Wöllzenmüller, Oberhaching
Umschlagbild: © Benedikt Werner Traut, 8677 Selbitz
Friedenszeichen 1973, Farbholzschnitt 55 x 70 cm,
Printed in Germany

Inhalt

7. Sonntag nach Trinitatis

Predigttext: Johannes 6,1–15

Corinna Diestelkamp

Theologisch-homiletische Skizze

Im Zusammenhang des gesamten Kapitels 6 steht das *Brot* im Mittelpunkt: Jesus *gibt* und *ist* das Brot des Lebens. Die Brotvermehrungsgeschichte Vers 1–15 ist die anschauliche und »handgreifliche« Einleitung, zielt schon auf diese Aussage. Lebensspendende, lebenserhaltende Nahrung für den ganzen Menschen, das ist die wahre Gottesgabe. Deshalb »unterschlägt« Johannes alle für den praktischen Verstand einleuchtende Motivation des Wunders (Hunger, späte Tageszeit, abgelegener Ort, vorausgegangene längere Predigt Jesu; s. Exegese Band 4); es bleibt nur der göttliche Wille, alle Menschen satt zu machen (Vers 5 »soviel sie wollen«; Vers 11 »satt« – lat. satis, genug, erinnert an satisfactio, Genugtuung: den Menschen wird durch Christus »genug getan«, wie auch Gott genug getan wird durch ihn).

Mir geht das Brot nicht aus dem Sinn: einst Grundnahrungsmittel – bei uns und im Mittelmeerraum, anders z.B. in Asien oder Afrika – muß es heute durch große Vielfalt im Angebot attraktiv gemacht werden. Wir kennen kaum noch so etwas wie einfache Grundernährung, haben Mühe mit dem Alltäglichen, mit dem »täglichen Brot« in jeder Hinsicht, und suchen ständig Besonderes, Exotisches.

In der Alltagserfahrung ist mir dies leicht aufzufinden: der diffuse Hunger, die Suche nach Befriedigung in Essen, Einkaufen, Arbeit, Familie, Fernsehen; aber auch die gelegentlich gefundene Sättigung, manchmal durch erstaunlich einfache Mittel.

Ich möchte nahelegen, daß diese wirklich lebensspendenden Erfahrungen Gottes Gaben sind, daß da Christus sich selbst gibt. Und umgekehrt: daß wir mit der Bitte um das tägliche Brot viel weiter greifen und Christus selbst erbitten, die wahre und dauerhafte Lebensgrundlage.

Ein Blick in die Konkordanz lohnt: es macht Freude, im biblischen »Brotgebrauch« herumzustöbern. Direkt Bezug genommen ist ja in Vers 31 + 49 auf die Mannageschichte (2. Mose 16,13–15), aufgenommen sind 5. Mose 8,3, das wiederum in der Versuchungsgeschichte Lk 4,4 zitiert wird und deutlich macht: Nur Gott kann geben und gibt, was wirklich lebendig macht. Brot-haben ist ein Symbol für Leben in Ausgewogenheit und Frieden (z.B. 1. Mos 14,18; 2. Kön 16,22; Jes 21,14), Brot-teilen und Feindschaft sind sich ausschließende Widersprüche (z.B. Ps 41,10), denn gemeinsames Essen begründet Freundschaft! Die Epistel Apg 2,41a.42–47 macht diesen Aspekt deutlich: »himmlisches« Brot, Gemeinschaft, Gotteslob, ja sogar Gütergemeinschaft gehören zusammen. Eine Predigt über Joh 6 wird hier nicht das Schwergewicht setzen, aber durch die Lesung und ggf. Feier des Abendmahls zeigt sich: Die Verknüpfung der Gottesbeziehung mit der geschwisterlichen Gemeinschaft ist immer vorausgesetzt und wesentlich, beide konstituieren (sakramentale) Teilhabe an Christus.

Vorschläge zur Liturgie

Ein Abendmahlsgottesdienst legt sich nahe, möglicherweise auch da, wo dies sonst nicht üblich ist, gefeiert mit »normalem« Brot – am besten Graubrot.

Ich würde bereits in der Einleitung auf dieses Brot hinweisen, vielleicht es dann erst auf den Altar legen und andeuten, was das »tägliche Brot« noch bedeutet: Alles, was Leben schenkt.

Lieder

EKG 483 (z.B. zum Eingang) oder 230 – »Wir teilen die Äpfel aus« in »Mein Liederbuch für heute und morgen«. tvd, Nr. B82:

2. Wir teilen Freude und Leid, wir teilen Bett und Kleid, wir teilen das letzte Stück, wir teilen Trauer und Glück.

3. Wir teilen Hunger und Not, wir teilen Wasser und Brot, wir teilen das letzte Stück, wir teilen Trauer und Glück.

4. Wir teilen Erde und Meer, uns fällt das Teilen so schwer, wir teilen das letzte Stück, wir teilen Trauer und Glück.

Text: Wilhelm Willms, Melodie: Oskar Gottlieb Blarr
Aus: „Fünf Brote und zwei Fische", 1977

(Str. 1 mögliche Veränderung: »Wir teilen, weil Gott uns liebt, wir teilen, was er uns gibt ...«)

»Korn, das ist die Erde, in den Tod versinkt, ...« VE 97 – EKG 156 oder 159 – Zur Melodie EKG 294 »Befiehl du deine Wege« gibt es von Kurt Rommel einen neuen Abendmahlstext, der das Teilen betont:

1 Wir sind zum Mahl geladen.
Der Herr ruft uns zu Tisch
wie einstmals seine Freunde
zu Wein und Brot und Fisch.
Er ruft uns Menschen alle,
er zieht die Grenzen nicht.
Denn die im Dunkeln leben,
holt er zu sich ins Licht.

2 Aus Süden und aus Norden
lädt er sie, arm und reich.
Für ihn sind alle Gäste
aus allen Völkern gleich.
Wer kommt, der ist geladen.
Wer nicht kommt, der bleibt fern
und meidet durch sein Fehlen
die Güte unsres Herrn.

3 Daß wir gemeinsam essen,
heißt, daß uns nichts mehr trennt,
daß einer sich zum andern
und so zum Herrn bekennt.
Sein Leben und sein Lieben
ist der Gemeinschaft Kern;
Gemeinschaft ist das Leben.
Wir sind der Leib des Herrn.

4 Der Herr weist uns die Orte
im neuen Leben an.
Dort bricht durch uns der Friede,
der allen gilt, sich Bahn.
Die Zukunft steht uns offen
bei Wein und Brot und Fisch.
Der Herr, dem wir heut danken,
deckt morgen auch den Tisch.

Kurt Rommel

Nach EKG 294 (44) »Befiehl du deine Wege«

Lesung
Joh 6,30–35

Eingangsgebet
Wir haben viel, Gott,
unsere Hände sind voll,
und doch suchen wir mehr,
greifen ins Leere.
Unser Herz ist unruhig
auf der Suche nach Frieden.
Gib uns Brot, Herr,
nur Du hast, was wir brauchen,
was uns aufbaut:
Nahrung und Frieden,
Dein Wort und Deine Nähe.
Unser tägliches Brot gib uns heute –
jetzt, Herr,
das bitten wir durch Jesus Christus,
das Brot des Lebens. Amen.

Präfationsgebet
Vater und Herr der Erde,
Du bist über uns wie der Himmel,
Du bist um uns wie die Luft,
Du trägst uns wie der Grund unter den Füßen,
Du bist unter uns als ein Bruder,
Du gibst, was wir zum Leben brauchen,
Du gibst Leben,
Du gibst Dich selbst in Deinen Gaben,
in dem, was vor uns auf dem Tisch steht,
in Brot und Saft der Trauben.

Du willst uns satt machen.
Danke, daß Du da bist und uns beschenkst.
Wir singen Dir unser Lob: (Sanctus)

Nach den Einsetzungsworten
»Komm, Herr Jesus, sei Du unser Gastgeber,
sei Du als Gast unter uns und segne Deine Gaben.«

Fürbittengebet
Wir leben nicht vom Brot allein,
wir brauchen Dich, Gott,
und alles, was Du gibst.
Wir beten für ... (Nahrung, Umwelt, Hunger in der Welt ...) und bitten Dich:
Gem.: Unser tägliches Brot gib uns heute!
(weitere Anliegen entsprechend)
oder:
Unser tägliches Brot gib uns heute:
Speise, die unseren Körper ernährt,
Leben, das wir teilen können,
Luft, die uns atmen läßt,
Menschen, die uns verbunden sind,
Worte, die unserem Denken Weisung geben,
Frieden, der uns Heimat schenkt.
Wir bitten Dich jetzt um das tägliche Brot:
Vater unser im Himmel ... (A. Pötzsch)

Vorschläge zur Predigt
Möglicher Predigtanfang
Immer wieder ertappe ich mich dabei: Ziellos stöbere ich in der Küche herum. Ich suche irgend etwas zum Futtern, was, weiß ich nicht, der Kühlschrank gibt wenig her, die Kuchenbüchse ist leer, da liegt eine Banane, die nehme ich, und noch ehe ich sie gegessen habe, weiß ich: Das ist es nicht, was ich suche. Ich esse sie trotzdem, dann noch einen Joghurt. Voll bin ich längst, aber nicht satt, nicht zufrieden, immer noch hungrig, irgendwie.
Beim Einkaufen passiert dasselbe. Dies, das noch, es sieht gut aus, aber ich bleibe unbefriedigt. Oder das Fernsehprogramm, durchgespielt mit der Fernbedienung, hier ein bißchen reingesehen – nein, doch lieber das andere, nichts ist das Richtige, und der Abend, so verbracht, hinterläßt einen schalen Geschmack.
Was suche ich eigentlich? Jedenfalls nicht das Essen, nicht etwas anzuziehen, nicht einen Film. Der Mensch lebt nicht vom Brot allein. Wovon sonst? Das suche ich: etwas, wovon ich leben kann. Ich suche Sättigung, richtig zufrieden gestellt zu sein, im Gleichgewicht, eins mit mir und meiner Welt: gefüllte Hände, gestillter Hunger, ruhiges Herz. Das suche ich. Ihr auch?

Zum weiteren Verlauf

Bei Jesus haben die Menschen das gefunden. Damals. Erinnert Ihr Euch? Wir haben es vorgelesen. Sie liefen ihm nach, bis in die Wüste sogar. Hatten's erlebt oder auch nur vom Hörensagen: Der hat Menschen geheilt. Bei dem findet Ihr das, was Ihr gesucht habt. Sie liefen ihm nach, wußten vielleicht selbst nicht, was sie da wollten, auf der Suche, irgendwie hungrig.

Und er? Er hat nur den Wunsch: sie alle satt zu machen. Alle. Jesus weiß: Diese Menschen haben Hunger, Hunger im Herzen. Wie nur werden sie froh? Er bespricht sich mit den Jüngern. Aber die sehen nur: Das sind zu viele. Egal wofür: diese Menge können wir niemals zufriedenstellen. Der Hunger ist zu groß. Wir können nur den Mangel verwalten, es reicht nicht vorne und nicht hinten.

Jesus weiß das besser: Was sie wirklich brauchen, davon gibt es reichlich! Gottes Nähe, er selbst, davon könnten sie leben, diese Quelle versiegt nie. Die will er zugänglich machen, davon sollen sie alle satt werden.

Und er gibt ihnen Brot. Einfaches, normales Arme-Leute-Brot, ein Junge hat es mitgebracht, dazu etwas Fisch, die Allerweltsmahlzeit, in dieser Fischgegend ißt man so etwas täglich.

Und alle werden satt. Nur mit dem Magen? Warum gibt er Magennahrung, füllt den Bauch?

Ihr wißt, wie schwierig Worte sind. Und machen sie etwa satt? Können Worte Gott besser transportieren als Brot? Ich glaube nicht. Predigten hören ist schwer und oft unbefriedigend. Liebe geht durch den Magen. Jesus will sich selbst geben: nicht nur in Gedanken, sondern zum Sehen, Spüren, Schmecken. Herzensnahrung – mit Händen zu greifen, Herzensnahrung, die den Mund freut und den Magen füllt, Herzensnahrung, die rundum zufrieden macht, Körper *und* Seele.

Dazu braucht es keinen reich gedeckten Tisch. Manches Fest ist schon trotz der vielen Torten öde und leer gewesen. Was es braucht, ist etwas anderes. Ich finde es schwer, in Worte zu fassen. Die richtigen Leute vielleicht? Einen Gastgeber, bei dem ich mich wohlfühle, den ich gern habe? Gute Stimmung? Oder all das zusammen? Vielleicht den richtigen Geist? Gottes Geist? Nicht nur für Feste, sondern um wirklich Zufriedenheit und Erfüllung zu finden, jeden Tag. Brot des Lebens.

So war Jesus. Und deshalb wurden alle satt an dem einfachen Brot und den Fischen. So war das. Damals.

Auch heute? »Wer zu mir kommt«, sagt Jesus, »wird nie mehr hungrig sein.« Wenn er damit uns meint, Christen, Glieder seiner Kirche – das stimmt nicht! Jedenfalls bei mir nicht. Ich werde hungrig wie andere auch. Ich bin immer wieder unbefriedigt, mein Herz ist unruhig, ich suche hier, probiere da, versuche es mit Essen, mit Kaufen, mit Arbeit, mit Besuch. Wir Christen sind da nicht besser dran, nicht sicherer und befriedigter als Menschen, die mit Jesus nichts im Sinne haben.

Oder doch! »Wer zu mir kommt«, sagt Jesus. Damit sind wir gut dran! Wir können in der richtigen Richtung suchen. Ich kann mich selbst erinnern, kann erinnert werden, zum Beispiel heute, in diesem Gottesdienst: *Wo* ich suchen muß, nämlich bei Gott und nirgendwo sonst, wenn ich Brot des Lebens brauche.
Und wenn ich nicht am richtigen Ort suche? Ich erlebe, daß Brot des Lebens mir auch zufällt, weil Gott das so will. Unerwartet, ungeplant trifft auf das ziellose Herumsuchen die Antwort. Das ist Christus.

Möglicher Schluß
Ich habe das erlebt in der letzten Woche. Hauskreis bei Freunden. Eine unlustige Versammlung. Jeder hatte etwas mitgebracht: einer lauter Fragen und Zweifel, seinen geballten Hunger auf eindeutiges Leben; eine war verschlossen in ihren eigenen Sorgen. Eine hatte einen Kuchen gebacken. Eine war todmüde. Wir hatten ein Thema mitgebracht, für das keiner Feuer fangen mochte, es erstarb schnell. Einer hatte auf Fußball im Fernsehen verzichtet und wußte noch nicht, ob das nun gelohnt haben würde. Stellt Euch vor, wie es uns ging. *Das* sollten wir nun teilen!
Wie die Jünger mit fünf Broten und zwei Fischen 5000 sattmachen sollten. Was kann dabei herauskommen? Wir können den Mangel verwalten, das Nichts vergrößern, uns gegenseitig in die Tiefe ziehen.
Und statt dessen gingen wir alle satt nach Hause. Nicht kuchensatt – *den* hatten wir kaum gebraucht! Glaubenssatt, erfüllt mit Leben und Gemeinschaft. Merkwürdig: Das, was wir gebracht hatten, war wie schimmeliges Brot, kleine, harte Kanten oder nur brüllender Hunger. Und das Gespräch über ... – ich weiß noch nicht einmal mehr genau, worüber. Über Pfingsten und was Gottes Geist ist, über Glauben und Zweifel und wohin wir mit unserem Leben unterwegs sind und sein wollen. Ich weiß es nicht mehr genau. Es war ein Wunder: Brotvermehrung. Brot, das mich seitdem aufgerichtet hat und über Wasser hält. Lebensbrot. Jesus selbst. Ich kann das kaum in Worte fassen. Habt Ihr so etwas schon erlebt? Das muß nicht ein religiöses Gespräch sein. Einem weinenden, verzweifelten Kind sah ich die ältere Frau über die Straße helfen, und dann kommentierte sie: »Das tut so gut zu spüren: Ich konnte es trösten! Der ganze Tag ist mir hell geworden!« Das ist Lebensbrot. Ihr wißt, was ich meine? Bestimmt! Ihr wäret sonst nicht wirklich lebendig, wäret nicht hier, heute, um Gottes Nähe zu suchen, um das wieder einmal zu finden: Brot des Lebens.

– Zur Verstärkung des Brotthemas könnte ich mir gut vorstellen: ein Gottesdienst in Verbindung mit einer gemeinsamen Mahlzeit, z.B. Mitbring-Frühstück oder -Abendbrot.
– Das Fürbittengebet könnte aus Anliegen der Gemeinde wachsen: auf zu Beginn verteilten Zetteln notieren Gemeindeglieder ihre tägliches-Brot-Bitten, die dann mit der Kollekte eingesammelt werden, beim Abendmahl

auf dem Altar stehen und entweder im Abendmahlsgebet oder anschließenden Fürbittengebet aufgenommen werden.

Kontext

Das halbe Brot

(Nach einer Erzählung von Günther Schulze-Wegener)

Als der überall beliebte Landarzt Doktor Breitenbach gestorben war, gingen seine drei Söhne an das traurige Geschäft, den Nachlaß zu ordnen und das Erbe ihres Vaters getreu seinem letzten Willen unter sich zu verteilen. Da gab es alte Möbel, schwere Teppiche, kostbare Bilder; und dann war da ein hoher Glasschrank mit vergoldeten Pfosten und geschliffenen Scheiben. In diesem Schrank hatte der alte Arzt schon zu Lebzeiten kleine Kostbarkeiten und seltsame Erinnerungsstücke aufbewahrt.

Behutsam nahmen die Brüder zierliche Schnitzereien, hauchdünne chinesische Teetassen und ein römisches Öllämpchen heraus.

Plötzlich aber stutzten sie: im untersten Fach hatte einer von ihnen ein merkwürdiges Paket entdeckt. Was war wohl darin? Die Brüder traten herzu, sie wickelten das Paket aus, traten unter die Lampe – wie groß war ihr Erstaunen, als sie nichts anderes in Händen hielten als ein altes, vertrocknetes Stück Brot! Ratlos sahen sie einander an. Warum hatte wohl der Vater diesen alten, halben Brotlaib so sorgfältig in seinem schönen Glasschrank aufbewahrt?

Sie fragten des Vaters treue Haushälterin. Und die brauchte sich nicht lange zu besinnen; mit Tränen in den Augen erzählte sie:

Es war in den Hungerjahren nach dem Weltkrieg gewesen; da hatte der alte Herr einmal schwerkrank darniedergelegen. Er hatte eigentlich keine richtige Krankheit gehabt, sondern er war – Tag und Nacht unterwegs, bei Wind und Wetter und schlechter Ernährung, wie das damals eben so war – total erschöpft zusammengebrochen, so daß die Ärzte bedenklich die Stirn runzelten und etwas von Ruhe und vor allem von kräftiger, stärkender Kost murmelten.

Aber woher die nehmen?

Da hatte ganz unerwartet ein Bekannter einen halben Brotlaib gebracht mit dem Wunsch, der Herr Doktor möge ihn sich schmecken lassen und bald wieder zu Kräften kommen; es sei gutes, schwarzes Schrotbrot, das er von einem Besatzungssoldaten für eine Gefälligkeit bekommen habe.

Zu der gleichen Zeit aber hatte im Nachbarhaus die kleine Tochter des Lehrers krank gelegen, und der Herr Doktor hatte zu seiner Haushälterin gesagt: »Geh, bring das Brot hinüber; was liegt an mir altem Mann, das Kind dort braucht's nötiger als ich!«

Wie sich aber später herausstellte, hatten auch die Lehrersleute das Brot nicht behalten, sondern der alten Flüchtlingsfrau eine Freude damit machen wollen, die in ihrem Dachstübchen ein Notquartier gefunden hatte.

Aber auch damit war die seltsame Reise des Brotes noch nicht zu Ende: Die Alte mochte ebenfalls nicht davon essen, sondern trug es eilig zu ihrer Tochter, die nicht weit von ihr mit ihren zwei Kindern in einer kümmerlichen Kellerwohnung Zuflucht gefunden hatte.

Und diese schließlich dachte sogleich an den guten Herrn Doktor, der erst kürzlich ihren Buben so freundlich behandelt hatte, noch dazu, ohne sich bezahlen zu lassen; sie hatte nämlich gehört, daß dieser gute Mann jetzt selbst krank und schwach daheim liege. Was hatte sie jetzt doch für eine gute Gelegenheit, ihm ein wenig zu helfen und sich damit bei ihm zu bedanken! So nahm sie das halbe Brot unter den Arm und ging damit schnurstracks zum Doktorhaus.

»Wir haben das Brot sofort wiedererkannt«, schloß die alte Haushälterin ihre Erzählung, »an dem Einwickelpapier, in dem es immer noch steckte.« Als der alte Doktor aber sein eigenes Brot wieder in Händen hielt, hatte er tiefbewegt zu seiner Haushälterin gesagt: »Solange noch solche Liebe unter uns ist, die ihr letztes Stück Brot teilt, solange habe ich keine Furcht um uns alle. Wir wollen den Laib gut aufheben, und wenn wir einmal kleinmütig werden, dann müssen wir ihn nur anschauen:

Dieses Brot hat viele Menschen satt gemacht, ohne daß ein einziger davon gegessen hat!«

(Nacherzählt von H. Hägele, in Beiblatt zu »Evang. Kinderkirche« 3/1972.)

8. Sonntag nach Trinitatis

Predigttext: Matthäus 5,13–16

Karl-Heinz Ronecker

Theologisch-homiletische Skizze

1. Die Perikope ist aus einzelnen Bildworten zusammengefügt.
Die Bilder vom Salz und vom Licht kommen, in jeweils anderem Zusammenhang, auch bei Mk (9,30; 4,12) und Lk (8,16; 14,34f.; 11,33) vor. Die Akzente werden freilich unterschiedlich gesetzt.
Mt denkt bei Salz und Licht an die Jünger und ihren Auftrag für die Welt.
Nicht von ungefähr hat er den Bildern vom Salz der Erde und dem Licht der Welt das Wort von der Stadt auf dem Berge hinzugefügt.
Auch die Einleitung: »Ihr seid« gibt es nur bei Mt.
2. Es wurde viel gerätselt, was mit salzlos gewordenem Salz gemeint ist.
Am einleuchtendsten erscheint mir die Antwort des Rabbi Jehoshua ben Chananja (s. Kontexte). Sie unterstreicht die auch von Mt hervorgehobene Paradoxie. Möglicherweise war »salzloses Salz« eine Redensart für etwas ganz und gar Nutzloses (J. Jeremias, Gleichnisse[5] S. 147). Die in den Versen 14.15 folgenden Bildworte vom Licht, das kein Vernünftiger anzündet, um es gleich danach unter einem Gefäß zu ersticken, oder von der Stadt, die sich keineswegs vom Berg in eine Schlucht verkriecht, um nicht gesehen zu werden, verstärken diesen Gedanken. »Offenkundig geht es um absurde, der Alltagserfahrung widersprechende Konsequenzen.« (W. Stegemann)
Im Blick auf die Predigt heißt das für mich, daß keine Anklagen zu predigen sind, auch keine drängenden und bedrängenden Aufrufe, sondern der Indikativ.
Matthäus fordert nicht. Er spricht zu.
Darum stimme ich H. Schröer gerne zu, wenn er schreibt: »Wie fade und düster wir gewöhnlich sind, wissen wir selber. Deshalb Salz an die Suppe der Predigt und das Wort vom Licht auf den Leuchter!« (PrSt I,2 1985 S. 174)
3. Der Abschnitt wird »vorbereitet durch den dritten Teil der Seligpreisungen« (Grundmann).
Die Verheißung, Salz und Licht der Welt zu sein, wird nicht den Selbstsicheren gegeben, sondern den Verfolgten und Geschmähten.
Die Verse 13–15 können auch als Trostwort verstanden werden – und als Ermutigung durchzuhalten.
Auch das ist für die Predigt wichtig, insbesondere angesichts eines bei uns sehr wohl vorhandenen Verlangens nach öffentlicher Anerkennung und Wertschätzung.
4. E. Schweizer (GPM 1979, S. 322 ff.) sieht eine Parallele zwischen unseren Versen und der Berufung des Petrus in Mt 16,17–29. Dort ist zugleich vom Versagen des Jüngers die Rede. Mir ist daran wichtig, daß die Zusage unserer Verse nicht nur den Verfolgten, sondern ebenso der schwachen und gefährdeten Jüngerschar gilt.
Für die Predigt besitzt dies deshalb Gewicht, weil diese nicht nur im Spannungsfeld von Indikativ und Imperativ steht, sondern, angesichts der großen Zumutung, auch in dem von Überschätzung, Überforderung und Resignation.

5. Die Perikope bildet eine Art Brücke zwischen den Seligpreisungen und den folgenden Antithesen.
Was »gute Werke« sind, möchte ich darum weniger von Mt 25,35ff. her verstehen als im Blick auf das, was in den Seligpreisungen, dieser »Magna Charta des Reiches Gottes« (Moltmann), und in den Versen 5,21ff. beschrieben wird.
Eine Gemeinde, die wirklich ist, was sie ist, braucht sich um ihre Wirkung nicht zu sorgen. Sie muß sich weder ins rechte Licht setzen noch besonders aufdringlich nach Anerkennung haschen. Ehe sie Licht der Welt genannt wird, wurde dies längst zuvor von Jesus gesagt (Mt 4,15). Wir sind keine Fixsterne, die ihre Leuchtkraft aus sich selbst erhalten. Wir dürfen Planeten sein. »Er das Licht und wir der Schein.«

Vorschläge zur Liturgie

Lieder

Zum Eingang: 336,1–4; 349,1 u. 3. Loblied: 111,1–3. Vor der Predigt: 218,1–5; 107,1.3.4 oder: »Der Herr hat uns das Salz genannt ...« Anhang 77, 602. Nach der Predigt: 264,1-3; 217,1.6.7; 106.1 u. 7. Zum Schluß: 254,5; 208,1–6.

Eingangspsalm/Eingangsspruch

Psalm 27,1; Psalm 36,6–10; Epheser 5,8.

Gnadenwort

Johannes 8,12.

Lesung

Jesaja 2,1–4; 2. Korinther 4,6–10.

Gebete

Christus, wir müssen dich um Verzeihung bitten / für viel Böses, das unter uns geschehen ist / für Kriege und Gewalttaten, an denen auch die beteiligt waren, die deinen Namen tragen / Wir bitten dich um Verzeihung für das Unrecht, das wir noch immer den hungernden Völkern antun. / Vergib uns die Worte und Taten, mit denen wir andere verletzt haben / alles, was wir ihnen schuldig geblieben sind. / Wir sind dein Friede nicht in dieser Welt. / Wir sind dein Heil und deine Hilfe nicht für die verstörten und verwirrten Menschen, / denn wir sind selbst verstört und wissen oft nicht weiter. / Komm zu uns, Herr. / Hilf uns, neu zu denken und zu handeln. / Sei uns gnädig.
(nach H. Osterhuis).

Herr Jesus Christus, / du bist das Licht der Welt / Du hast uns dazu berufen, Zeugen deines Lichtes zu sein. /
Vor dir denken wir an alle, die auf die Schattenseite unseres Wohlstandes geraten sind / die ihren Arbeitsplatz verloren haben / die durch die Arbeit krank geworden sind / die keine Heimat mehr haben und bei uns nicht

angenommen werden. / Wir rufen zu dir … / Dir nennen wir alle, die im Schatten anderer stehen / deren Gaben wenig beachtet werden / deren Leistungen wenig Anerkennung finden / die sich nichts zutrauen, weil ihnen nichts zugetraut wird. / Wir rufen zu dir … / Wir bringen alle Menschen vor dich, die Schatten der Bedrohung über ihrem Leben sehen / die Angst haben vor Alter und Krankheit / die sich fürchten vor weltweiten Katastrophen. / Wir bitten für die, auf deren Leben der Schatten des Todes gefallen ist / die einen der Ihren verloren haben / die unheilbar erkrankt sind / die keine Aufgabe mehr vor sich sehen. / Wir rufen zu dir …
Herr Jesus Christus, du bist das Licht der Welt. Hilf uns, daß wir in deinem Licht leben und Boten deines Lichtes werden.
(Neue Badische Agende, bearbeitet.)

Christus, dein Licht blendet nicht. Es will uns die Augen öffnen. / Dein Licht stellt nicht bloß. Es will uns helfen, einander besser zu verstehen. / Dein Licht stellt sich nicht selbst zur Schau. Es will uns den Weg zeigen. / Dein Licht will sich nicht selbst genügen. Es will sich ausbreiten. / Dafür danken wir dir und bitten: / Laß es hell werden in dieser Welt / bei den Ratlosen und Irrenden / bei den Traurigen und Bedrückten / Laß es hell werden auch durch uns.

Zur Predigt
Möglicher Anfang
Habt Ihr es gehört, Ihr Christen von Freiburg? Habt Ihr es gehört, Ihr Gottesdienstbesucher von … Das sollt Ihr sein: Salz und Licht der Welt!
Wie aber sieht es bei Euch aus?
Statt Salz, das brennt und reinigt und vor Fäulnis schützt, seid Ihr oft nur der Zuckerguß über den Problemen dieser Erde. Statt Licht, das erhellt und den Weg zeigt, seid Ihr häufig nichts anderes als Tranfunzeln.
Die Leute sollen Eure guten Werke sehen und Euren Vater im Himmel preisen. Dazu gebt Ihr ihnen jedoch nur selten Gelegenheit. Euer Verhalten legt das Lästern näher als das Loben. Denn wo ist die Bruderliebe unter Euch? Wo ist die schwesterliche Freundlichkeit?
Hand aufs Herz: Wo geschieht es, daß Ihr beim Reden über einen anderen Menschen vor allem dessen Stärken und nicht zuerst und zuletzt seine Schwächen behandelt?
Und noch einmal Hand aufs Herz: Gleicht nicht auch Eure Zunge in starkem Maße den Schmeißfliegen, die von Schmutz und Unrat mehr angezogen werden als von allem, was gut und schön ist?
Welche Wirkungen gehen von Euch aus?
Wo werden Leidende getröstet, Bedrückte aufgerichtet, Streitende versöhnt?
Wo schafft Ihr es, einander anzunehmen und auch mit denen freundlich umzugehen, die einen anderen Lebensstil oder andere politische Anschauungen haben?

Sehen in Eurem Kreis die menschlichen Kämpfe um Ansehen und Macht nicht genauso aus wie anderswo?
Und noch etwas: Ist Euch der Glaube wichtig, oder dient er lediglich zur Dekoration festlicher Stunden?
Ihr sollt das Salz der Erde und das Licht der Welt sein. Ihr seid die Stadt auf dem Berge.
Dann tut doch etwas! Zeigt, daß Ihr dieser großen Ehre wert seid! Erweist Euch endlich als würdig!
Es liegt nahe, so zu reden. Es liegt nahe, Jesu Worte so zu verstehen und sie darum auch so weiterzugeben.
Gelegentlich brauchen wir das sogar, daß uns einer aufrüttelt, daß er uns schüttelt und in den Senkel stellt. Damit wir aus unserer trägen Schläfrigkeit aufwachen.
Da bietet sich dieser Text ja geradezu an. Er wirkt wie ein ungeheurer Appell und wäre doch auf diese Weise völlig mißverstanden.

Möglicher Fortgang
1. Jesus wollte mit seinen Worten nicht wie mit einer Peitsche über unseren Köpfen knallen. Er wollte auch nicht einfach Rippenstöße versetzen, weder uns noch anderen.
Interessanterweise heißt es hier ja nicht: »Seid das Salz der Erde.«
Es steht da ebensowenig: »Erweist Euch als Licht der Welt.« Jesus sagt nicht: Ihr sollt sein. Er sagt allen Ernstes: »Ihr seid.«

2. Die Bilder, die Jesus benutzt, machen ebenfalls deutlich, daß Kommandos unnötig sind.
Salz salzt einfach. Was sollte es auch anderes tun? Licht leuchtet. Auch das muß man ihm nicht eigens befehlen. Es tut dies, solange es wirklich Licht ist, von selbst. Eine Stadt, die auf einer Anhöhe liegt, muß nicht besonders prächtig sein. Sie hat sich auch nicht eigens in Positur zu werfen ...

3. Spätestens an dieser Stelle könnte sich allerdings ein Einwand erheben. Wenn die Gemeinde Jesu nicht erst zum Licht der Welt werden muß, wenn unser Text so einfach und unmißverständlich sagt, daß sie dies schon ist – wirkt das Ganze dann nicht entsetzlich arrogant?
Es gibt doch wahrlich genug Nichtchristen, die sich in vielen Beziehungen besser verhalten als mancher, der seine Frömmigkeit zur Schau trägt.
Hatte Friedrich Nietzsche also doch recht, als er davon sprach, Jesus würde den kleinen Leuten nur Flausen in den Kopf setzen ...
In einem seiner Märchen erzählt Manfred Kyber von einem alten Baum. Der behauptet, ein großes Licht zu sein. Eines Tages, so sagt er, würde er noch den ganzen Wald erleuchten. Und tatsächlich, von einigen Stellen strahlt in der Nacht ein leichtes Licht aus. Stolz weist er darauf hin und übersieht, daß die Helligkeit allein von dort kommt, wo er bereits morsch und faul geworden ist.

Trifft diese Geschichte nicht eher auf uns zu als der hohe Anspruch des Bibelwortes?
Die Christenheit ist keineswegs so bedeutend, wie sie gerne wäre. Wenn von den gesellschaftlich relevanten Gruppen die Rede ist, werden zwar immer auch die Kirchen genannt. Dennoch scheinen Banken und Konzerne mehr Einfluß zu haben als alle christlichen Gemeinden zusammen.

4. Wie kommen wir dann aber mit unserem Text zurecht? Wie finden wir einen Weg zwischen Hochmut auf der einen und Überforderung auf der anderen Seite?
Indem wir ihn so nehmen, wie er dasteht!
Dabei werden die Worte interessant, die unserem Abschnitt direkt vorangehen. Dort ist davon die Rede, daß den Jüngern Spott, Verachtung und Verfolgung drohen.
Denen, die unter der Feindschaft und der Mißachtung ihrer Umwelt zu leiden haben, wird nun mitgeteilt, was von Gott her für sie gilt. So wie an einer anderen Stelle Petrus zugesagt wird: Du bist Petrus, und auf diesen Felsen will ich meine Gemeinde bauen, wird hier allen Jüngern deutlich gemacht, was sie vor Gott sind … Die Apostel haben sich dieser Verheißung immer wieder als unwürdig erwiesen. Sie haben Jesus im Stich gelassen. Sie haben ihn verleugnet. Sie sind geflohen.
Gottes Zusage aber blieb: »Meine Barmherzigkeit hat noch kein Ende, sondern sie ist alle Morgen neu.«

5. Unsere Verse reden also nicht von dem, was wir vermögen. Sie sprechen von dem, was Gott tut. Daran dürfen wir Anteil haben.
Er ist das Licht. So kann unser Leben hell werden durch ihn.
Er ist der Friede. So können wir uns miteinander in seiner Kraft versöhnen.
Er ist die Vergebung. So darf auch für uns das Leben weitergehen.
Ja, darum werden die Jünger Jesu Salz der Erde genannt. Nicht, weil sie selbst so viele heilende Kräfte in sich trügen, sondern weil er auch mit Versagern neu anfängt.
Und darum heißt seine Gemeinde Licht der Welt. Nicht, weil es so viele glänzende Gestalten in ihr gäbe, sondern weil er auch die nicht vergessen hat, die sich im Dunklen befinden.
So stellt das Evangelium nicht zuerst die Frage nach unserem Handeln, sondern nach unserem Glauben … Wir dürfen in der Selbstvergessenheit des Glaubens leben, der es nicht nötig hat, sich ins rechte Licht zu setzen, der aber einfach da ist und so ausstrahlt.

6. Wo dies geschieht, wird es sich auswirken … Die Welt lebt nicht von Menschen, die ihre eigene Vollkommenheit zur Schau stellen, sondern von solchen, die verzeihen können, weil ihnen selbst verziehen wurde.
Sie lebt auch nicht von denen, die Macht haben und sich durchsetzen, sondern von solchen, die andere tragen, ja, wo es sein muß, auch einmal ertragen …

An dieser Stelle müßte man Beispiele erzählen.
Heinrich Bölls Satz aus den Kontexten wäre möglich oder die Erfahrung meiner Templiner Partnergemeinde. Sie hat, nachdem der Wahlkampf im März 1990 zu persönlichen Verunglimpfungen führte, aus denen Streit und Haß zu entstehen drohten, zu einem Friedensgebet eingeladen. Es waren ebensoviele Menschen da wie in den Wochen vor dem 9. November. Dem Friedensgebet schloß sich ein Schweigemarsch mit brennenden Kerzen an. Da ging wirklich Licht von der Gemeinde aus. Die Atmosphäre besserte sich ...
In der Tat, nicht die Gewalt heilt, sondern die Liebe. Nicht das Durchsetzungsvermögen, sondern die Geduld. Nicht die Schärfe der Gedanken und der Worte, sondern die Kraft der Hoffnung, die auch dann nicht aufgibt, wenn nur noch wenig zu erwarten ist.

Möglicher Schluß
Ihr seid das Licht der Welt, ihr seid das Salz der Erde. Das meint nicht, daß wir unsere Umwelt blenden oder ihr ständig die Suppe versalzen müßten. Es heißt ebensowenig, daß die Christenheit erst eine bestimmte Größe oder eine gewisse Position erreicht haben muß, um ihrem Auftrag gerecht zu werden.
In einer Zeit, in der die Statistik auch in der Kirche eine so große Rolle spielt, ist es wichtig, dies zu wissen: Es geht nicht um die große Zahl. Es geht um unseren Glauben und um unsere Treue. Es hängt alles davon ab, ob wir Christus ernst nehmen. Denn dann kann auch das andere ernst werden: Daß er selbst uns zu seinen Boten, zu Salz und Licht der Welt macht. So schließe ich mit Worten von Rudolf Otto Wiemer und mit der Bitte, daß sie auch für uns gelten ... (s. Kontexte)

Kontexte

Zu den Bildworten
Rabbi Jehoshua ben Chananja wurde gefragt: »Wenn Salz verdirbt, womit salzt man es?« Er antwortete: »Mit der Nachgeburt einer Mauleselin.« Man fragte ihn: »Hat denn die unfruchtbare Mauleselin eine Nachgeburt?« Er antwortete: »Kann denn Salz dumm werden?« (Bi I, 236)

Wie nun das Salzen zugehen soll, ist leicht zu verstehen, nämlich man soll auftreten und sagen: Alles, was auf Erden geboren ist und lebt, das ist vor Gott nichts nutz, faul und verderbt ... Das könnt die Welt noch leiden, daß man von Christus und allen Artikeln des Glaubens recht predigt. Aber wenn man sie angreifen und damit salzen will, daß ihre Weisheit und Heiligkeit nichts gelten ... dann gibt sie den Predigern die Schuld. Die könnten nichts als schelten und beißen ... (M. Luther, Evangelienauslegung S. 70 ff.)

Ihr seid das Salz – nicht ihr habt das Salz. Es wäre eine Verkürzung, wollte man mit den Reformatoren die Botschaft der Jünger dem Salz gleichsetzen. Ihre ganze

Existenz, sofern sie durch den Ruf Christi in die Nachfolge neu begründet ist, diese Existenz, von der die Seligpreisungen redeten, ist gemeint. (D. Bonhoeffer, Nachfolge, S. 64 f.)

Ein Märchen erzählt, eine Königstochter habe ihrem Vater auf die Frage, wie sehr sie ihn liebe, geantwortet: mehr als Salz. Daraufhin wurde sie verachtet und verstoßen bis zu dem Augenblick, in dem kein Salz mehr im Lande war und alle zu sterben drohten. Da wurde die Klugheit ihres Satzes offenbar, denn der Mensch kann lange ohne Gold und Geschmeide leben, aber nicht ohne Salz. (H. Laarmann, Mit Märchen und ihren Sinnbildern, S. 50)

Wir brauchen unser Licht nicht unter den Scheffel zu stellen, sagt da einer. / Recht hat er, es / steht ja schon drunter ... (L. Zenetti, Zeitvermehrung, S. 22).

Das Licht scheint in der Finsternis und die Finsternis hat es nicht auslöschen können. (Mögl. Übers. von Joh 1,5 s. »Gute Nachricht«.)

»Eine Gemeinde, die nicht mehr oben steht und nach unten schaut auf die anderen, sondern eine Gemeinde, die unten steht, die weiß, wir brauchen mehr Sündenvergebung als alle Heiden da draußen, eine solche Gemeinde ist Licht und Salz der Welt ... Salz und Licht wollen sich nicht selbst erhalten. Salz und Licht wollen auch nicht alles andere zu Salz und Licht machen, sondern wollen das übrige, die Umwelt, durchdringen, damit sie genießbar und hell wird. (H. Gollwitzer, Veränderung im Diesseits, S. 143.145)

Ihr seid das Salz der Erde, / vielleicht nur ein Korn, / aber das Korn, man wird es schmecken.
Ihr seid das Licht der Welt, / vielleicht nur ein Funke, / aber der Funke fällt hell auf den Weg.
Ihr seid die Stadt auf dem Berge, / vielleicht nur ein Haus, / aber das Haus wacht aus den Fenstern.
Ihr seid das Salz der Erde, / vielleicht nur eine Handvoll, / aber das Salz bewahrt vor Fäulnis. (R.O. Wiemer, zit. n. Pr.St I,2 1985 S. 175)

Zum Stichwort Gute Werke
»Ich überlasse es jedem einzelnen, sich den Alptraum einer heidnischen Welt vorzustellen oder einer Welt, in der Gottlosigkeit konsequent praktiziert würde ... Unter Christen ist Barmherzigkeit wenigstens möglich und hin und wieder gibt es sie: Christen, und wo einer auftritt, gerät die Welt in Erstaunen. 800 Millionen Menschen auf dieser Erde haben die Möglichkeit, die Welt in Erstaunen zu setzen. Vielleicht machen einige von dieser Möglichkeit Gebrauch. Selbst die allerschlechteste christliche Welt würde ich der besten heidnischen vorziehen, weil es in einer christlichen Welt Raum gibt für die, denen keine heidnische Welt je Raum gab: für Krüppel und Kranke, Alte und Schwache und mehr noch als Raum gäbe es für sie: die Liebe ... (H. Böll, in K. Deschner »Was halten Sie vom Christentum?«)

9. Sonntag nach Trinitatis

Predigttext: Matthäus 25,14–30

Michael Popke

Theologisch-homiletische Skizze

Die Parabel von den anvertrauten Talenten ist nicht nur im Mt.Ev. überliefert, sondern hat Parallelen im Lk.Ev. (Lk 19,12–27), im Nazaräer-Ev. (Euseb, Theophania, Migne PG 24,685, cf. Klostermann, Apocrypha II, Bln. 1929), und fragmentarisch auch im Mk.Ev. (Mk 13,34). Bei Mt sind es drei, bei Lk 10 Sklaven. Bei Mt werden den Sklaven fünf, zwei bzw. ein Talent übergeben, bei Lk erhält jeder den gleichen Betrag (eine Mine). Bei Lk ist die Parabel mit einer anderen Geschichte verbunden: Der König, der seine Sklaven zu sich gerufen hat, geht außer Landes. Seine Landsleute können ihn nicht leiden, sie werden bei der Rückkehr des Königs einem strengen Gericht unterworfen. Auch bei Lk werden nur drei Untergebene zur Rechenschaft gezogen. Zwei haben ihr Geld vermehrt, der dritte hat es aus Angst vor Verlust in einem Tuch verwahrt. Auch hier wird der Vorwurf erhoben, er hätte es wenigstens auf die Bank tragen können, damit es Zinsen bringt. Auch ihm wird, wie bei Mt, das ihm anvertraute Geld genommen und dem gegeben, der den meisten Profit gemacht hat. Bei der bei Euseb erhaltenen Perikope des Nazaräer-Ev. ist ebenfalls von drei Knechten die Rede. Der erste vermehrt seine Summe, der zweite verbirgt das ihm anvertraute Geld und der dritte verpraßt es mit Dirnen und Flötenspielerinnen. Dem ersten wird Anerkennung zuteil, der zweite wird getadelt, und der dritte wird ins Gefängnis geworfen. Hier wird im Vergleich zu Mt nicht das Nichtstun verurteilt, sondern das Prassen und Huren. Obwohl die Fassung bei Mt im Vergleich zu den anderen als die ältere gilt, so haben wir es auch hier nicht mit der Urfassung zu tun. Vers 30 weist Stilelemente des Evangelisten auf, der die an dem dritten Knecht vollstreckte Strafe als Verurteilung am Jüngsten Tag darstellen will (cf. Mt 8,12; 13,42.50; 22,13 u.a.). Auch Vers 29 muß als verallgemeinernder Zusatz verstanden werden. Die den Erfolgreichen in den Versen 21 und 23 in Aussicht gestellte Teilnahme am eschatologischen Freudenfest dürfte eine Deutung des Gleichnisses seitens des Evangelisten beinhalten und macht damit die Parabel zu einem Parusiegleichnis.

Ich neige dazu, mich mit dem dritten Knecht zu identifizieren. Eigentlich hat er doch nichts Unrechtes getan. Er hat weder das Geld verpraßt noch mit ihm spekuliert. Er hat zwar nichts vermehrt, aber auch nichts verloren. Vielleicht gehörte er zu den Menschen, die still und zurückgezogen lebten, die man leicht übersehen konnte, die sich nicht interessant zu machen verstanden, die andere insgeheim bewunderten, denen niemand etwas zutraute. Vielleicht fühlte er sich als graue Maus, der seine Fähigkeiten ständig unterdrückte – aus Angst, er könnte negativ auffallen.

Es ärgert mich, daß dieser Knecht nicht nur entlassen wird, sondern auch das wenige, das ihm gegeben wurde, verliert und daß dieses dem gegeben wird, der ohnehin ein besseres Startkapital bekam und es auch noch vermehrt hat. Wo etwas ist, da kommt immer noch etwas dazu – so spielt eben das Leben. Der Gutsbesitzer zeigt keinerlei Mitgefühl. Knallhart sagt er dem Knecht: Wenn du so weitermachst, wirst du dein ganzes Leben verspielen. Du bist vielleicht nicht so brutal, skrupellos, hemdsärmelig

und schlagfertig wie die Erfolgsmenschen, aber du hast doch andere Fähigkeiten in die Waagschale zu werfen, die genauso wertvoll sind.
Ich finde es bedauerlich, daß Jesus die Notwendigkeit des Zuwachses an Verantwortung und Menschlichkeit am Beispiel der Gesetzmäßigkeit im wirtschaftlichen Bereich zu verdeutlichen versucht, einem Bereich, in dem genau diese Qualitäten nur eine untergeordnete Rolle spielen. Gilt für den Aufbau des Reiches Gottes auch die Devise: Bringst du was, dann bekommst du mehr; bringst du nichts, dann fliegst du raus? Ich habe Mühe zu akzeptieren, daß Leistung, Zuwachsraten und Mehrwert die bestimmenden Kriterien für das Leben und Zusammenleben von Menschen sein sollen, zumal die Vorleistungen, d.h. die Voraussetzungen, also die anvertrauten Talente, sehr unterschiedlich und die Chancen, sie zu entdecken und zu entwickeln, nicht immer gegeben sind. Die mit mehr Talenten ausgestatteten Menschen wollen oft gar nicht, daß die, die mit weniger Fähigkeiten und Begabung gesegnet sind, diese entdecken und vermehren. Jesus unterliegt einem Irrtum: Er unterstellt, daß jeder Mensch Fähigkeiten und Begabungen in verschiedenen Bereichen hat und es nur darum geht, sie zu nutzen. Manche nutzen sie ja auch in negativer Weise. Er übersieht, daß zwar jeder Mensch seine Qualitäten, aber nicht immer die Chance hat, sie einzusetzen und zu entwickeln.
In der Predigt sollte deshalb nicht nur die Aufforderung ergehen, die eigenen Entfaltungs- und Entwicklungsmöglichkeiten anzutesten, sondern auch die der anderen mitentdecken und mitentfalten zu helfen. Unklar ist, an wen sich die Parabel richtet: an die Pharisäer und Schriftgelehrten, die sich streng an das Gesetz hielten und Außenseiter ausschlossen und damit ihre Aufgabe als gute Haushalter ihres Erbes verfehlten, oder an die Jünger, denen gesagt werden soll, wie sie die Zeit bis zur Wiederkunft Jesu zu nutzen haben.
Ich kann nur hoffen, daß Gott und Christus nicht dem hartherzigen Herrn entsprechen, wie der dritte Knecht ihn beschrieben hat. Gehört Gott wirklich zu den Ausbeutern, die ernten wollen, ohne gesät zu haben? Die Knechte werden ja nicht einmal gefragt, ob sie die Talente annehmen wollen, die sie für den Herrn verwalten sollen. Sie hätten sich wehren können, die von ihnen erwartete Verantwortung zu übernehmen. Jesus will jedoch deutlich machen: Wer sich, wie die Knechte auf ihren Herrn, auf ihn einläßt, für den hat sein Verhalten Konsequenzen. Dies zeigt ganz deutlich die unserer Parabel folgende Perikope: Wer dem Hungrigen zu essen und dem Durstigen zu trinken gibt, wer den Fremden und den Obdachlosen aufnimmt und ihn mit dem Notwendigen versorgt, wer Kranke und Gefangene besucht, der wird das ewige Leben haben. Er wird es deswegen erhalten, weil er oder sie alle Möglichkeiten ausgeschöpft hat, um die Interessen Jesu zu vertreten. Wer dem Alten nachtrauert, Ketzer verfolgt und nur über die Reinheit der Lehre und die Aufrechterhaltung guter Sitten wacht, der vergräbt sein Talent, seine Chance des Glaubens, der Hoffnung und der Liebe.
Zusammenfassend läßt sich sagen:
1. Gott hat den Menschen unterschiedliche Gaben gegeben. Es kommt nicht auf unser Talent an, sondern darauf, wie wir es nutzen. Gott verlangt von niemandem etwas, was seine Fähigkeiten übersteigt. Wir sollen unsere Fähigkeiten nur voll ausnutzen, zu unserem eigenen Wohl und dem anderer.
2. Wer die Interessen Jesu in der Welt mit Nachdruck vertritt, der soll sich der Übernahme größerer Verantwortung nicht entziehen.
3. Wer seine, vielleicht auch nur geringen Talente zum eigenen und zum Wohl der Allgemeinheit nicht nutzt, der wird Nachteile in Kauf nehmen müssen.
Jesus stellt jedem die Entscheidung in seine Nachfolge oder Stellvertretung frei. Wer sich jedoch für die Verwaltung seiner Hinterlassenschaft entschieden hat, der wird an seinen Taten gemessen und beurteilt werden.

Zur Liturgie

Begrüßung

(Auf dem Altar stehen Kerzen unterschiedlicher Größe, Farbe und Verzierung.)

Ich begrüße Sie alle herzlich zu unserem heutigen Gottesdienst. Auf dem Altar stehen Kerzen unterschiedlicher Größe, Farbe, Verzierung und Kostbarkeit. Ihnen allen ist eines gemeinsam: Sie leuchten, geben Licht und Wärme. So verschieden wie diese Kerzen sind auch wir Menschen. Wir unterscheiden uns in Größe, Hautfarbe, Kultur, Sprache, Begabungen und Fähigkeiten. Der eine hat mehr Einfluß im Hintergrund, der andere steht mehr im Licht der Öffentlichkeit, ein dritter wirkt ganz bescheiden in seiner kleinen Umwelt. Wichtig ist nicht, herauszufinden, wieviele Fähigkeiten und Talente jemand mitbekommen hat, sondern wie wir mit ihnen arbeiten, und zwar dort, wo Gott uns hinstellt. Was zählt, ist – wie bei den Kerzen –, daß wir etwas von unseren Begabungen zum Leuchten bringen. Darüber wollen wir heute nachdenken.

Kyrie

Unser Gott, wie oft haben wir in unserem Leben schon versagt: gegenüber unseren Eltern, in der Schule, am Arbeitsplatz, in der Beziehung zu anderen Menschen. Immer wieder wurde uns eingeredet: Wir sind ein hoffnunglsoser Fall. Wir werden es in unserem Leben zu nichts bringen. Gib uns die Kraft, trotz allem Versagen, unser Leben nicht wegzuwerfen.
Herr, erbarme dich.

Unser Gott, unsere Gesellschaft ist auf Leistung programmiert. Wer den Anforderungen nicht entspricht, fällt durch die Roste, landet beim Sozialamt oder gar im Knast. Du hast denen, die nicht zum Zuge kommen und ihre Interessen nicht durchsetzen können, versprochen, sie zu unterstützen. Schenke ihnen Verbündete, eine Lobby, Menschen, die sich zu ihrem Anwalt und Sprachrohr machen, damit die Reichen nicht immer reicher und die Armen immer ärmer werden.
Herr, erbarme dich.

Unser Gott, kein Mensch ist vollkommen. Jeder von uns hat seine Stärken und Schwächen. Laß uns nicht nur unsere Schwächen entdecken, sondern auch unsere Stärken – nicht nur die körperlichen und finanziellen – unsere Fähigkeiten, Talente und Begabungen. Vielleicht sind sie verschüttet oder nie gefördert worden.
Herr, erbarme dich.

Zwischen den Gebetstexten kann folgendes KYRIE gesungen werden:

Orthodox liturg. USSR

Zur Fürbitte
Unser Gott, wir bitten dich für uns: Laß uns unsere Bequemlichkeit, Vorurteile, festgefügte Meinung zu Personen und Sachverhalten nicht konservieren. Schenke uns den Mut, selbstgesetzte Grenzen und Mauern zu überwinden und neue Erfahrungen zu machen. Nimm uns die Angst vor dem Risiko möglicher Nachteile, wenn wir uns für die Erhaltung deiner Welt, für Gerechtigkeit und Frieden engagieren. Laß uns deine Liebe für die Welt bewahren, nicht jedoch unseren Egoismus und Eigennutz. Schenke uns Phantasie, Menschen, die am Rand unserer Gesellschaft leben, in unser Leben miteinzubeziehen.
Unser Gott, wir bitten dich für die, die in der Welt besondere Verantwortung tragen:
für die Politiker, daß sie nicht nur bewahren, was sie erreicht haben, und alle Entscheidungen unter dem Aspekt treffen, gewählt zu werden. Schenke ihnen deine Kraft, damit sie ihre Talente zum Wohle aller ihnen anvertrauten Menschen einsetzen –
für die Wirtschaftsführer, daß sie wirtschaftliche und soziale Ungerechtigkeit nicht zementieren, die Not der armen Länder nicht sanktionieren und ihr Handeln nicht allein dem Profit unterordnen – zum Wohle weniger. Schenke ihnen den Ehrgeiz, ihre Fähigkeiten so einzusetzen, daß Wirtschaftsstrukturen geschaffen werden, die die Armen am Reichtum deiner Erde teilhaben lassen –
für die Militärs, daß sie ablassen vom Freund-Feinddenken und der Überzeugung, daß der Frieden in der Welt nur mit Waffen zu bewahren sei. Führe sie zu der Einsicht, daß soziale Konflikte und ethnische Probleme nicht mit Waffengewalt zu lösen sind, sondern nur neues Unrecht produzieren. Schenke ihnen Verantwortung, ihre Begabung so einzusetzen, daß schrittweise Schwerter in Pflugscharen verwandelt werden.
Unser Gott, wir bitten dich für deine Gemeinden und Kirche: Laß uns in unseren Gemeinden nicht nur Traditionen bewahren. Wir pflegen sie und spüren, daß wir viele Menschen nicht mehr erreichen und auf aktuelle Probleme nicht immer adäquat reagieren. Weder blinder Aktionismus noch

die Bewahrung traditioneller Formen sind gefragt, sondern Offenheit auch gegenüber Menschen, die anders sind und leben als wir: Behinderte, Ausländer, Obdachlose, Gefangene ...
Schenke uns deinen Geist, damit aus deinen Gemeinden keine geschlossenen Vereine werden.
Laß die Kirche historisch gewachsene Traditionen überdenken, insbesondere dort, wo sie die Trennung zementieren. Schenke ihnen viel Phantasie, aufeinander zuzugehen, um so Vorbild für die Welt zu sein. Schenke den Kirchen in Deutschland mehr Mut, klare Positionen gegenüber Fehlentwicklungen in der Gesellschaft zu beziehen. Befreie sie von der Angst, damit an Einfluß und Macht zu verlieren. Amen.

Gebet aus dem 13. Jahrhundert
Christus hat keine Hände,
nur unsere Hände, um seine Arbeit heute zu tun.
Er hat keine Füße,
nur unsere Füße, um Menschen auf seinen Weg zu führen.
Er hat keine Lippen,
nur unsere Lippen, um Menschen von ihm zu erzählen.
Er hat keine Hilfe,
nur unsere Hilfe, um Menschen auf seine Seite zu bringen.
Wir sind die einzige Bibel, die die Öffentlichkeit noch liest.
Wir sind Gottes letzte Botschaft, in Taten und Worten geschrieben.

Und wenn die Schrift gefälscht ist, nicht gelesen werden kann?
Wenn unsere Hände mit anderen Dingen beschäftigt sind als mit den seinen?
Wenn unsere Füße dahin gehen, wohin die Sünde zieht?
Wenn unsere Lippen sprechen, was er verwerfen würde?
Erwarten wir, ihm dienen zu können, ohne im nachzufolgen?

Lesungen
1. Kor 12 / Mt 20,1–16 / Lk 15,11–32 / Lk 12,48 / Ps 40,9–12 / Ps 51 / Ps 24,7

Lieder
EKG 384,1.4–6.14 / EKG 218 – Aus »Mein Liederbuch«, tvd Verlag: B 11 / B 12 / B 22 / B 39 / B 44 / B 102 / D 11

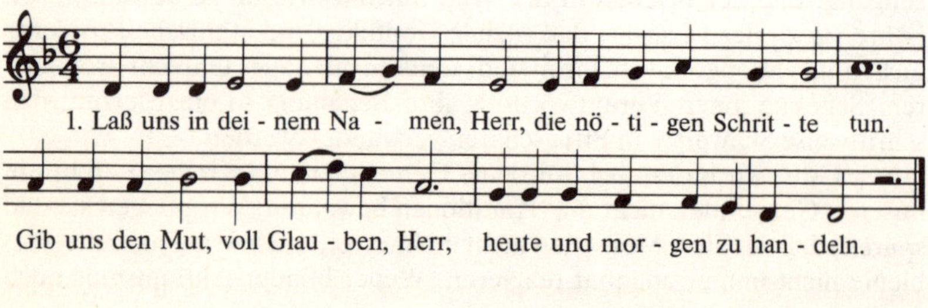

2. Laß uns in deinem Namen, Herr, / die nötigen Schritte tun. / Gib uns den Mut, voll Liebe, Herr, / heute die Wahrheit zu leben.
3. Laß uns in deinem Namen, Herr, / die nötigen Schritte tun. / Gib uns den Mut, voll Hoffnung, Herr, / heute von vorn zu beginnen.
4. Laß uns in deinem Namen, Herr, / die nötigen Schritte tun. / Gib uns den Mut, voll Glauben, Herr, / mit dir zu Menschen zu werden.

Kurt Rommel

Zum Abendmahl

Jesus hat alle an seinen Tisch gebeten: die mit vielen und die mit wenigen Talenten, die aus ihrem Leben etwas gemacht und die aus Unfähigkeit oder Angst alle Möglichkeiten vertan haben, die ihre Fähigkeiten für sich und andere positiv eingesetzt und die Mißbrauch mit ihren Begabungen getrieben haben.
Allen, also auch uns, hat er Vergebung zugesagt, selbst wo wir seinem Willen nicht entsprochen haben. Jesus sucht immer wieder Gemeinschaft mit uns. Er will uns seine Nähe spüren lassen, wenn wir gemeinsam essen und trinken. Die Gemeinschaft mit ihm und unter uns soll nicht beschränkt werden auf diesen Gottesdienst, sie soll sich auswirken im Alltag. Die mit weniger Talenten sollen gestärkt werden, ihre Fähigkeiten einzusetzen, die mit mehr Talenten sollen den anderen helfen, ihre Begabungen zu entdecken. Nächstenliebe ist das größte Talent.

Gebet

Herr, Du willst uns neu machen,
wir aber bleiben so gerne die alten.
Du schenkst uns Hoffnung,
aber wir sind noch immer ängstlich und eng.
Du machst uns Mut,
aber unsere Trägheit hält uns fest
und hindert uns am Gehorsam.
Du gibst uns Dein Erbarmen,
aber unsere Liebe ist klein
und weicht schnell der Gleichgültigkeit.
Darum bitten wir Dich:
Sprich uns los von unserer Schuld.
Laß uns glauben, daß Du uns nicht aufgibst.

Zur Predigt

Möglicher Anfang

»Wer bei Unglücksfällen oder gemeiner Gefahr oder Not nicht Hilfe leistet, obwohl dies erforderlich und ihm den Umständen nach zuzumuten,

insbesondere ohne erhebliche eigene Gefahr und ohne Verletzung anderer wichtiger Pflichten möglich ist, wird mit Freiheitsstrafe bis zu einem Jahr oder mit Geldstrafe bestraft.« Nach dem Gesetz unseres Strafgesetzbuches wird also nicht nur jemand bestraft, der durch eine Tat einem anderen Schaden zufügt, sondern auch der, der es unterläßt zu handeln. Es wird jemand bestraft, der seine Fähigkeiten nicht einsetzt, um konkrete Hilfe zu leisten, oder mindestens dafür sorgt, daß Feuerwehr, Polizei oder ein Arzt gerufen werden. Oft geschieht dies aus Angst, in eine bestimmte Situation verwickelt und unangenehmen Fragen ausgesetzt zu werden. So machen wir uns gerne aus dem Staub und tun so, als hätten wir mit der ganzen Sache nichts zu tun. Um eine solche »Unterlassungssünde« geht es auch im Evangelium für den heutigen Sonntag.
(Verlesen des Textes)
Jesus verurteilt einen Mann, der eigentlich nichts Böses getan hat. Er hat das eine Talent weder verjubelt noch verpraßt. Er hat es vergraben und gibt es nun seinem Herrn vollzählig zurück. Er hatte Angst, ein Risiko einzugehen, weil er die Reaktion seines Herrn vorausahnte. Er hatte Angst, das wenige, das er erhalten hatte, zu verlieren und nachher mit leeren Händen dazustehen. Selbst die Anlage des Geldes auf einer Bank war ihm zu unsicher. Er setzte eben mehr auf Sicherheit, obwohl er dabei eine Abwertung des Geldes nicht einkalkuliert hatte. Es wäre natürlich denkbar gewesen, daß die anderen, die mit ihrem Geld gearbeitet haben, diesem ängstlichen Typ einen Tip gegeben hätten.
Ich denke jedoch, daß Jesus keinen Vortrag über Geldwirtschaft und Profitmaximierung halten wollte. Es wäre sogar grotesk und unverständlich, wollte Jesus mit dieser Erzählung unser Wirtschaftssystem als gottgewolltes sanktionieren, in dem allein Leistung, Erfolg und Profit zählen. Jesus hat sich in vielen Beispielerzählungen auf die Seite der Schwachen und der Zukurzgekommenen gestellt, und so würde sein hartes Urteil gegenüber dem dritten Knecht gar nicht zu seiner Gesinnung passen. Immer wieder in der Geschichte der Christenheit haben jedoch religiöse Führer (z.B. Calvin) einen solchen Zusammenhang hergestellt: Erfolg und Geld sind ein sichtbares Zeichen für ein Gott wohlgefälliges Leben.
Die Erzählung ist eine Parabel. Jesus benutzt Begriffe aus dem Wirtschaftsbereich, um eine menschlich-ethische Aussage zu machen. Jesus will nicht, daß das menschliche Verhalten unter den Druck von Zuwachsraten und Mehrwert gestellt wird. Was er von uns verlangt, ist Gewinn im Menschlichen. Wir dürfen uns unseren Mitmenschen und den Problemen unserer Welt gegenüber nicht passiv verhalten. Nicht »Ruhe ist die erste Bürgerpflicht«, nicht Sicherheit, Bequemlichkeit, nicht »Sichvergraben« und nicht Bewahren um jeden Preis, sondern Mut, Zivilcourage, Mitdenken, Nachdenken und Unternehmungslust – auch wenn sie nicht immer auf Gegenliebe stoßen – sind angesagt. Jesus beurteilt die beiden ersten Knechte deshalb positiv, weil sie sich engagiert, Verantwortung übernom-

men und ihre Talente eingesetzt haben – auch mit dem Risiko, daß es hätte schief gehen können. Nur so kann das Zusammenleben verbessert, die Menschenwürde erhalten, können Konflikte gelöst werden. Die Kritik Jesu an dem dritten Knecht fällt deshalb so hart aus, weil er nicht einmal – aus Faulheit oder aus Angst – den Versuch gemacht hat, sein Talent einzusetzen.

Zum weiteren Verlauf
1. Hier sollten Beispiele gegeben werden, wo wir uns selbst immer wieder verstecken, den Weg des geringsten Widerstands gehen, unsere Vorurteile konservieren und auf Sicherheit setzen. Aber auch über die Ängste sollte gesprochen werden, die wir vor unkonventionellen Wegen haben, über die Nachteile, die durch persönliches Engagement für Gerechtigkeit, Frieden und Menschenwürde – auch im eigenen Lebensbereich – entstehen können. Diejenigen, die mit mehr Fähigkeiten ausgestattet sind oder dies mindestens von sich behaupten, sollen sich nicht über die anderen erheben, sondern ihnen so begegnen, daß sie ihre – vielleicht wenigen – Talente entdecken und entwickeln können. Wer nur ein Talent besitzt, der sollte es nicht vergraben, sondern den Mut haben, es zu nutzen. Verantwortung für unser eigenes Leben und das Zusammenleben auf dieser Welt wird wahrgenommen, wenn jeder bereit ist und die Chance erhält, seine Talente einzubringen und zu vermehren – jeder an seinem Platz. Keiner von uns sollte sich einreden lassen, daß er ein Webfehler Gottes sei. Es geht darum, die Bremsklötze zu beseitigen, die uns möglicherweise von Geburt an und auf Grund unserer Sozialisation daran hindern, Fähigkeiten bei uns zu entdecken, die eine Entwicklung unserer eigenen Persönlichkeit und eines fairen, friedvollen und gewaltlosen Zusammenlebens ermöglichen.
2. Im weiteren sollte auf die »Unterlassungssünden« unserer Gemeinden eingegangen werden. Wir bilden oft eine geschlossene, bürgerliche Gesellschaft mit Gottesdiensten, Kreisen, Basaren etc., pflegen unsere Tradition und meinen oft sehr genau zu wissen, was richtig und was falsch ist. Was aber geschieht, wenn ein Haftentlassener, Obdachloser oder Flüchtling vor unserer Kirchentür steht? In unseren Sonntagsreden ist vielleicht viel von sozialem Engagement und der Sorge um die Schwachen und Kranken die Rede – was geschieht jedoch, wenn es konkret wird? Wollen wir uns oft nicht lieber verstecken und vergraben? Wie oft versuchen wir unser Gewissen damit zu beruhigen, daß Sachzwänge und Zeitnot uns daran hindern, uns auf Fremde, Gestrauchelte und Kranke einzulassen! Dafür haben wir ja unsere Fachleute und Beratungsstellen, wozu sollen wir uns unsere Kreise stören lassen? Hier sollte ermutigend auf die vielfältigen Begabungen und Fähigkeiten in der Gemeinde eingegangen werden. Outsider sollten nicht nur als Betreuungsobjekte angesehen werden; ihre Talente, auch wenn sie nicht immer unseren Vorstellungen entsprechen, sollten wahrgenommen und entwickelt werden.

3. In einem dritten Teil sollte auf die »Besitzstandswahrung« unserer Kirche hingewiesen werden. Angesichts der Bedrohung der Welt und der vielen zu lösenden Probleme ergibt sich die Notwendigkeit weltweiter ökumenischer Zusammenarbeit – vielleicht auch mit anderen Religionen und Gruppen, denen die Bewahrung der Schöpfung am Herzen liegt. Lessings Ringparabel macht deutlich, daß keine Konfession oder Religion von sich behaupten kann, den Stein des Weisen gefunden zu haben. Die Aufrechterhaltung gewachsener Traditionen, die durchaus ihre Berechtigung haben, darf jedoch nicht dem Zweck dienen, alte Machtstrukturen und Einflußsphären zu zementieren. Hier gibt es innerhalb der verschiedenen Konfessionen und zwischen ihnen vieles zu bedenken. Sichern und Bewahren bedeuten Stillstand. Das genau kritisiert Jesus und erwartet, daß wir uns mit unseren vielfältigen Traditionen und Begabungen unkonventioneller Wege bedienen, die die Menschen unterschiedlicher Lager näher zueinander bringen. Stillstand und Konservieren bedeuten Tod, Engagement, Bewegung – auch mit Risiko – bedeuten Leben und Verantwortung.
Betrachten wir nun unsere Kirchen in Deutschland, so stellen wir fest, daß sie oft zu lau und zu lahm sind. Ihre Entscheidungen sind meist nur halbherzig. Das Verhältnis zum Staat ist eng, die Einbindung in die Gesellschaft groß, die Abhängigkeit finanzieller Unterstützung ist nicht zu unterschätzen. Unseren Kirchen fehlt der Mut, den Weg Jesu konsequent zu gehen. Sie haben Angst, etwas zu verlieren: Macht, Einfluß. Sie wollen kein Risiko eingehen. Die Denkschriften zeichnen sich durch Ausgewogenheit aus. Die Kirchen konservieren die Sache Jesu in Formeln. Wiederholen ist auch eine Form von Vergraben. Die Kirchen sind vielfach nur noch Verwalter der Sache Jesu, aber keine Propheten mehr. Die Amtskirchen sollten aus ihrer Stagnation herauskommen und all die Talente fördern, die sich dem Frieden, der Gerechtigkeit und der Gemeinschaft verpflichtet fühlen.

4. Die politischen Verhältnisse sind so, wie sie sind. Nach Öffnung der Grenze zwischen den beiden deutschen Staaten und in Europa habe ich jedoch das Gefühl, daß die finanzstarken Länder in Westeuropa sich ähnlich verhalten wie der dritte Knecht. Kein Risiko eingehen, nur ja nicht sich verunsichern lassen durch vielleicht positive Erfahrungen auf einigen Gebieten in Osteuropa. Wir wollen das, was wir erreicht haben, oft auch auf Kosten der kleinen Leute, bewahren und die gerade im Umbruch befindlichen Länder davon überzeugen, daß Marktwirtschaft, Leistung und Profit die Lösung aller Probleme bedeuten. In Deutschland sind wir dabei, unsere Werte zu kultivieren und uns damit von Fremden zu distanzieren.

Möglicher Schluß

Es ist kurz vor Zwölf – einige behaupten, es sei schon nach Zwölf. Laßt uns nicht zufrieden sein mit dem, was ist und was wir haben. Gott setzt großes Vertrauen in jeden einzelnen von uns. Er möchte, daß wir uns nicht auf ein

sanftes Ruhekissen legen und darauf vertrauen, daß andere alles richten werden, daß wir Konflikte am Arbeitsplatz, in der Familie, in der Gemeinde, in der Partei nicht einfach aussitzen. Wenn Gott Vertrauen in uns setzt, dann überträgt er uns auch Verantwortung. Sie können wir jedoch nur wahrnehmen, wenn wir nicht schweigen, wo ein deutliches Wort angesagt ist, wenn wir nicht unsere Hand in den Schoß legen, wo unser Engagement gefordert ist, wenn wir uns nicht verkriechen, wo wir präsent sein sollten.
Wir können bei all unseren Bemühungen immer wieder versagen, den falschen Weg einschlagen und hinter dem zurückbleiben, was wir hätten tun und erreichen können. Die Parabel möchte Resignation bei uns verhindern und uns Mut machen, Unterlassenes aufzuarbeiten, Versäumtes in Angriff zu nehmen. Gott traut uns zu, daß wir es schaffen werden.

Alternativen

1. Als Einstieg könnte auch die Symbolkraft verschieden gestalteter Kerzen dienen. So unterschiedlich Kerzen auch gestaltet sein mögen, wichtig ist, daß sie brennen. So ist es auch mit unseren Talenten: Sie sind sehr unterschiedlich, und ihre Entfaltungsmöglichkeiten sind ebenfalls nicht einheitlich. Entscheidend ist jedoch, daß sie zum Tragen kommen.
2. Denkbar wäre auch eine Dialogpredigt, in der eine(r) die Rolle des Gutsbesitzers, der/die andere die des dritten Knechts übernimmt. Hierbei sollten die Argumente unterschiedlichen Verhaltens und verschiedener Erwartungen formuliert werden.

Kontexte

Carl Zuckmayer:
Und denn, denn stehste vor Gott dem Vater, stehste, der allens jeweckt hat, vor dem stehste denn, und der fragt dir ins Jesichte: Willem Voigt, wat haste jemacht mit dein Leben? Und da muß ick sagen – Fußmatte, muß ick sagen. Die hab ick geflochten im Jefängnis, und denn sind se alle druff rumjetrampelt, muß ick sagen. Und zum Schluß haste jeröchelt und jewürcht, um det bißchen Luft, und denn war's aus. Det sagste vor Gott, Mensch. Aber der sagt zu dir: Jeh wech! sagt er! Ausweisung! sagt er! Dafür hab ick dir det Leben nich geschenkt, sagt er! Det biste mir schuldig! Wo is et? Was haste mit jemacht?!
(Der Hauptmann von Köpenick)

Bertolt Brecht:
Der hilflose Knabe
Herr K. sprach über die Unart, erlittenes Unrecht stillschweigend in sich hineinzufressen, und erzählte folgende Geschichte: »Einen vor sich hin weinenden Jungen fragte ein Vorübergehender nach dem Grund seines Kummers. ›Ich hatte zwei Groschen für das Kino beisammen‹, sagte der Knabe, ›da kam ein Junge und riß mir einen aus der Hand‹, und er zeigte auf einen Jungen, der in einiger Entfernung zu sehen war. ›Hast du denn nicht um Hilfe geschrien?‹ fragte der Mann. ›Doch‹, sagte der Junge und schluchzte ein wenig stärker. ›Hat dich niemand gehört?‹ fragte ihn der Mann weiter, ihn liebevoll streichelnd. ›Nein‹, schluchzte der Junge. ›Kannst du denn nicht lauter schreien?‹ fragte der Mann. ›Nein‹, sagte der Junge und blickte ihn mit neuer Hoffnung an. Denn der Mann lächelte. ›Dann gib auch den her‹, sagte er, nahm ihm den letzten Groschen aus der Hand und ging unbekümmert weiter.«

Samuel Beckett, Warten auf Godot

Berufslos, familienlos und wohnungslos sitzen zwei ältere Männer, Wladimir und Estragon, an einer Landstraße und vertreiben sich die Zeit, indem sie sich Geschichten erzählen und planen sich aufzuhängen. Sie warten auf einen Herrn Godot, einen vergreisten Gutsbesitzer. Er soll ihnen Nahrung, Arbeit und Unterkunft geben. Godot kommt jedoch nicht. Das Stück veranschaulicht das zerfallene Leben einer toten Welt, in der es nichts Neues gibt, weil nichts Wesentliches geschieht. Wladimir und Estragon sitzen herum und leiden an einer ihr Leben tötenden Langeweile. Die Straße, eigentlich zum Vorwärtskommen gedacht, wird zu einem bloßen Warteplatz, zu einem Teufelskreis, in dem das Ende hoffnungslos zum Ausgangspunkt zurückführt. Nur durch Handeln könnten sie ihre Situation verändern. Wladimir und Estragon verlassen jedoch ihren Platz nicht, weil sie sich vor dem Leben fürchten. Ihr Verhalten wird mit dem Warten auf Godot gerechtfertigt – allerdings kommen sie so weder zu Godot noch zu sich selbst.

Friedrich Schiller: »Die Bürgschaft«

Die hohen Ideale der »Bürgschaft«: Freiheit, Menschenwürde, Freundschaft, Treue, Mut. Die Ballade wird zu einer Legende vom braven Bürger, weil sich der Held im Sinne bürgerlicher Tüchtigkeitsethik mit ihren Postulaten des unbeirrbaren Pflichtethos, der Hintansetzung subjektiver Interessen und durch rastloses Tätigsein bewährt. Aus dem passiven Untertan wird zwar kein freier Mensch, aber immerhin einer, der das, was er soll, auch will.

Fazit bürgerlicher Interpretation der Ballade: »Es gibt nichts Gutes, außer man tut es«.

10. Sonntag nach Trinitatis

Predigttext: Lukas 19,41–48

Klaus Reblin

Theologisch-homiletische Skizze

Ich stimme der Exegese von Michael Wolter und ihren hermeneutischen Konsequenzen gern zu: Lukas 19,41ff. gehört zu jenen Texten, aus denen die unheilvolle Tradition des christlichen Antijudaismus und Antisemitismus entstand. Diese Tradition dürfen wir nicht fortführen. Stattdessen wäre nach der Übertragbarkeit der Enttäuschung Jesu über Jerusalem auf unsere Städte zu fragen. Was bedeutet das Weinen Jesu, wenn »Jerusalem überall« ist, wenn mit dieser Stadt alle menschlichen Städte mitgemeint sind, von Sodom und Gomorra bis Rotterdam, von Ninive bis New York? Darüber zu predigen, würde mich reizen: Glück, Elend und Hoffnung unserer Städte, unserer urbanen Zivilisation – im Angesicht Gottes.
Dieses Thema beschäftigt mich schon lange. Die Großstadt, der städtische Ballungsraum mit seinen positiven Möglichkeiten, aber auch mit seinen lebensbedrohenden Potenzen, mit seiner Kultur und mit seiner Religionsfeindlichkeit (Harvey Cox: »Stadt ohne Gott«) ist schon seit dreißig Jahren mein Lebenselement. Ich hasse die Stadt und komme gleichzeitig nicht von ihr los. Und ich weiß, daß es meinen Predigthörern kaum anders geht. Sie lieben ihre Stadt, und zugleich entfliehen sie ihren Mauern, wann immer sie können.
Eine Predigt für Städter also? Ich glaube nicht. Weil Land und Stadt heute nicht mehr so klar voneinander getrennt sind wie noch vor hundert Jahren. Wir träumen zwar noch von der Idylle des Dorfes. Aber das Dorf ist längst infiziert von den Krankheiten der Stadt. Auch im entferntesten Dorf holt uns die Stadt mit ihrem Fluch, aber auch mit ihren Segnungen wieder ein.
Glück, Elend und Hoffnung unserer Städte – coram deo. Wer diesen Weg mitgehen möchte, muß freilich wissen, daß er damit das traditionelle Gesicht des 10. Sonntags nach Trinitatis deutlich verändert. Aber es ist wohl auch höchste Zeit, daß wir dem »Israel-Sonntag« in seiner bisherigen Form, d.h. mit seiner Verstockungsthematik, den Abschied geben. Es geht nicht um die Juden, es geht um uns!
Thematisieren wir aber Jerusalem als Stadt – im Gegensatz zu Jerusalem als Inbegriff des Judentums –, dann dürfte es wohl ratsam sein, sich auf die erste Hälfte des Sonntagsevangeliums, auf die Verse 41 bis 44 zu beschränken. Die zweite Hälfte schlägt nämlich ein neues, anderes Thema an.

Zur Liturgie

Zu Kyrie und Gloria

lese ich, damit sie einen Ort, einen Bezugsrahmen haben, in der Regel einen kurzen, meist weltlichen Text. So bietet sich vor dem Kyrie ein Zitat aus Sibyl Noholy-Nagys Buch »Die Stadt als Schicksal« an: »Der gemeinsame Nenner aller Städte von Nivive bis New York ist ein kollektiver Götzendienst, der um Macht über Natur, Schicksal, Wissen und Reichtum

betet. Die Götter der Stadt waren und sind immer noch – Übermenschen. Unsere Städte haben kaum ein menschliches Maß. Darum sind sie so unmenschlich.« (S. 42)
Vor dem Gloria möchte ich ein Wort des Perikles (430 v. Chr.) lesen: »Wir vereinigen in uns die Sorge um unser Haus und um unsere Stadt. Wenn wir auch verschiedenen Tätigkeiten zugewandt sind, so ist doch in den Dingen der Stadt keiner ohne Urteil. Bei uns heißt einer, der an den Dingen der Stadt keinen Anteil nimmt, nicht ein stiller Bürger, sondern ein schlechter!« (Aus dem Ausstellungskatalog »Profitopolis«.)
Nach der oben skizzierten Grundentscheidung hinsichtlich der homiletischen Interpretation von Lukas 19,41ff. legt es sich nahe, den *Introituspsalm* und die vorgegebene *Epistel* zu ersetzen durch andere Texte. Als Introitus schlage ich das Jerusalem-Wallfahrtslied Psalm 132 vor, als Epistel die Beschreibung des himmlischen Jerusalem in Apokalypse 21, 9–27 (die Eingangsverse 1 bis 7 scheiden aus, da Epistel für den letzten Sonntag des Kirchenjahres). Auf diese Weise könnte es gelingen, den gesamten Gottesdienst unter einen neuen, einheitlichen, wenngleich spannungsgeladenen Bogen zu stellen.

Kollektengebet
Herr, unser Gott. Du hast uns eine herrliche Zukunft verheißen, eine neue Stadt, das himmlische Jerusalem. Wir kommen zu dir aus der Not und dem Elend unserer Städte und bitten dich: Hilf uns, unsere Städte und die Beziehungen der Menschen, die in ihnen wohnen, neu zu gestalten. Verwandle unsere Resignation in Mut, unsere Ideenlosigkeit in Phantasie, unsere Verzweiflung in Hoffnung und unsere Lähmung in Aktivität, damit deine Verheißung jetzt schon Gestalt gewinne in einer menschlicheren Stadt, in der Gerechtigkeit wohnt.

Fürbittengebet
Laßt uns beten – für diese Stadt, die wir bewohnen, und für alle unsere Mitbürger, daß hier für jeden von uns ein menschliches Zusammenleben möglich werde und eine Stadt des Friedens. Laßt uns beten – für alle, die nahe bei uns wohnen, für unsere Nachbarn und Bekannten, für unsere Freunde, aber auch für jene, die nicht gut auf uns zu sprechen sind, für alle, die uns mit ihrer Zuneigung umgeben, aber auch für jene, die uns lästig fallen. Laßt uns beten – für alle, die hier arbeiten, für die Arbeiter in den Fabriken, für die Künstler und Gelehrten, für die Lehrer und Professoren, für die Sozialarbeiter und für alle, die in unseren Krankenhäusern wirken. Wir bitten auch für Pastoren und Priester und für alle, die die Kirche vertreten, daß sie gemeinsam tätig seien für das Glück in dieser Stadt. Laßt uns beten – für alle, die keine Wohnung haben, und für alle, die schlecht untergebracht sind, für die Fremden, daß sie gastlich aufgenommen werden, und für alle alleinstehenden Menschen. Wir bitten auch für jene, die in Luxus

wohnen, daß sie ihre Häuser und Herzen offen halten für alle, die in Not sind. Laßt uns beten – für alle, die in unserer Mitte heimgesucht sind von Krankheit und Unglück oder einer anderen Prüfung. Für die Ängstlichen, Gelangweilten und Verzweifelten, für alle, die am Rand der Gesellschaft vegetieren, für die Gefangenen und Geistesgestörten, für die Sterbenden und Toten. Laßt uns beten – für uns selbst, daß wir in dieser Stadt unser Glück finden, daß wir einander nicht schaden, indem wir Haß und Zwietracht säen, daß wir vielmehr zusammen und als ein Leib die Stadt Gottes seien auf dieser Erde.« (Huub Oosterhuis, aus einer hektographierten Sammlung)

Schließlich die *Lieder*: Ich liebe besonders »Jerusalem, die hochgebaute Stadt« (EKG 320) und »Gloria sei dir gesungen« (EKG 121,3). Schön auch EKG 250,9.

Vorschläge zur Predigt

Vorüberlegung

Lukas 19,41ff. ist zunächst ein bedrohlicher Text, nicht Evangelium als befreiende Botschaft. Von daher dürfte es zwingend sein, in der Predigt auch die Verheißung des himmlischen Jerusalem mitzubedenken.

Möglicher Predigtanfang

Ich kenne keinen schöneren, erlösenderen Traum als den, den die Bibel auf ihren letzten Seiten erzählt. Ich weiß keinen Traum, der die Sehnsüchte der Menschen besser widerspiegelte als der von der neuen Stadt, vom himmlischen Jerusalem. Das ist das Ziel, auf das wir alle zugehen: Am Ende steht einer, der ruft: »Siehe, ich mache alles neu!« Am Ende werden wir einziehen in eine neue Stadt.

Freilich, der Weg bis zu diesem Ende, der Weg zum himmlischen Jerusalem ist weit. Und es ist eher ein Weg der Tränen denn ein Weg der Freude. Denn er führt an unzähligen Städten vorbei, die das absolute Gegenbild der himmlischen Stadt sind: »Als Jesus nahe an Jerusalem herankam, sah er die Stadt an und weinte über sie!« Jesus weint über das historische Jerusalem, so wie die Menschen immer in ihren Städten über ihre Städte geweint haben, von Sodom bis Dresden, von Ninive bis Kalkutta, von Babylon bis New York. In den Tränen Jesu über seine Stadt spiegeln sich all die unseligen Erfahrungen, die wir Menschen – quer durch die Geschichte – mit den Städten gemacht haben, in denen wir wirkich leben.

Zum weiteren Verlauf

Ich denke mir den Hauptteil der Predigt zweigeteilt:

1. Unsere Städte als Orte der Lebensfeindlichkeit

Zunächst das heute Alltägliche: kranke Luft, Lärm, Verkehrschaos, Streß – und die Opfer, die diese »Lebensqualität« unserer Städte tagaus tagein produziert. Dazu das, was der Konsumzwang unserer Städte mit unseren Seelen anrichtet. Aber die Lebensfeindlichkeit der Stadt hat eine lange Vorgeschichte. Epidemien, Hungersnöte und Kriege haben immer schon in den Städten mehr Menschen dahingerafft denn irgendwo sonst. Was Jesus Jerusalem prophezeit – totale Zerstörung sowie Vernichtung allen Lebens –, war stets das Schicksal aller Städte. Ähnlich wie Jesus beschreibt der assyrische König Sanherib seine Eroberung Babylons:

»Die Stadt und ihre Häuser habe ich vom Grundstein bis zum Dach zerstört, verwüstet und mit Feuer verbrannt. Mauer und Ringmauer, Tempel und Götter, Tempeltürme aus Ziegel und Erde habe ich niedergerissen und in den Arachtu-Kanal gestürzt, soviele es gab. Mitten durch die Stadt grub ich Kanäle und überflutete sie mit Wasser und zerstörte die Stadt bis in die Basis. Ich schuf eine vollkommenere Zerstörung, als eine Wasserflut es je kann.«

Wer aktuellere Beispiele sucht, sei verwiesen auf Hans Erich Nossacks »Der Untergang« (Hamburgs Ende 1943) – es gibt aber sicher viele ähnliche Berichte auch von anderen Städten unseres Landes.

Sicher hat das Leben in den Städten auch seine positiven Dimensionen. Nirgendwo wird soviel Kunst und Kultur vermittelt wie in ihnen. Darüber hinaus sind auch Wissenschaften und Technik Kinder städtischen Geistes. Vor allem aber: die Stadt als Geburtsort der Freiheit. Reformation, amerikanische und französische Revolution, aber auch die deutsche Erhebung 1989 haben in den Städten begonnen. »Freiheit ist stadtgeboren.«

Freilich, die andere Seite wiegt schwerer: die Stadt als Ort verdichteter Gefährdung des Lebens. Woher denn sonst all die Fluchtbewegungen aus den Städten hinaus aufs Land? »Und da er die Stadt sah, weinte er über sie.«

2. Die Stadt Gottes als Stätte neuen Lebens

Angesichts der Tränen, die Jesus stellvertretend für alle Menschen über Jerusalem weint, wird die Frage nach der neuen Stadt unausweichlich. Sie findet ihre Antwort im Traum von der Gottesstadt, vom himmlischen Jerusalem. Diese Stadt hat ihre besondere Qualität erstens darin, daß sie eine durch und durch »einladende« Stadt ist, erkenntlich an der Schönheit ihrer Mauern und am Glanz und an der Zahl ihrer Tore, die nie geschlossen werden, zum Zeichen dessen, daß bei Gott alle Ausgrenzungen aufhören, daß alle herein dürfen: Aus- und Übersiedler, Polen und Albaner, Asylsuchende aus aller Herren Länder. Diese Stadt ist zweitens eine kommunikative Stadt: Es gibt nur eine Straße und keine Häuser. Alles Leben spielt sich also unter freiem Himmel ab. Die kommunalen Belange haben Vorrang vor den privaten, Gemeinnutz geht vor Eigennutz. Drittens aber ist die Stadt Gottes eine wirklich demokratische Stadt, in der die Könige einhergehen wie jedermann und in der sogar Gott mitten unter den Menschen wohnt, in einem Zelt, ansprechbar für alle. Gleichheit lautet also der erste – und einzige – Verfassungssatz dieser Stadt. Schließlich: In dieser Stadt kommt alle Kriminalität an ihr Ende: »Nichts Böses dringt in sie ein«, wiewohl sie absolut offen ist.

Möglicher Schluß
Was berechtigt uns, diesem Traum vom himmlischen Jerusalem nachzuhängen, mitten im Elend unserer Städte? Können unsere Städte je heil werden?
Henry Miller hat einmal über New York gesagt: »Man fragt sich wirklich, wie dieses Babel der modernen Stadt jemals für menschliche Wesen wohnlich gemacht werden kann. Es genügt nicht, die Slums niederzureißen oder jeden armen Bürger auf Almosen zu setzen. Man muß einen neuen Menschen zeugen, einen neuen Geist eingießen, neues Blut in diese verdutzten armen Teufel. Man kann keine Modell*stadt* bauen – ohne Modell*bürger*. Aber wo bekommen wir sie her?«
Genau das ist der Punkt: Neue Menschen wären vonnöten. Aber die sind nicht zu finden (siehe Abrahams Gebet für Sodom, Genesis 18). Ich kenne nur einen wirklich neuen Menschen, an dem sich die Hoffnung auf eine neue Stadt festmachen könnte: den Mann, der vor zweitausend Jahren weinte über Jerusalem und dennoch einzog in diese Stadt: um die Blinden und die vom falschen Glanz des Geldes und der Macht Geblendeten sehend zu machen, die Lahmen und die in ihren Ängsten wie Gelähmte gehend, die Tauben und die vom Lärm unserer Welt Betäubten hörend und die Toten und die, die in ihrer Resignation so gut wie tot sind, wieder lebendig. Um derentwillen zieht er in jene gefährdete Stadt ein, damit sie ihre Stadt wieder als Heimat annehmen können, statt sie und sich selbst für immer abzuschreiben.
Freilich, wir dürfen Jesus nicht allein lassen. Wenn er in Jerusalem einzieht, braucht er Freunde, Helfer, damit sein Plan gelingt. Was wir unsererseits tun können für die Genesung unserer Städte?
Vor zwei Jahren habe ich im Urlaub in Angers an der Loire zum ersten Mal jene großen mittelalterlichen Seidenteppiche gesehen, die das, was die Offenbarung des Johannes erzählt, in Bilder übertragen. Eines dieser Bilder hat mich damals besonders angerührt: Da sieht man vier Männer, klein von Gestalt, unscheinbar, Leute ohne große Kraft und ohne große Möglichkeiten. Aber die vier haben sich zusammengetan und bekämpfen todesmutig mit Stöcken und mit einem winzigen Schwert ein riesiges siebenköpfiges Ungeheuer, eine Art Personifizierung des Bösen und des Todes.
So entsteht die neue Stadt: Wir tun uns mit Jesus zusammen und erheben uns gegen die sieben, die tausend Köpfe des Bösen, der Ungerechtigkeit und des Todes in unseren Städten. Wir tun uns zusammen und machen uns zum Sprachrohr derer, denen Unrecht die Sprache verschlagen hat. Wir wenden uns denen zu, die alle Hoffnung aufgegeben haben. Wir werden Bauleute Gottes. Dann kommt Gottes Stadt nicht erst morgen, nicht erst in Ewigkeit, sondern schon jetzt, mitten im Herzen unserer Städte.

11. Sonntag nach Trinitatis

Predigttext: Lukas 18,9–14

Klaus Schimpf

Theologisch-homiletische Skizze

Pharisäer und Zöllner sind für die Gemeinde alte Bekannte. Die Predigthörer ergreifen schon beim Verlesen des Textes Partei für den Zöllner. Er ist – wie sie selbst – demütig vor Gott, weiß um sein eigenes Versagen und ist voll und ganz auf Gottes Gnade angewiesen. Der Pharisäer dagegen gilt als Sinnbild des selbstgerechten, überheblichen und scheinheiligen Menschen. Jesus durchschaut ihn, so wie die Predigthörer die »anderen« – die besonders Frommen oder die besonders Fortschrittlichen – in der Kirche durchschauen. Vor allem die Rahmenverse (9 und 14b) verführen dazu, den Text als Appell zur Demut und als Warnung vor Hochmut zu verstehen.

Bei seinen Zeitgenossen mußte Jesu Urteil über die nebeneinandergestellten Personen im Tempel Überraschung, wenn nicht gar Empörung auslösen. Diese neue, andere Art, von Gott zu reden, ist wohl kaum nachzuvollziehen. In der Predigt sollte dem Pharisäer Gerechtigkeit widerfahren, und der Zöllner sollte nicht idealisiert, sondern in der Kreatürlichkeit seines Elends nachgezeichnet werden.

Bei der Interpretation des Urteilsspruches Jesu möchte ich nicht solche inhaltsschweren theologischen Begriffe wie Rechtfertigung oder Vergebung gebrauchen. Mir gefällt die Formulierung Wilhelm Stählins: »Gott sagt zu dem einen Ja, zu dem anderen sagt Er Nein. Zu dem einen sagt er: Du bist mir recht, du bist in Ordnung. Zu dem anderen sagt Er nichts, aber wenn er etwas sagte, würde es heißen: Bei dir stimmt alles nicht.« (»Das Angebot der Freiheit« – Predigten S. 169) Das ist in seiner Einfachheit für jeden Hörer verständlich.

Aber warum sagt Gott nein zu dem einen und ja zu dem anderen? Weil bei Gott alles anders ist? Weil coram Deo nicht gilt, was coram mundo richtig ist? Weil es coram Deo allein um den unendlichen Unterschied zwischen mir und Gott geht und der Zöllner diesen Unterschied exemplarisch erfaßt hat (vgl. F.G. Lang: Exegese Band 4)? Das ist sicher *ein* Aspekt. Ein anderer Aspekt ergibt sich aus der näheren Betrachtung des Gebets des Pharisäers. Es ist ein Dankgebet. Aber dadurch, daß er sich mit dem Zöllner vergleicht, schafft er eine Rangordnung; und das ist sein Sündenfall. So verstehen es die meisten Ausleger. Wenn ich Gott dafür danke, daß ich nicht in der Situation eines Strafgefangenen, eines »Penners«, eines politisch Verfolgten usw. bin, muß das doch nicht Ausdruck einer »Werkgerechtigkeit« sein, die dem anderen die Liebe und Barmherzigkeit Gottes abspricht. (Vgl. dazu die Umerzählung der Perikope von L. Zenetti unter »Kontexte«.)

M.E. gibt es noch einen anderen Aspekt, den ich spannend finde, weil er weder zum Moralisieren noch zum schwerblütigen Theologisieren verführt: Der mit seinem Leben gescheiterte Zöllner ist offen für Veränderung. Nur wenn anderes, Neues geschieht, ist sein Leben wieder etwas wert. Im Tempel, also vor Gott erkennt er dies. Der Sachverhalt bleibt der gleiche, wenn er erst nach der Erkenntnis des Scheiterns in den Tempel kommt. Er ist offen für das Neue, das von Gott kommt. Die beiden anderen Stellen bei Lukas, an denen Zöllner nicht summarisch genannt werden, sind

aufschlußreich: Levi (Luk 5) gibt seine Zollstelle auf und wird Jünger – Zachäus (Luk 19) verspricht Wiedergutmachung. Beide sind Menschen, die aus dem Bisherigen ausbrechen und sich auf Neues einlassen. So auch der namenlose Zöllner im Tempel. Das korrespondiert im Kontext der Predigt Jesu dem kommenden Gottesreich.
Der Pharisäer dagegen hat sich eingerichtet. Sein Leben ist gelungen. Deshalb dankt er Gott. Sein Selbstverständnis und sein Gottesverständnis sind unerschütterlich. Deshalb muß er sich dem Neuen, das Jesus bringt, verschließen. Es ist ein »anderer« Gott, den Jesus predigt. In seiner Zufriedenheit über sein gelungenes Leben ist er unversehens in Erstarrung geraten. Umdenken, Umlernen sind ihm so nicht mehr möglich. Er gehört zu denen, die ihre »Hand an den Pflug gelegt« haben (Luk 8,62).
Wie der Pharisäer bewahren wir in Kirche und Gemeinde unseren Besitzstand – wirtschaftlich wie theologisch. Neuem gegenüber (Lebensstil, feministische Theologie, Befreiungstheologie etc.) sind wir existenziell verschlossen, auch wenn wir uns hin und wieder auf diesen Gebieten intellektuelle Spielereien leisten. In der Predigt möchte ich deshalb versuchen, diesen Aspekt der Verhärtung, der nicht Gottes Wohlgefallen findet, aufzudecken und zu überwinden.

Zur Liturgie

Eingangspsalm

Psalm 1 (den ich in der Predigt zitiere)

Lieder

Aus dem EKG sind möglich: 250, 268, 269, 277
Viele von den neueren Liedern treffen sehr gut die Problematik des Textes. Alle angegebenen Lieder finden sich in »Mein Liederbuch für heute und morgen«, tvd-Verlag GmbH, Düsseldorf. Vorschläge: Brich mit den Hungrigen dein Brot ... (Text: F.K. Barth, Mel. P. Janssens), Hört, wen Jesus glückich preist ... (Text: Hoffmann/Walz, Mel. Spiritual), Gottes Liebe ist wie die Sonne ... (Text u. Mel. Die Rufer), Entdeck bei dir, entdeck bei mir den ersten Schritt ... (Text F.K. Barth, Mel. Janssens), Ich lobe meinen Gott, der aus der Tiefe mich holt ... (Text H.J. Netz, Mel. C. Lehmann).

Eingangsgebet

Herr, wir verstehen uns selbst oft nicht:
was wir ersehnen, was uns bewegt und was uns ängstigt.
Täglich stehen wir vor vielen Fragen,
auf die wir keine Antwort wissen;
vor Meinungen, die uns verwirren.
Laß uns klar sehen und erfahren,
was die Jünger Jesu erfahren haben:
Ihnen gingen die Augen auf, und sie erkannten,
was sie lange nicht verstanden hatten:
den Sinn deiner Worte. Amen

Schlußgebet

1. Sprecher: Herr, unser Gott, vor dich bringen wir die ganze Welt,
alle Völker und Nationen, jung und alt, reich und arm.
Wir denken vor dir an alle, die vor uns gewesen sind,
von denen wir diese Welt erbten, an alle, die uns zu dem machten,
was wir sind, die uns unseren Namen, unsere Sprache,
unser Land gegeben haben.
2. Sprecher: Wir bitten dich für unsere Kinder und Kindeskinder,
für alle, die nach uns geboren werden,
daß wir ihnen nicht Steine statt Brot geben,
daß wir ihnen nicht Krieg hinterlassen,
sondern Gerechtigkeit und Frieden.
Wir beten zu dir für unsere Mitmenschen an diesem Ort,
für die, die mit uns zusammenwohnen, für unsere Nachbarn und Freunde,
auch für die, die uns unsympathisch sind und die uns zu tragen geben.
3. Sprecher: Wir danken dir für die, die wir lieben
und die uns diese Welt liebenswert machen,
für den Menschen, der uns am nächsten steht,
für alle, die uns geschenkt und anvertraut sind.
Wir nennen dir, Herr, die unserer Hilfe am meisten bedürfen ...
Wir beten für die, die in Zweifel und Verzweiflung sind,
für die Kranken und Hilflosen, für die Sterbenden
und bitten dich, gib ihnen deinen Frieden.
O Herr, du bist ein Gott des Lebens. Wir bitten dich:
Öffne uns, wenn wir dir gegenüber verschlossen sind,
so daß wir unsere Gaben für andere einsetzen,
laß uns der Vollendung deines Werkes gewiß sein,
um Jesu Christi willen. Amen.
(Beide Gebete aus: Gottesdienstgestaltung, Vandenhoeck & Ruprecht)

Vorschläge für die Predigt

Möglicher Anfang

Unsere Sympathie neigt sich rasch dem Zöllner zu. Viele hundert Jahre Predigt haben unser Urteil beeinflußt. Der Pharisäer ist zum Sinnbild des verlogenen und überheblichen Menschen geworden, der sich bei Gott ins rechte Licht setzen will und verächtlich auf den Zöllner herabsieht. Der Zöllner dagegen ist für uns das Abbild christlicher Demut. Er steht wie ein Bettler vor Gott und fleht aus der Tiefe seiner Not um Rettung. Diese Auslegung des Bibeltextes birgt eine Gefahr in sich, die Eugen Roth humorvoll in Verse gebracht hat:

Ein Mensch betrachtet sich einst näher / die Fabel von dem Pharisäer, / der Gott gedankt voll Heuchelei, / dafür, daß er kein Zöllner sei. / Gottlob, sprach er in eitlem Sinn, / daß ich kein Pharisäer bin.

Ich denke, es ist gut, sich einmal vor Augen zu halten, wer der Pharisäer ist und wer der Zöllner, von denen Jesus spricht.

Weiterführende Gedanken

Ich versuche nun, den Pharisäer so plastisch wie möglich zu zeichnen. Wichtig sind mir dabei folgende Aspekte:

- er hat seinen Lebensentwurf realisiert,
- das ist ihm nicht leicht gefallen; er hat an sich gearbeitet,
- seine Gradlinigkeit ist imponierend,
- er ist frei, denn er kann Verzicht üben (Fasten – Zehntengeben),
- es ist vorstellbar, daß er den 1. Psalm betet; man kann ihn mit einem Baum vergleichen, der gesunde Blätter und gute Früchte hat,
- er ist nicht selbstgefällig, sondern weiß, daß er aus eigener Kraft das Gebäude seines Lebens nicht errichtet hätte. Deshalb dankt er Gott.

»So kann der Pharisäer, der wahrscheinlich in bescheidenen Verhältnissen lebt, ohne Neid und Eifersucht das schöne Haus mit dem parkähnlichen Garten betrachten.

In diesem Haus wohnt der Zöllner. Er ist nicht mit dem Zollbeamten unserer Tage zu vergleichen, der nach dem Wegfall der deutsch-deutschen Grenze um seinen Arbeitsplatz bangen muß.«

Nun versuche ich, den Zöllner auf ähnliche Weise zu zeichnen:

- er ist Handlanger der Besatzungsmacht,
- niemand schaut ihm auf die Finger, niemand kann nachprüfen, ob sein Reichtum legal oder illegal erworben wurde,
- er könnte sein Leben genießen, denn er hat's zu etwas gebracht,
- er zahlt zwar Tempelsteuer, aber er gehört nicht dazu,
- die Leute mögen ihn nicht, er lebt in der Isolation, offene und versteckte Ablehnung schlagen ihm entgegen,
- sein Lebensentwurf ist nicht gelungen.

»So sind sie nun beide in Gottes Haus, der eine voller Dankbarkeit, der andere voller Selbstzweifel. Der eine Beispiel eines gelungenen, sinnvollen Lebens, der andere Symbol einer gescheiterten Existenz. Der eine sagt Gott Dank, der andere schmeißt ihm die Scherben vor die Füße. Aber zu dem einen sagt Gott nein und zu dem anderen ja – erzählt Jesus. Der Zöllner gefällt Gott besser als der Pharisäer. Der Schuft in seiner Verzweiflung ist Gott angenehm – der Ehrbare mit seiner Dankbarkeit nicht. Das muß man erst einmal verstehen.«

In einem kurzen Einschub versuche ich deutlich zu machen, warum im Evangelium so häufig von Jesu Sympathie für die Zöllner die Rede ist. Kurzer Kommentar zu Levi und Zachäus. Natürlich geht es darum, sichtbar zu machen, daß Gottes Liebe und Barmherzigkeit in besonderer Weise denen gilt, die Jesu zu den »Kranken« rechnet. Ich möchte noch einen anderen Aspekt sichtbar machen:

»Was also fehlt dem Pharisäer, dem wir doch so viel ähnlicher sind als dem Zöllner, in Jesu Augen? Ihm fehlt die Bereitschaft, sich auf Veränderungen einzulassen, Neuem in seinem Leben Platz zu geben. Der Zöllner ist am Ende seines Lebensentwurfes. Er ist gescheitert. Er weiß: So kann es nicht weitergehen. Sein Schrei: ›Gott, sei mir Sünder gnädig‹ heißt: Gott, ich stecke in einer Sackgasse. Hilf mir heraus, sonst gehe ich zugrunde. Ein solcher Mensch, sagt Jesus, ist Gott angenehm, denn er ist bereit für das Neue, das ich bringe. Er ist offen für die Zukunft, bereit, die eingefahrenen Geleise zu verlassen und zu anderen Ufern aufzubrechen. Der Pharisäer dagegen hat viel zu verlieren. Er will bewahren, was er hat. So erstarrt er. Die vermeintlichen Tugenden werden zu Gitterstäben eines Gefängnisses. Sie machen ihn unbeweglich, unempfänglich für das Neue, das mit Jesus in die Welt gekommen ist.«

Möglicher Schluß

In einem der neuen Glaubenslieder, das mit der Zeile beginnt: »Brich mit den Hungrigen dein Brot«, kommt eine Zeile vor, die ich bisher nicht so recht verstanden habe: »Such mit den Fertigen ein Ziel«. Von dieser Beispielerzählung her füllt sich dieser Satz mit Sinn. Such mit den Fertigen ein Ziel, das ist doppeldeutig. Der Zöllner ist »fix und fertig«, sein Lebensgebäude ist in Trümmer gefallen. Er braucht ein Ziel, um leben zu können. Auch der Pharisäer ist fertig, aber in einem anderen Sinn. Sein Lebensgebäude scheint fest zu stehen. Aber wo keine Veränderung ist, sondern Erstarrung, ist das Leben blutleer und reduziert. Auch er braucht ein Ziel, um wahrhaft leben zu können. Jesus ist gekommen, um beiden, die auf so unterschiedliche Weise fertig sind, einen neuen Weg zu eröffnen, der zur Fülle des Lebens führt.

Kontexte

»Einigen, die von sich selbst überzeugt waren und die frommen und biederen Leute verachteten, erzählte Jesus einmal eine Geschichte. ›Nehmen wir an‹, sagte er, ›da gingen eines Tages zwei Männer in den Tempel, um zu beten. Den einen kannte man als besonders frommen Mann. Der andere war einer von den Zolleintreibern, die jeder anständige Mensch im Land begreiflicherweise verachtet. Nun schauen wir aber einmal genau hin, wie das nun weitergeht. Der Fromme kommt also in das Haus Gottes. Er stellt sich andächtig hin, wie es sich gehört, und er betet bei sich ungefähr mit folgenden Worten: O Gott, ich danke dir, daß ich durch deine besondere Gnade kein Räuber, Betrüger oder Ehebrecher bin, auch kein Zöllner wie der da. Du weißt es wohl, ich bemühe mich, deine Gebote zu erfüllen. Ich faste an zwei Tagen in der Woche, und den zehnten Teil meiner Einkünfte spende ich für gute Zwecke. Aber ich will mir nichts darauf einbilden. Ich weiß zu gut, daß das alles noch viel zu wenig ist. Hilf mir, du großer Gott, daß ich dir nicht nur äußerlich und mit meinen bescheidenen Werken, sondern mit dem Herzen diene. –

Der andere aber, der Zöllner, blieb nahe am Ausgang stehen, lehnte sich an eine Säule und dachte bei sich: Nun schau dir bloß diesen frommen Heuchler da vorne an, wie der sich aufspielt! So einer hält sich natürlich für besser als alle anderen und

bildet sich alles mögliche darauf ein, daß er hin und wieder was Gutes tut. Werkheiligkeit, die sich da im Tempel breitmacht. Ich bin da anders. Vielleicht nicht in allem vollkommen, wer ist das schon! Aber jedenfalls bin ich kein solcher Heuchler und Betbruder ... Gott sei Dank hab' ich begriffen, worauf es heute ankommt: Nicht Gebete herunterleiern, sondern was tun. Es rettet uns kein höheres Wesen, sondern nur unsere eigene Aktion. Aber wem sag ich das? –
Und Jesus schaute die an, die ihm zuhörten, und fragte sie: ›Was meint ihr wohl: Welcher von beiden gefällt unserem Gott besser?‹ – Da sagte einer schließlich: ›Herr, das ist wirklich eine schwierige Frage.‹«
Lothar Zenetti, Die wunderbare Zeitvermehrung. Verlag J. Pfeiffer 1979

»Diesfalls ein Pharisäer, der sich im Tempel fromm berühmt, mit einem Seitenblick auf den weiter hinten vorhandenen Zöllner. Der wiederum darf durchaus als gewöhnlicher Gauner betrachtet werden. Dieser ging hinab in sein Haus als Gerechtfertigter, jener nicht – so Jesus. Kriterien für die Bevorzugung des reumütigen Lumpen gegenüber dem rechtschaffenen Frommen werden keine angegeben, jeder kann sich selber den Reim auf das Gleichnis machen.« »In einer Denkübung nach modernen Kriterien müßte man Jesus beispielsweise ... in der sogenannten Halb- oder gar Unterwelt derer, die mit den geltenden Gesetzen und gesellschaftlichen Normen in einem permanenten Konflikt stehen, suchen. Zur Zeit Jesu waren das die Zollpächter, also die Sünder schlechthin. Zu ihnen zeigt Jesus eine geradezu provokatorische Zuneigung. Ausgerechnet sie marschieren geradewegs in den Himmel mit strengem Vorrang gegenüber der herrschenden Schicht: Die Zöllner und Dirnen kommen eher ins Reich Gottes als ihr.«
Adolf Holl, Jesus in schlechter Gesellschaft, Deutsche Verlags-Anstalt

»Evangelium heißt Befreiung / es macht uns frei von dem, was war / von dem, was man so tut / und daß man doch nichts ändern kann / es gibt uns neuen Mut
Evangelium heißt Befreiung / es macht uns frei von Haß und Neid / es reißt die Mauern ein / die Menschen immer noch entzwein / und läßt uns Brüder sein
Evangelium heißt Befreiung / es macht uns wach für unsre Welt / und läßt uns Gottes Heil verstehn / zeigt was zu ändern ist / und läßt ans Werk uns gehn / Evangelium heißt Befreiung.«
Lothar Zenetti, Texte der Zuversicht, Verlag J. Pfeiffer

»Ich lasse mich doch nicht auf die Seite der Zöllner stellen!« – ein Zwanzigjähriger bei einem Gespräch über Luk. 18.

12. Sonntag nach Trinitatis

Predigttext: Markus 7,31–37

Klaus Zillessen

Theologisch-homiletische Skizze

a) Eine von vielen Heilungsgeschichten der Evangelien, einer von vielen Wunderberichten, die in der Sechsjahresordnung der Predigttextreihen vorkommen! Viele Wunder- und Heilungsgeschichten – und jede hat ihr besonderes, eigenes Profil! Keineswegs liegt der Schwerpunkt immer auf dem *diakonischen* Aspekt, dem Erbarmen mit dem Schwachen, der Hilfe für den Kranken. Manchmal steht der Wundertäter, Christus, im Mittelpunkt der Erzählung, seine Vollmacht (möglicherweise im Gegensatz zur Ohnmacht der anderen), das Offenbarwerden seiner (verborgenen) Herrlichkeit (*christologischer* Aspekt). Oft aber auch geht es um Dritte: um den Glauben eines Vaters, der seinen kranken Sohn bringt, um die Tröstung einer Mutter, um den Glauben derer, die einen Gelähmten herbeitragen, oder um ein Zeugnis gegenüber jenen, die Jesu Vergebungsvollmacht anzweifeln. Dann wieder wird die Frage gestellt, woher Krankheit kommt oder wozu eigentlich ein Mensch gesund werden soll (vielleicht, um künftig ein Leben aus Dankbarkeit zu führen?) – also *seelsorgerliche* Aspekte.
Oft ist die Heilung eher als Bild, als Symbol, als Gleichnis und *Zeichen* verstanden: Da geht es dann z.B. letztlich nicht mehr um ein organisches Augenleiden, sondern um geistliche »Blindheit«, die geheilt werden muß, damit Nachfolge möglich wird. Ich denke, diese Vielfalt an Aspekten darf nicht aus den Augen verloren werden, jetzt, da das Interesse charismatischer Gruppen an Heilungsgebet und Heilungswunder (s. auch »Kontext«) in einem manchmal allzu vordergründigen Verständnis unsere Gemeinden fasziniert.

b) Was ist die Besonderheit *dieser* Heilungsgeschichte (Markus 7,31–37)? *Jesus* steht im Mittelpunkt des Interesses. Er »öffnet« den »Grenzübergang« zum »Heidenland« (Tyrus und Sidon) und zu den hellenistischen Städten (Dekapolis). Er »öffnet« (mit einem Blick nach oben) den Himmel (Vers 34) und eröffnet so dem Kranken Gottes hilfreiches Herz. Er öffnet dem Taubstummen durch Wort und Anrühren Ohren und Mund (Verse 33–35). Er »öffnet« auch den (anonymen) andern, den Zeugen des Geschehens, dem Volk, den Mund zum Weitersagen, zum Christuslob und zum Christusbekenntnis (Verse 36b, 37).
Für mich ist das Besondere dieser Heilungsgeschichte also, daß es eine *Geschichte vom Öffnen* ist. Nicht umsonst steht in der Mitte dieser Perikope das geheimnisvolle Wort »Hephata« – Tu dich auf! Öffne dich! »Hephata« ist für mich das Schlüsselwort dieser Geschichte. Mehr noch: Jesus selbst ist der, der das vermag, was sonst nur ein *Schlüssel* kann: Öffnen, Grenzen öffnen, den Himmel öffnen, Ohren, Mund und Herzen öffnen ... Christus ist nicht nur – wie das Johannesevangelium es formuliert – Licht der Welt, Brot des Lebens, Weinstock, Hirte, Weg und Wahrheit – er ist (so erzählt diese Geschichte) *Schlüssel*!

c) Im Zusammenhang mit einem Besuch bei unserer Partnerkirche in Ghana begegnete mir die kurze Rede eines Schwarzen aus Ghana, der als Abgesandter seiner Presbyterianischen Kirche von Ghana genau dies so formulierte: »Christus ist nicht nur Weg, Wahrheit, Leben und Tür, er ist der *Schlüssel*!«

Ich werde diese Rede eines afrikanischen Christen (veröffentlicht in einer Missionszeitschrift) für meinen Predigtentwurf aufnehmen, vielleicht auch das Zeichen selbst im Gottesdienst verwenden: den Schlüssel (als großes Zeichen, von Konfirmanden gestaltet, an der Altarwand, als Fotokarte oder gezeichnet, auf Pappe fotokopiert und ausgeschnitten ... zum Mitnehmen aus dem Gottesdienst).

Zur Liturgie

Auch in der Liturgie soll das »Schlüssel«-Motiv entfaltet werden. Christus, der Schüssel, der Verschlossenes öffnet.

Lieder

EKG 144,1 »Herr, Öffne mir die Herzenstür ...!«
EKG 145,2 »Öffn' uns die Ohren und das Herz, daß wir das Wort recht fassen ...«
863 (Anhang 77 für die Bad. Landeskirche, Hänssler-Verlag, Stuttgart)
»Ohren gabst du mir, hören kann ich nicht,
der du Taube heilst, Herr, erbarm dich mein,
Lippen gabst du mir, loben kann ich nicht,
der du Stumme heilst: Herr, erbarm dich mein.
EKG 53,1.3 »Jesus ist kommen, der starke Erlöser, bricht dem gewappneten Starken ins Haus, sprenget des Feindes befestigte Schlösser ...« (das gewaltsame Aufschließen des Befreiers)
Noch stärker – allerdings in einem Adventslied –: EKG 5 »O Heiland, reiß die Himmel auf ... reiß ab von Himmel Tor und Tür, reiß ab, wo Schloß und Riegel für«.
EKG 504, »Den Tauben öffne das Gehör, die Stummen richtig reden lehr ...«
218,4 »Tu der Völker Türen auf ...«

Gebet zum Kyrie

(nach der Bad. Agende, 1987)
Herr, du bist offenbar in allen deinen Werken.
Du bist das Licht, das alle Dinge überstrahlt.
Du hast geredet zu unseren Vätern und hast auch uns dein Wort gegeben.
Aber wir sind blind für deine Zeichen.
Wir sind taub, wo du zu uns redest,
und unser Herz ist verschlossen für deine Liebe.
Wir bitten dich: Öffne die Augen,
die Ohren und Herzen.
Herr, heile uns.

Kollektengebet

(nach Bad. Agende 1987)
Herr, unser Gott, du kannst uns heilen an Leib und Seele.
So bitten wir dich: Öffne unsere Ohren, daß wir dein Wort hören, und rühre unsere Zungen an, daß wir einstimmen in das Lob der Erlösten.

Zum Gloria
»Die Augen der Blinden werden aus Dunkel und Finsternis sehen, und die Tauben werden hören die Worte des Buches.« (Jes 29,18)

Fürbitten
Herr, wenn du kommst, dann gehen Türen auf, Verschlossenes öffnet sich, Schlagbäume an allen möglichen Grenzen gehen hoch. Du stellst unsere Füße auf weiten Raum. So bitten wir dich: Schließe dein eigenes Herz für uns auf. Öffne uns Ohren und Herz für deine Stimme, dein Wort, deinen Geist. Laß Menschen und Völker auf unserer Erde Wege zueinander finden.
Dort, wo Menschen gefangen gehalten werden in politischer Unfreiheit, da schließe die Türen ihrer Gefängnisse auf.
Und wo Menschen gefesselt sind von ihren Süchten und Zwängen, da öffne die enge Zelle, in der ihr Leben gefangen ist.
Unsere Ohren tu auf für den Hilferuf derer, die Hunger und Not leiden, und wenn unsere Lippen in Enttäuschung und Bitterkeit zusammengepreßt sind, dann öffne sie, damit wir das Wort finden, das dem andern guttut. Tu unsern Mund auf, dein Lob zu singen. Amen.

Entfalteter Schlußsegen (nach Art der irischen Segenswünsche)
Jesus Christus öffne dir Ohren und Herz,
daß du sein gutes Wort vernimmst
und dadurch neuen Lebensmut gewinnst.
Er öffne dir deine geballte Faust,
daß du keinen andern mehr bedrohst und niemandem mehr Angst machst.
Jesus öffne dir Herz und Hand,
damit er sie dir füllen kann
und du weiterzugeben hast.
Er öffne dir den Mund und löse deine Zunge,
daß du sein Lob singen kannst
und das freundliche Wort dir über die Lippen geht,
das dem andern wohltut.
Christus, der Herr, öffne dir Türen und Wege in die Zukunft,
und am Ende schließe er dir die Himmelstür auf,
die Tür zum Vaterhaus.
So segne dich Gott, der Vater,
durch seinen Sohn Jesus Christus
in der Kraft des Heiligen Geistes.

Vorschläge zur Predigt
Möglicher Beginn
Im vergangenen Jahr besuchte der König von Dormaa, Nana Osagyefo Odeadeeyo Agyemang Badu, Deutschland und die Schweiz. Er war ge-

kommen, um die Verbindung zwischen seinem Land und den Ländern, aus denen die Missionare einmal nach Ghana gekommen waren, zu stärken. Nana Badu ist Mitglied der Presbyterianischen Kirche von Ghana. Bei einem Empfang im Missionshaus in Basel überreichte er als Geschenk einen Schlüssel. Dabei hielt er die folgende kurze Ansprache: »Wir wußten im allgemeinen von Gott, lange bevor Missionare kamen; wir wußten aber nichts von Jesus Christus. Wir brauchten einen Schlüssel. Jesus Christus ist nicht nur Weg, Wahrheit, Leben und Tür. Er ist der Schlüssel. Dieses Bild fehlt im neuen Testament. Wir würden es aber ins Neue Testament aufnehmen, wenn wir das Neue Testament in Ghana neu schreiben würden.«
Jesus Christus ist der Schlüssel. – Es ist richtig, liebe Gemeinde, daß es diesen Satz im Neuen Testament so nicht gibt, aber indirekt erzählt das Neue Testament da und dort von Jesus Christus als dem Schlüssel. In der Mitte unseres heutigen Bibelausschnittes begegnet uns das geheimnisvolle, wirkungsmächtige Wort *hephata*, »Tu dich auf, öffne dich!« – Öffnen, auftun, das kann ein Schlüssel. Jesus Christus spricht das vollmächtige Wort: »Tu dich auf, öffne dich! Hephata!« Er ist der Schlüssel, der öffnet und auftut. Nicht erst da, wo er dem, dem Mund und Ohren verschlossen sind, »Hephata« zuruft, öffnet sich etwas: den ganzen Evangelienbericht durchziehen Geschehnisse, die etwas mit Auftun und Öffnen zu tun haben. Und immer ist Jesus Christus dabei der Schlüssel.

Zum weiteren Verlauf

a) Er, Jesus Christus, hat die Grenzen des Gottesvolkes Israel zu den andern geöffnet. Die Türen zu den andern Völkern, den Nichtjuden, den Heiden, Menschen, wie wir es sind, tun sich auf: Tyrus und Sidon öffnet sich ihm, die griechische Frau aus Syrophönizien, der hellenistische Städtebund Dekapolis: alte, religiöse, heilsgeschichtliche Grenzen öffnen sich – und Jesus Christus ist der Schlüssel für diese Öffnung.

b) Menschen werden offen für ihn: Sie bringen vertrauensvoll einen Taubstummen. Jesus soll ihm neues Leben, neue Zukunft eröffnen.

c) Jesus sieht auf zum Himmel, schickt einen »Gebetsseufzer« zum Himmel hinauf, öffnet durch seine Fürbitte den Himmel, das Herz des Vaters für einen »Verschlossenen«, einen Menschen, dessen Mund und Ohr verschlossen waren. – Auch unsere Fürbitten können zum Schlüssel werden: Wer beten darf, dem ist so etwas wie Schlüsselgewalt verliehen.

d) Und dann: »Hephata«, Tu dich auf: Jesus öffnet dem Taubstummen Ohr und Mund. Er wird offen, wird anderen zuhören können. Sein Ohr wird offen sein für Gotteswort und Menschenwort. Sein Mund wird sich auftun können, um Hilfreiches, Rechtes, Tröstliches anderen sagen zu können.

e) Und die »andern«? (Der Evangelist läßt sie, die Zeugen des Geschehens, anonym bleiben – vielleicht damit wir selbst unseren Namen dort um so leichter einsetzen können?) Die andern, wir: Jesus hat durch sein Tun

die Tür zum Messiasgeheimnis für uns einen Spalt weit geöffnet: Wir ahnen etwas von dem Geheimnis seiner Person, der Schlüssel des Lebens zu sein.
f) Die Schlüsselgeschichte, die Geschichte vom Öffnen und Auftun ist damit noch nicht zu Ende: Nicht nur dem Taubstummen wurden Ohr und Mund geöffnet, sondern auch den Namenlosen, die das miterleben: Uns wird der Mund geöffnet zum Weitersagen, zum Bekenntnis und zum Lob Jesu Christi als des Schlüssels: »Er hat alles wohlgemacht. Die Tauben macht er hören und die Sprachlosen reden.«

Möglicher Predigtschluß
Ich begann mit der Rede eines schwarzen Afrikaners. Den nachdenklichen Schluß seiner Rede möchte ich Ihnen nicht vorenthalten. Nana Badu sagte noch: »Jesus Christus ist der Schlüssel. Wir alle wissen, wie schnell ein Schlüssel aus der Hand gelegt und verloren gehen kann. Das darf nicht geschehen. Vergeßt und verliert den Schlüssel nicht, den Schlüssel, der Jesus Christus heißt. Wir haben ihn alle nötig, in Ghana und in Europa.«
Damit wir den Schlüssel nicht vergessen, soll jeder von uns einen – von unseren Konfirmanden ausgeschnittenen – Schlüssel mit nach Hause nehmen.

Kontext
Heilung im Pfarrhaus von Obomeng/Ghana, April 1989
(H. Kürten im Bericht einer Reisegruppe des Kirchenbezirks Waldshut über einen Besuch im Partnerkirchenbezirk Kwahu/Ghana)

Es war wie bei einer großen Filmszene:
Der Innenhof war angefüllt mit Menschen in weißen Kleidern und Kopftüchern. Meist waren es Frauen und Kinder, wenige Männer.
Wasserkübel und Schalen mit Salz standen herum: Die Menschen wollten etwas von dem Wasser in Flaschen und Dosen mit nach Hause nehmen. Sie breiteten ihre Taschentücher aus, um Salz zu empfangen oder um sich selbst zu bedienen. Sorgfältig knüpften sie das Tuch zu.
Der Pfarrer mit Stab, Talar und Stola mit zwei rot aufgestickten Kerzen stand in der Mitte wie ein schwarzer Prophet. Er betete konzentriert. Sie riefen Halleluja und Amen.
Der bärtige Pfarrer Anim kam nur für wenige Tage mit seiner Frau aus Liberien zurück, um seine Klienten zu besuchen. Er studiert Theologie und Heilung in Monrovia. Die Kirche hat ihn dafür freigestellt, da er als einziger evangelischer Pfarrer Heiler ist. Die Leute kommen selbst aus Accra nach Obomeng.
Sein Sohn ist in die väterliche Lehre gegangen; er ist stolz auf seinen Sohn.
Alles begann – so erzählt er den fünf Deutschen – als seine Frau einen Traum hatte, in dem sie starb. Danach wurde sie krank. Da begann er für seine Frau zu beten, gab ihr Salz, und sie wurde gesund.
Viele sind unfruchtbar – sagt der Pfarrer – oft hilft die einfache Heilung mit Gebet, Wasser und Salz. Andere sind Witwen und allein, haben körperliche oder auch seelische Leiden, haben Schwierigkeiten in der Familie, glauben, von bösen Geistern verfolgt zu werden, die im engsten Kreis ihr Unwesen treiben.

Heilung gibt Trost, Hoffnung und Gesundheit. Es gibt eigentlich nichts als Gebet, Salz und Wasser.
Pfarrer Anim, Pionierheiler der Kirche, ist auch Kämpfer für die Presbyterische Kirche in Ghana gegen Pfingstler und Apostolische, die ebenso Heilungen durchführen. Kampf wird auch durch Heilungen ausgetragen – es kommen Leute, die sonst nie in andere Kirchen gehen – eine Art neuer Evangelisation.

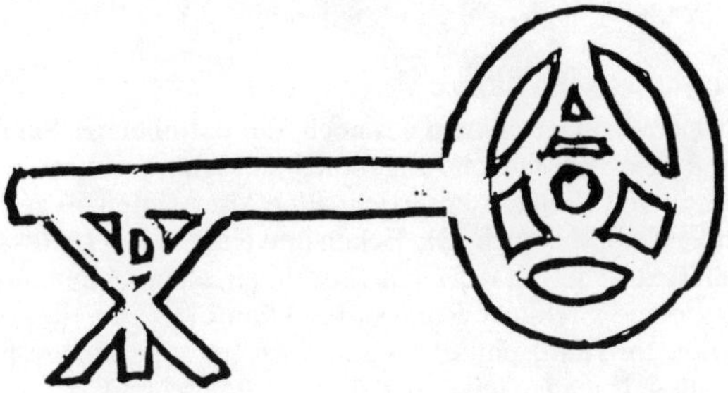

13. Sonntag nach Trinitatis

Predigttext: Lukas 10,25–37

Martin Engisch-Böhringer

Theologisch-homiletische Skizze

Im Anfang war mein Seufzer: »Auch das noch, der barmherzige Samariter!« Dieser »rundgelutschte« Text, wie manche Jugendlichen sagen, traktiert in Kindergarten, Kindergottesdienst und Religionsunterricht aller Altersstufen bis zum Abitur.
»Rundgelutscht« – heißt das auch: Die Ecken und Kanten des Textes sind abgeschlagen worden, der Text ist befreit von allem Störenden, allem Originellen, all dem, was unsere bürgerliche und kirchliche Ruhe stören könnte? –
Inzwischen denke ich: Rundgelutscht – und doch (oder gerade deshalb) nicht verstanden. Trotz allem Nachdenken, trotz aller theologischen Beschäftigung mit dem Text: das Wesentliche steht uns noch bevor.
Das Wesentliche, was ist das? Wohl dies: das Kennenlernen menschlicher Begegnung, das Kennenlernen dessen, wie ein Mensch einem anderen begegnet, wenn er denn will (und kann).
Einzelne Worte unseres Textes will ich meditieren:
»versuchen« Vers 25: Da kommt einer und will Jesus reinlegen, vorführen, lächerlich machen. Es geht ihm nicht um eine Antwort, ja, er hat nicht einmal eine Frage. Er weiß, welche Antwort Jesus geben muß, und er weiß, daß Jesus sich mit dieser Antwort lächerlich machen wird. Er ist sich sicher, Jesus wird diese Probe nicht bestehen, er, der Schriftgelehrte, hat die besseren Karten.
»ewiges Leben« Vers 25: Was mag er wohl meinen, der »Gelehrte«, wenn er vom ewigen Leben spricht? Ich kann ewiges Leben nur so verstehen, daß es hier und jetzt beginnt, nicht etwa erst nach meinem Tod. »Ewiges Leben« findet also auch zwischen Jericho und Jerusalem statt – oder überhaupt nicht. Würde er da zustimmen können, der Schriftgelehrte?
»halbtot« Vers 30: Das kleine Adjektiv ist für mich ein Schlüsselwort: Ja, die Halbtoten bedürfen der Hilfe: Die Lebenden können für sich selber sorgen; für die Toten können und müssen wir nichts mehr tun. Halbtot – nicht tot und nicht lebendig: Wie viele Menschen in unserer Gesellschaft leben so? Wie schwer ist es, gerade mit diesen Menschen umzugehen, sich den Menschen zuzuwenden, die halb selbständig sind, aber auch halb hilfsbedürftig, halb erwachsen, aber auch halb Kind, halb integriert, aber auch halb am Rand der Gesellschaft? Vgl. auch Luk 15,24: Dieser mein Sohn war (ganz?) tot und ist lebendig.
»Öl und Wein« Vers 34: Das pflegende Öl und der reinigende Wein, beide sind wohl nötig für den Halbtoten. Geheilt werden kann nur, wer die reinigende Säure und das Pflegebad erhält – beides zur rechten Zeit am rechten Ort. Zur Heilung gehören also Aggressives, Aufdeckendes, (Psycho)analytisches und Pflegendes, Zuheilendes.
»Barmherzigkeit« Vers 37: Was heißt das: ein Herz, das sich erbarmt? Was heißt »erbarmen«? »Der verbarmt mich«, sagen wir im Schwäbischen und meinen damit: Der tut mir leid, der erregt ob seines Lebensschicksals mein Mitleid, mein Mitleiden. »Des verbarmt oin ganz«, sagen die Menschen auf der Schwäbischen Alb, wenn sie ohnmächtig einer ausweglosen Situation gegenüberstehen.

Vorschläge zur Liturgie

Eingangsgebet

Barmherziger Gott und Vater, unser Echo auf Dein Wort ist oft so gering, so klein und kaum zu hören. Wir gehen an Deinem Auftrag oft vorbei. Laß diesen Gottesdienst zu einem neuen Anfang werden:
für die Fröhlichen, daß sie das Danken lernen und die Demut,
für die Traurigen, daß sie unter uns Menschen finden, die an ihrer Seite stehen,
für die Jugend, daß sie Leitbilder und Vorbilder erkennen, um Halt zu finden,
für die Alten, daß sie den Sinn in ihrem Leben sehen.
Du, Herr, hast uns viel anvertraut an Gaben und Kräften: Ideen, Phantasie, Hoffnung, körperliche Kraft, Beruf und Zeit, Familie und Pläne. Führe uns heraus aus dem Getto unserer Selbstzufriedenheit, daß wir zu Werkzeugen in deiner Arbeit werden. Amen.
(aus: Mit Gott reden, Gebete für Gottesdienst und Alltag ... von Peter Spangenberg, Gütersloh [4]1976, S. 131)

Lesung

1. Joh 4,7–16.
Als Kontext dazu: Verräterisches Manko. Mir ist kein Glaubensbekenntnis einer christlichen Konfession bekannt, dessen Haupt- und Zentralsatz lautete: »Gott ist Liebe« (1. Johannes 4,8.16). Dementsprechend sieht die Kirchen- und Konfessionsgeschichte auch aus. (aus: Kurt Marti, Zärtlichkeit und Schmerz, Darmstadt und Neuwied 1981, S. 120)

Lieder

Eingangslied EKG 190 oder 277 oder 343,1+6–9. Lied vor der Predigt EKG 246,3–8. Lied nach der Predigt (besonders dann, wenn Abendmahl gefeiert wird) EKG 159. Im Familiengottesdienst würde ich folgendes neue Lied singen:

2. Da kam ein Priester geschritten auf dem Weg der Barmherzigkeit,
und dann einer von den Leviten auf dem Weg der Barmherzigkeit.
Sie konnten nicht länger verweilen, der Mann tat ihnen zwar leid,
doch sie mußten zum Tempeldienst eilen, und der Tempel,
der Tempel war weit. Hat keiner Zeit auf dem Weg der Barmherzigkeit?

3. Doch die Hilfe war gar nicht ferne auf dem Weg der Barmherzigkeit; denn einer kam, der half gerne auf dem Weg der Barmherzigkeit. Ob die andern ihn auch verlachten, weil ein Samariter er war, ihn kümmerte nicht, was sie dachten, er machte Barmherzigkeit wahr. Er war schon weit auf dem Weg der Barmherzigkeit.

4. Zwischen Lebensanfang und -ende liegt der Weg der Barmherzigkeit. Und man braucht bereite Hände auf dem Weg der Barmherzigkeit. Sag, willst du vorübergehen? Sag, läßt du den andern allein? Sag, willst du die Not nicht sehen? Wem kannst du der Nächste sein? Komm, sei bereit, geh den Weg der Barmherzigkeit.

Text und Melodie: Martin Gotthard Schneider
Aus: Weil du ja zu mir sagst, BE 218

Vorschläge zur Predigt

Möglicher Predigtanfang

Liebe Gemeinde, Pfarrer sind ein besonderes Volk. Das wissen Sie als Gemeindeglieder, die mehr oder weniger häufig mit einem Pfarrer oder einer Pfarrerin zu tun haben, ja recht gut. Da gibt es die vom alten Schlag, die eher Pfarrherren sind. Und dann gibt es die, die Kumpels sein wollen, Begleiter und nicht Leiter einer Gemeinde. Und so gibt es wohl auch zwei Auslegungsmöglichkeiten unseres Gleichnisses, in dem sozusagen die Vorgänger von uns Pfarrern, nämlich der jüdische Priester und sein Mitarbeiter, der Levit, vorkommen: die eher konservativen Pfarrerskollegen werden sich an der Priesterkritik, die im Gleichnis drinsteht, nicht stören und die Gemeinde zu barmherzigem Tun auffordern. Die progressiveren unter den Pfarrern heute werden vielleicht augenzwinkernd zu verstehen geben: Ja, perfekt sind wir alle nicht, damals haben zwei versagt, und sicherlich gehöre ich, ein Pfarrer des ausgehenden 20. Jahrhunderts, auch immer wie-

der zu denen, die versagen, vorbeilaufen, die Augen zumachen, nichts mehr hören und sehen wollen oder können.
Doch halt, liebe Gemeinde! Es geht ja nicht wirklich um ein Berufsproblem des Pfarrerberufs. Denn ob das nun Priester und Levit waren oder Angehörige eines anderen Berufsstandes, ist nicht das Anliegen unseres Textes. Festzuhalten ist aber, daß die beiden nicht helfen wollten, eigentlich besser: von ihren persönlichen Voraussetzungen her nicht helfen konnten. Warum? Wohl nicht ernsthaft aus kultischen Gründen, weil sie rein von allem Menschlichen, das heißt dann auch, rein vom Blut des Überfallenen, zum Gottesdienst nach Jericho eilten.
Nein, ich denke, die beiden waren Menschen, die sich nicht in die Situation, die lebensbedrohte Situation eines Halbtoten einfühlen konnten und die deshalb die Situation nicht erkannten. Sie sahen den Überfallenen, aber sie sahen ihn nicht wirklich als den Menschen, der er war. Sie sahen überhaupt so wenig, sie sahen nicht einmal sich gegenseitig – denn wer würde ernsthaft durch diese Wüstenei alleine laufen wollen, wo sie doch Jericho als gemeinsames Ziel haben. Beide, Priester und Levit, haben den Mitmenschen aus dem Auge verloren, sind Einzelgänger, Eigenbrötler geworden. Erst der vom Leben benachteiligte Samariter erkennt den ebenfalls akut Benachteiligten als einen Menschen, der lebt wie er selbst. Nur der Benachteiligte kann dem Benachteiligten helfen. Nur er versteht Jesu Gebot der Liebe, das Martin Buber so treffend übersetzt hat: »Liebe deinen Nächsten, er ist wie du.« Priester und Levit versagen – ich möchte sie nicht anklagen, sondern eher bedauern: Sie können nicht lieben – vielleicht gar, weil sie selber nicht geliebt wurden und werden.

Alternative Schwerpunkte
1. Wir könnten den politischen Aspekt des Gleichnisses betonen: Individuelle Hilfe allein reicht nicht aus, kollektive Veränderung tut not. Im Gleichnis gesprochen: Es reicht nicht aus, dem Überfallenen zu helfen; der Weg muß sicherer gemacht werden, möglicherweise muß auch die Lebenssituation der Räuber in einer Weise verbessert werden, die es ihnen ermöglicht, ohne Raubzüge zu überleben.
2. Wir könnten unsere heutigen Schwierigkeiten, zu helfen, herausarbeiten: Heutzutage ist es nicht mehr so leicht möglich, mit Öl, Wein und Herberge, sprich mit Rotem Kreuz, Krankenhaus und Rente Halbtote zum Leben zu erwecken, und das auch noch in relativ kurzer Zeit. Die Psychoanalytiker lehren uns, daß es Jahre braucht, um Halbtote, vom Leben und von Menschen Überfallene wenigstens einigermaßen zu heilen. Hier müßten wir vom langen Atem reden, den jeder braucht, der helfen will, und davon, daß es damals der Samariter vielleicht gar leichter hatte als wir heute, wenn wir Halbtoten helfen wollen.
3. Als weitere Alternative schlage ich vor, einzelne Begriffe des Textes (vgl. meine theologisch-homiletische Skizze) in einer Homilie auszulegen.

Zum weiteren Verlauf meines ersten Predigtversuchs
Ich schlage vor, aus dem konkreten Erleben der Gemeinde den Satz »Nur der Benachteiligte kann dem Benachteiligten helfen« auszuführen und auf bekannte Inhalte hin anzuwenden. Ein Beispiel wäre etwa die Arbeit der Anonymen Alkoholiker: Nur ein ehemaliger »Alki« versteht wirklich die Nöte eines Menschen, der an der Flasche hängt. Es wäre hier irgendein Beispiel aus der Arbeit von Selbsthilfegruppen erwähnenswert. Münden könnte diese Überlegung in die Aufforderung, die eigenen Benachteiligungen nicht mehr zu verdrängen, sie vielmehr zuzulassen und in ihnen Chancen zu sehen, Chancen zu verstehendem, verständnisvollem Leben. Daraus folgt dann als

Möglicher Predigtschluß
Wenn wir es ernst nehmen und für richtig halten, daß nur der Benachteiligte dem Benachteiligten helfen kann, dann müssen wir uns nicht mehr so sehr gegen das wehren, was bei uns schwierig und dunkel ist. Dann dürfen wir es zulassen, in manchen Teilen unseres Lebens benachteiligt zu sein, dann müssen wir nicht immer wieder mit immer größerer Kraftanstrengung versuchen, unsere Schwächen zu vertuschen und zu verdrängen. Wir können dann vielmehr die Würde des Nachteils entdecken und ernst nehmen. Denn wenn wir unsere Schwächen annehmen, können wir die Schwächen des anderen in derselben Weise ertragen. Der Samariter als Benachteiligter hat sich ein Gefühl für Benachteiligte bewahrt. Darin ist er Vorbild für unser Leben. Amen.

P.S.
Ich möchte jetzt gerne sonntagelang über diesen Text nachdenken (und meine vier Predigtvorschläge würde ich gerne an vier Sonntagen verwirklichen) und habe mein anfängliches »Auch-das-noch-Gefühl« längst überwunden. Und wenn ich dann noch daran denke, mit diesem Text einen Jugendgottesdienst oder einen Familiengottesdienst zu gestalten – oder einen Gottesdienst in anderer Gestalt mit einem der nachstehenden Kontexte als Predigttext, dann finde ich es schade, daß wir nur einen Sonntag haben, uns mit dem Barmherzigen Samariter zu beschäftigen.

Kontexte

Der Weg hinab nach Jericho,
du weißt, was da geschah,
der endet nicht, wie man gedacht,
der endet erst am Jüngsten Tag,
du kannst nicht einfach weitergehn.

Du kannst nicht einfach weitergehn ...

Bleib nicht zu lang in Bethlehem,
du weißt, was da geschah,
die Hirten sind schon wieder fort,

die Weisen sind auch nicht mehr dort,
du hast nicht Zeit, dich auszuruhn.

Du hast nicht Zeit, dich auszuruhn ...

Bleib nicht zu lang auf Golgatha,
du weißt, was da geschah,
Der Mensch, den man getötet hat,
blieb nicht in seinem Felsengrab,
hör auf sein Wort und mach es wahr.

Hör auf sein Wort und mach es wahr ...

solang ein Mensch, du hast davon gelesen,
solang ein Mensch, du hast davon gehört,
vor Jericho und anderswo,
vor Jericho und anderswo
unter die Räuber fällt.

Aus: Arnim Juhre: »Der Schatten über meiner Hand«. Gedichte, Stuttgart 1984.

Gespräch über bedingungslosen Einsatz

Einer seiner Anhänger meldete sich zu Wort. Er wollte ihn beeindrucken und sagte: »Boß, was muß ich tun, damit ich zu deiner Elite gehöre?« Er erwiderte dem Mann: »Du weißt doch, was in den Richtlinien steht?« Der Mann antwortete: »Du sollst unsere Sache bejahen – vorbehaltlos, und du sollst dich für die Revolution einsetzen – bedingungslos!« Der Boß kommentierte: »Genau! Richte dich also danach!« Der Mann wollte zeigen, daß mehr hinter seiner Frage steckt, und sagte: »Was heißt das aber: bedingungsloser Einsatz?« Der Boß verdeutlichte durch ein Beispiel: »Splitter einer explodierenden Granate erwischten einen Gegenrevolutionär. Er blieb am Leben. Aber schwer verwundet lag er da. Da kam mit einer entscheidenden Meldung einer seiner Leute in größter Eile. Sah ihn. Ließ sich aber nicht aufhalten. Ein zweiter Gegenrevolutionär kreuzte auf. Sah ihn und bemerkte, daß er Waffen bei sich hatte. Nahm sie ihm ab. Murmelte etwas vom Durchhalten und rannte weiter.

Es kam aber auch ein Revolutionär. Er sah ihn in seinem Blut. Hielt an und sagte: ›Ich könnte dir helfen. Aber du bist ein Gegenrevolutionär.‹ Und er erschoß ihn. – Wer von den dreien zeigte bedingungslosen Einsatz?« Der Mann sagte: »Alle drei!« »Genau«, erwiderte der Boß. »Richte dich also danach!«

(Aus: Willi Erl/Fritz Gaiser (Hg.): Neue Methoden der Bibelarbeit, 8. Aufl., Katzmann-Verlag, Tübingen 1987, S. 21f.)

Ein nicht registrierter Arbeiter (so beginnt Jesus) ging von Nob Hill nach Fisherman's Wharf hinab. Unterwegs kam ein Haufen drogensüchtiger Jugendlicher, die dringend einen Fix brauchten, rissen ihm die Brieftasche weg, schlugen ihn zusammen und ließen ihn halbtot in der Gosse liegen. Zufällig kam nun ein presbyterianischer Pfarrer die selbe Straße hinunter, doch als er den Mann liegen sah, wechselte er an einer Ampel schnell auf die andere Straßenseite, denn er mußte zu einem Treffen des Pfarrgemeinderats und war schon spät dran. Auch der geschäftsführende Vizepräsident des Sozialamtes von San Francisco kam vorbei, sah ihn liegen und ging auf die andere Seite; er bereitete sich gerade in Gedanken auf eine Rede zum Thema »Mittel zur Bekämpfung der Jugendkriminalität« vor, die er bei einem Gebetsfrühstück halten sollte. Schließlich kam eine Angestellte der russischen Botschaft vorbei-

gefahren, und als sie an die Stelle kam, wo der Mann lag, da hatte sie Mitleid mit ihm, hielt an, nahm ihren Verbandskasten aus dem Handschuhfach und versuchte, dem Mann die Wunden zu verbinden. Dann setzte sie ihn auf den Rücksitz ihres Autos – dabei wurden die Polster überall blutig – und fuhr mit ihm zum Mercy-Krankenhaus. Da der Verwundete nicht versichert war und das Krankenhaus ihn ohne einen finanziell vertrauenswürdigen Geldgeber nicht behandelt hätte, nahm die junge Russin ihre Brieftasche, gab dem Verwaltungsbeamten zwei 50-Dollar-Noten und sagte: »Kümmern Sie sich um ihn; und wenn das nicht ausreicht, dann hier meine VISA-Kreditkarte. Wir können die Differenz verrechnen, wenn ich morgen zurückkomme.«
(aus: Robert McAfee Brown, Die Bibel neu gelesen, Anstöße aus der Dritten Welt, Düsseldorf 1988, S. 101)

In einer Diskussion ereiferte sich einer und wollte den jungen Weltverbesserer lächerlich machen, indem er fragte: Wie lebe ich denn kongruent, eins mit der Natur und mir? Der sagte zu ihm: Aber das wissen Sie doch. Kümmern Sie sich um Ihr Wohl und vergessen Sie dabei nicht, etwas für die Lebensqualität der Menschen zu tun, die es nicht so gut haben wie Sie und ich. Doch der ältere gab sich damit nicht zufrieden und fragte nach: Wo sind denn die, die's nicht so gut haben?
Da erinnerte sich der junge an die Schlagzeile der gestrigen Zeitung und sagte: Sie kennen doch die Geschichte. Da spielten ein paar Jungs im Münchner Olympiapark und kamen – übermütig, wie Kinder nun mal sind – auf die Idee, das Eis des Sees auszuprobieren. Es kam, wie es kommen mußte: sie brachen ein und blieben hilflos halbtot zwischen Eis und todbringendem Wasser hängen. Das sahen ein paar Wachmänner von weitem. Sie riefen die Notärzte und warteten ab, was geschehen würde. Wenngleich das Wasser weniger als einen Meter tief war in diesem künstlich angelegten See (was sie als Ortskundige natürlich wußten), so wollten sie sich doch nicht den Unannehmlichkeiten aussetzen, die mit der Rettung der Kinder verbunden gewesen wäre. Es kamen dann auch viele Passanten vorüber, die warteten gemeinsam mit den Wachmännern auf die Notärzte. Wenn schon Profis nichts unternehmen, dann brauche ich als Privatmann auch nichts zu tun, dachten sie bei sich und begannen ein Gespräch, das mit der Feststellung endete: Unsere Kinder wären nie so leichtsinnig gewesen.
Endlich, nach über einer halben Stunde, kamen die Rettungssanitäter. Sie eilten über die Eisfläche zu den leblos unter der Eisfläche liegenden Kindern. Zwei waren tot, das dritte war bewußtlos und starb wenig später im Krankenhaus.
Erzählen Sie nicht weiter, schrie da der ältere, diese Geschichte kenne ich schon aus dem Religionsunterricht. (M. E.-B.)

14. Sonntag nach Trinitatis

Predigttext: Lukas 17,11–19
Helmut Herberg

Theologisch-homiletische Skizze

1. Eine Heilungsgeschichte im Spätsommer, in Baden-Württemberg am ersten Sonntag nach den Sommerferien. Wie erholsam waren die Ferien, wie heilsam der Urlaub? Und wie kehren wir zurück in den Alltag?

Im Kollegenkreis haben wir Bausteine für die Liturgie eines Heilungs- und Segnungsgottesdienstes zusammengestellt. Heilung und Heil ist ein lange vergessenes und langsam wieder entdecktes Thema.

Die vermutlich nach 2. Könige 5 und Markus 1,40–45 geformte Erzählung von der Heilung der zehn Aussätzigen ist historisch gesehen recht unwahrscheinlich. Sie darum mit den anderen Heilungsgeschichten als »theologische Problem-Dokumente von Magie, Wundersucht und Aberglauben« abzuhaken, würde ihre Wahrheit verkennen (Eugen Drewermann, Tiefenpsychologie und Exegese, Bd. 2, Olten [5]1989, S. 239). »Erst eine tiefere psychologische Betrachtung kann die Wundererzählung wieder in ihre Rechte einsetzen« (Drewermann, S. 239). In den Heilungsgeschichten wird beispielhaft erzählt, »auf welche Form von Angst und Krankheit, von Leid und Daseinsnot ... der Glaube zu antworten vermag« (Drewermann, S. 244).

Dem möchte ich in der Predigt nachgehen.

2. Gesund werden, Heilung erfahren nach schwerer Krankheit wird immer wieder erlebt.

Wie wird das Geschenk der Heilung zum Heil? Von dieser Frage ausgehend möchte ich zeigen, daß Dankbarkeit mehr ist als eine bürgerliche Tugend oder moralische Anständigkeit.

»Das Leben möchte vorwärts gelebt und rückwärts verstanden werden.« Ich weiß nicht mehr, wer das gesagt hat. Danken heißt für mich, das Leben rückwärts verstehen, es als Geschenk zu empfangen und anzunehmen. Annehmenkönnen ist meistens schwerer, als anderen etwas zu schenken.

Annehmen ist auch mehr als In-Besetz-nehmen. Demut gehört dazu und die Erkenntnis: Das Leben ist unverdientes Geschenk, Gottes Geschenk an mich. Staunen und Freude sind Bestandteile von bejahtem Leben. »Und pries Gott mit lauter Stimme ...«, so beschreibt der Evangelist die annehmende Lebenshaltung, die Dankbarkeit.

3. Die meisten Predigthörerinnen und -hörer kennen die guten Vorsätze: Wenn ich wieder gesund bin, dann ... Leider, so sagen sie, sind die guten Vorsätze, Gedanken und Pläne bald von den alltäglichen Herausforderungen verdrängt, wie weggespült.

»Gehe hin, dein Glaube hat dir geholfen.« So wird der Geheilte von Jesus in den Alltag zurückgeschickt. Das Wort Jesu ermächtigt zum Leben und beschreibt das Ziel des Glaubens: »die Bejahung und Vergewisserung des Lebens durch alle Gefährdung hindurch« (Josuttis, S. 71).

Von der Rückkehr des Dankbaren in den Alltag möchte ich predigen. Wie schafft ein geheilter Aussätziger die Rückkehr in das normale Leben, ohne dem alten Trott zu verfallen?

4. Der Umkehr zu Jesus geht das Von-Jesus-Gesehen-Werden und das Sehen der Wohltat Gottes voraus: »Da Jesus sie sah ...« und »Einer unter ihnen, da er sah ...« Von Gott gesehen werden und die Wohltat Gottes sehen, so geschieht Heilung, die durch Dank angenommen, zum Heil wird.
5. Das Problem Aussatz, ausgesetzt zu sein, möchte ich nicht als Ausnahmesituation verstanden wissen und schwerpunktmäßig reflektieren, sondern erzählend deutlich machen, wie Ausgesetztsein erlebt wird.
6. Bei den traditionellen Gottesdienstbesuchern möchte ich ein Staunen darüber erwecken, daß ein »Fremder« Gott so nahe steht.
7. Durch erzählende Elemente versuche ich, die neun »Undankbaren« mit einzubeziehen und die Predigthörerinnen und -hörer zum Weiterdenken zu ermutigen.

Vorschläge für die Liturgie

Lieder

EKG 227, 283, 298, V. 7 – Liederbuch für die Jugend Nr. 650: Vergiß nicht zu danken ... – Liederbuch für die Jugend Nr. 678a: Daß du mich einstimmen läßt in deinen Jubel ...

Eingangspsalm

103 oder 111

Lesung

Jes 57,15–19

Epistel

Kol 3,12–17

Eingangsgebet

Barmherziger, gnädiger Gott,
Tröster und Heiland der Welt,
wir kommen zu dir und suchen deine heilende Nähe.
Wir kommen zu dir so, wie wir sind:
mit den Gebrechen und Leiden unseres Körpers,
mit den Verwundungen und Schmerzen unserer Seele,
in der Unruhe und Verwirrung unseres Geistes.
Wir vertrauen uns dir an
und öffnen uns deiner Gegenwart.
Laß uns Ruhe finden in dir,
erfülle uns mit deinem Frieden.
Laß uns Atem schöpfen, Gott,
von deinem Atem. Amen.

Fürbitten

Im Vertrauen auf Jesus Christus unseren Heiland, bringen wir vor dich, unseren Gott, alle Not unseres Herzens:

Wir treten vor Gott ein für alle, die leiden müssen; für alle, die keinen Sinn mehr sehen und keine Hoffnung mehr haben.
Für alle, die müde, träge und abgestumpft sind. Für jene, die verbissen und verärgert sind; für alle, die verbittert und zynisch geworden sind. Mache sie, o Gott, gütig, öffne ihnen die Augen für das Gute, das den Menschen möglich ist, für die Schönheit deiner Schöpfung und ihre Zukunft.

Kyrie eleiseon (nach der russ. orth. Liturgie)
Wir treten vor Gott ein für alle, denen mißtraut wird, die unter dem Druck von Verdächtigungen und Verleumdung leben. Für die, deren Selbstvertrauen untergraben wird durch das harte Urteil der anderen. Für alle, denen kein Verständnis begegnet, kein Wort, das sie heilt, kein Mensch, der sie annimmt. Für alle Gehemmten und Ängstlichen, deren Gewissen verkrampft und unfrei ist. Für alle, die in krankmachender Spannung und Unruhe leben, die unsicher sind und keinen Rat mehr wissen.

Kyrie eleison
Wir treten vor Gott ein für alle, die nicht mehr mitkommen im Tempo der Leistungsgesellschaft. Für die unglücklich geborenen Kinder, für die Gestörten und Behinderten.
Du, Gott des Erbarmens, wir bitten dich für alle Kranken in unserer Gemeinde, für die Kranken in den Krankenhäusern, die auf Heilung warten, wir bitten dich für die, deren Namen wir kennen und die uns beauftragt haben, für sie zu beten. Heile du sie und laß sie dein Heil erfahren.
Wir bitten dich: Mache uns erfinderisch, neue Wege, Medikamente und Heilungsmethoden zu finden.
Laß uns alle miteinander heil werden.

Kyrie eleiseon.

Vorschläge für die Predigt
Einstieg
Der geheilte Samariter Andreas blickt zurück und erzählt: »Zugegeben, ich hatte Angst, große Angst vor der Rückkehr nach Hause, vor der Begegnung mit meiner Frau und den Kindern. Nein, sie hat mich damals nicht aus dem Haus getrieben, aber ich habe die verzweifelte Bitte in ihren Augen gelesen: Verschone die Kinder!
Merkwürdig, dachte ich, wenn du zurückkehrst, fallen dir die Abschiedsstunden ein. Ich bin im Morgengrauen gegangen. Die Kinder schliefen noch. Laß mich stark sein, wenn ich Abschied nehme! Wie oft hatte ich so gebetet? Jetzt schien alles Beten umsonst. Meine Knie wurden weich. Ich bin mehr getaumelt als gegangen. Ich wußte genau, eine Rückkehr wird es nie mehr geben.

Was macht du, wenn du innerlich alle Brücken abgebrochen, aus Schutz vor dem Schmerz alle Erinnerungen ausgelöscht hast? Wie kehrst du dann wieder heim? »Gehe hin, dein Glaube hat dir geholfen«, sagte ich mir.
Wie alles genau war, weiß ich nicht mehr. Ich erinnere mich nur noch daran, daß ich, als wir geheilt waren, erst ein Stück mit den anderen gelaufen und dann einen Augenblick stehengeblieben bin, um die Sandalen fester zu schnallen. Du hast gesunde Hände und Füße, sagte ich laut vor mich hin. Ich konnte es immer noch nicht fassen. Die anderen waren bereits weitergelaufen und mir ein Stück voraus. Plötzlich wurde mir bewußt: Das Leben ist dir noch einmal geschenkt. Du bist geheilt. Gott hat dich geheilt. Ich drehte mich um und lief zu Jesus zurück. Ich spürte, ich muß noch einmal zu ihm zurück, es fehlt noch etwas.
Da ich keine eigenen Worte fand, um ihm zu sagen, was ich fühlte, betete ich mit den Worten der Väter: »Lobe den Herrn, meine Seele, und was in mir ist seinen heiligen Namen ...«.
Damals war mir alles noch ein Geheimnis. Heute verstehe ich: Danken ist der erste Schritt zum neuen Leben. Indem ich dankte, erkannte ich mich selbst als Beschenkten und konnte das neue Leben als Geschenk annehmen.«

Zum weiteren Verlauf
Im Mittelteil lasse ich den Geheilten erzählen, wie er zu seiner Familie zurückgekehrt ist, die Kraft hatte, die anfängliche Distanz seiner Frau und seiner Kinder auszuhalten, und wie er seine Angst, sich erneut anzustecken, langsam verloren hat. »Später erzählte mir Elisabeth, meine Frau, erst nachdem wir miteinander gebetet und Gott für die Heilung gedankt hatten, habe sie ihre innere Angst aufgeben und sich von mir in den Arm nehmen lassen können. Ich begann zu verstehen: Der Prozeß der Heilung beginnt mit dem Gesundwerden, aber bis zum Heil, bis zum Schalom ist es noch ein weiter Weg. Ich spürte, und das hat mich sehr stark gemacht, die Angst, vom Aussatz erneut befallen zu werden, wurde immer kleiner.«
Andreas kehrte regelmäßig ins Aussätzigendorf zurück, um die Kranken zu pflegen und so seinen Dank praktisch zu leben:
»Daß ich später regelmäßig ins Aussätzigendorf ging, um die Kranken mit dem Nötigsten zu versorgen, hat außer meiner Frau niemand verstanden. Wie kann man sich so leichtsinnig der alten Gefahr aussetzen?, fragten viele meiner Bekannten. Ein sehr frommer Mann warnte mich geradezu: Ich solle Gott nicht herausfordern.
Ich erzählte den ehemaligen Leidensgenossen auch von Jesus und wiederholte oft, was er mir gesagt hatte: Dein Glaube hat dir geholfen. Als ich wieder einmal ganz erschöpft vom Aussätzigendorf zurückkam, lief meine Frau mir entgegen, legte mir den Arm um die Schultern. So gingen wir lange schweigend miteinander. Kurz vor unserem Haus unterbrach Elisabeth das Schweigen: Dankbarkeit macht immun, sagte sie, gab mir einen Kuß und zog mich ins Haus.«

Schluß der Predigt
Wie zufällig begegnet Andreas einige Monate später seinen beiden ehemaligen Leidensgenossen Simon und Levi, die mit ihm von Jesus geheilt worden waren. Davon erzählt er seiner Frau: »Simon kümmert sich jetzt um Kinder, die ihre Eltern verloren haben. Er will, so sagt er, seinen Dank für das neu geschenkte Leben in der Tat ausdrücken. Ohne Danken kannst du nicht glücklich werden. Leider habe ich das erst spät erkannt, sagte Simon.
Unter Simon, fährt Andreas mit leiser Stimme fort, habe ich während der Krankenzeit viel gelitten. Du glaubst nicht, wie gehässig Kranke untereinander sein können ... Zum Totengräber haben sie mich abkommandiert: Du kannst nicht unreiner werden, als du schon bist, hat Simon damals zu mir gesagt ...
Simon hat sich heute bei mir entschuldigt. Er hat mich um Verzeihung gebeten und sich dafür bedankt, daß ich auch ihn überredet habe, Jesus um Hilfe anzurufen. Auch Simon hat mich auf dem Weg des Heils weitergebracht.
Levi, erzählt Andreas weiter, Levi hat sich kaum verändert. Er ist noch ängstlicher geworden, wäscht sich dauernd die Hände und hat panische Angst, sich wieder anzustecken. Ich habe ihm vom Glauben erzählt, von jenem tiefen Vertrauen, es wird alles wieder gut. Aber Levi hat mich nur groß angeschaut, den Kopf geschüttelt und gesagt: Ich habe überhaupt nicht mehr daran geglaubt, daß ich noch einmal gesund werden könnte. Jesus hat mich dennoch geheilt, und jetzt schäme ich mich, zu ihm zurückzukehren und ihm zu danken. Irgendwie kann ich auch das neue Leben noch gar nicht annehmen.
Vielleicht, antwortete Elisabeth, vielleicht versuchst du ihm zu erklären, daß Glauben in der Gestalt der Dankbarkeit der Weg ist, sich das Glück schenken zu lassen.«

Mögliche Alternativen
1. Eine thematische Predigt unter der Überschrift: »Der Umweg von der Heilung zum Heil.«
a) Der Ruf aus der Ferne
»Kennen Sie diesen Ruf aus der Ferne? Aus dem fernen Krankenhaus, aus großer Not, aus innerer Einsamkeit ...?«
Beispiele aus dem eigenen Leben.

b) Von der heilsamen Begegnung
»Merkwürdig und erstaunlich. Lukas erzählt nicht davon, daß Jesus die zehn Aussätzigen hörte. Er schreibt vielmehr: Und da er sie sah, sprach er zu ihnen ... Die Fernstehenden sehen, so beginnt heilsame Begegnung. Wievielen Menschen begegnen wir, ohne sie zu sehen?«

c) Von der Heilung im Gehorsam auf Jesu Wort
»Und es geschah, da sie hingingen, wurden sie rein. Diesen Vers habe ich

bisher immer überlesen. Sie gingen also nicht als Geheilte von Jesus weg, die Heilung stellte sich erst unterwegs im Hingehen ein, und sie bleibt ein Geheimnis.«

d) Von der Umkehr, die dankend das neue Leben empfängt.
»Da er sah, daß er gesund geworden war, kehrte er um ... Die anderen neun haben doch auch gesehen, daß sie gesund geworden waren. Sehen und Sehen ist offensichtlich zweierlei. Was hat der eine mehr gesehen? Was sehen wir, wenn wir nach schwerer Krankheit gesund geworden sind? Wenn wir aus tiefer Traurigkeit herausfinden ...?
Er sah, so möchte ich ergänzen, daß ihm das Leben noch einmal geschenkt wurde, von Gott geschenkt wurde, gegen alle Erwartung. Im gleichen Atemzug wird erzählt: Da er sah ..., kehrte er um. So, als wollte der Erzähler sagen: Der Geheilte ließ nichts dazwischentreten. Er weiß wohl darum, wie leicht der gute Vorsatz durch die Alltäglichkeiten verdrängt wird.«

e) Ein Plädoyer für die neun Undankbaren.
Von einem würde ich weiterführend erzählen, der gar nicht mehr damit gerechnet hatte, daß er gesund werden könnte, der sich sozusagen überreden ließ, mit zu Jesus zu gehen, der keinen Glauben hatte und sich nun schämt, für die geschenkte Heilung zu danken. Erst viel später beginnt er dankend zu leben, indem er sich um andere kümmert.
Vergleiche dazu auch oben Schluß der Predigt.
In diese thematische Predigt könnten durchaus erzählende Elemente eingebaut werden.

2. Familiengottesdienst: »Zurück in den Alltag, den alten Trott?« Dazu würde ich zwei kurze Anspielszenen mit Eltern und Kindern entwerfen.

a) Rückkehr aus dem Urlaub, alle stürzen sich in die Arbeit: Wäsche waschen, Post erledigen, nach dem Garten sehen ... Alle stöhnen, der Alltag hat uns wieder!

b) Alle sitzen nach dem Urlaub noch eine Weile um den Küchentisch, erzählen vom Urlaub, danken und verpflichten sich, den Alltag nicht zum Trott werden zu lassen, sondern auch dort das Schöne dankend entdecken.
»Liebe Kinder, liebe Gemeinde, ich denke, ihr versteht jetzt die Geschichte aus der Bibel, die davon erzählt, wie Jesus einen Menschen zurückschickt in den Alltag, in den Alltag, der für ihn kein Trott mehr war.«

Kontexte

»Die Wundererzählungen sprechen nicht von exquisiten und absonderlichen Notlagen, sondern von Leiden, wie es sie allerorten und zu allen Zeiten gibt; die Wundererzählungen sind insofern prinzipiell Geschichten von und für jedermann.
Vor allem wird man im Hintergrund der vielfachen Nöte in den Wundererzählungen immer wieder auf die Alternative von Angst und Vertrauen hingewiesen. Die häufige Wendung des Neuen Testamentes: »Dein Glaube hat dich gerettet« meint im

Sinne der »Novellen« nicht einen spezifisch christlichen Glauben, sondern ein fundamentales Vertrauen gegenüber einer fundamentalen Angst. Im wahrsten Sinne des Wortes sind die Wundererzählungen *Erlösungsgeschichten*; indem sie beispielartig die rettende Macht des Vertrauens gegen die furchtbare, zerstörerische Macht der Angst beschreiben, sind sie nicht anders zu verstehen denn als Konkretionen einer eben solchen prinzipiellen Wahl zwischen Angst und Vertrauen. Dabei wird das Vertrauen, von dem hier die Rede ist, wohl durch den Wundertäter vermittelt und an seiner Person katalysiert, aber es gilt ihm nicht wesentlich; es geht durch ihn hindurch auf den Grund des Daseins selbst – religiös gesprochen auf Gott, dessen Macht im Wundertäter vermöge des Glaubens wirksam ist und sichtbar wird« (Drewermann, a.a.O., S. 240).

»Die Wundererzählungen berichten vielmehr von Ängsten, die in jedem Menschen schlummern und die ihn daran hindern, zu seinem eigentlichen Leben zu finden; der Glaube umgekehrt besitzt zufolge der Wundererzählungen allein die Kraft, Menschen wieder zu sich selbst zurückzuführen. Gottfindung und Selbstfindung verhalten sich in den Wundererzählungen daher zueinander wie Grund und Folge, wie Wesensursprung und Erscheinung. In dieser Weise legen gerade die Wundererzählungen ein beredtes und unübertreffliches Zeugnis von der Humanität bzw. von der humanisierenden Kraft des Glaubens ab. Nur eine sich selbst entfremdete und von den Wurzeln des Unbewußten abgetrennte Theologie kann (oder konnte) einen Glaubensbegriff ersinnen, der sich zur Psychologie und Empirie der Selbstfindung neutral oder gar polemisch verhält« (Drewermann, a.a.O., S. 245).

»Warum versäumen wir es so oft, die empfundene Dankbarkeit auszudrücken? Aus Gedankenlosigkeit und Bequemlichkeit. Unsere Aufmerksamkeit ist nicht genügend darauf gerichtet. Von den zehn Aussätzigen, die Jesus geheilt hatte, kam nur einer zu ihm zurück, um ihm zu danken. Waren die neun andern undankbar? Mitnichten. Sie haben seiner vielleicht ebenso herzlich gedacht wie der andere und mit Rührung von dem, was er an ihnen getan, gesprochen. Aber als sie sich in Jerusalem dem Priester gezeigt hatten und heim konnten, dachte nur einer daran, vorerst wieder zum Herrn zurückzukehren. Die andern gingen in ihr Dorf. Über dem Nächstliegenden vergaßen sie die Bekundung des Dankes. So behandelst du hundert und hundert mal kleine und große Dinge. Letzthin sagte mir eine Krankenschwester, die Operierte zu pflegen hat: »Auf meinem Saal geht die Hälfte der Kranken fort, ohne mir auch nur Lebewohl zu sagen.« Sind die, die es versäumen, alle undankbar? Gewiß nicht. Aber wenn der Tag der Entlassung kommt, sind sie so mit ihrer Abreise beschäftigt und von den Verwandten, die sie abholen, in Anspruch genommen, daß sie den Dank an die Schwester, wenn diese nicht gerade zufällig um die Wege ist, vergessen. Sie haben es zu eilig, um sie zu suchen und ihr die Hand zu drücken und versagen im Drang des Augenblicks, weil sie sich nicht zum Danksagen erzogen haben (A. Schweitzer, Straßburger Predigten, ed. U. Neuenschwander, München 1986, S. 152f.).

Das Lied der Aussätzigen

Sieh, ich bin einer, den alles verlassen hat.
Keiner weiß in der Stadt von mir.
Aussatz hat mich befallen.
Und ich schlage mein Klapperwerk,
klopfe mein trauriges Augenmerk
in die Ohren allen,
die nahe vorübergehen.

Und die es hölzern hören, sehn
erst gar nicht her, und was hier geschehn,
wollen sie nie erfahren.

Soweit der Klang meiner Klapper reicht,
bin ich zu Hause, aber vielleicht
machst du meine Klapper so laut,
daß sich keiner in meine Ferne traut,
der mir jetzt aus der Nähe weicht.
So daß ich sehr lange gehen kann,
ohne Mädchen, Frau und Mann
oder Kind zu entdecken.
Tiere will ich nicht schrecken.

Rainer Maria Rilke
Aus: ders.: Sämtliche Werke, © Insel Verlag, Frankfurt/M. 1955

»Stiftender als dichten,
Gründender auch als denken,
bleibet der Dank.
Die zu danken vermögen,
bringt er zurück vor
die Gegenwart des Unzugangbaren,
der wir Sterbliche
anfänglich ge-eignet sind.«

Erhart Kästner grüßend M. Heidegger
Aus: ders.: Leben und Werk in Daten und Bildern (it 386), © Insel Verlag, Frankfurt/M. 1980

15. Sonntag nach Trinitatis

Predigttext: Matthäus 6,25–34
Claus Marcus

Theologisch-homiletische Skizze

Ich übernehme die Exegese von Stegemann (Band 4), folge aber nicht seinen hermeneutischen Hinweisen.
Der Text scheint mir für eine Gemeinde unserer Tage die Möglichkeit zu geben, sachgemäße Fragen zu stellen und dabei die untergründige Ambivalenz von Sorge und Angst nicht aus den Augen zu verlieren; »Trachten nach Gottes Reich« als eine Art entschiedener Umkehr aus Einsicht und Verantwortung für das Ganze des Lebens zu interpretieren. Das wird nur da geschehen können, »wo große Träume vom menschlichen Glück eingeübt werden«. Denn »das Reich liegt in den Unterbrechungen der zwanghaften Kreisläufe, die nie mehr als uns selbst predigen«. Der Mensch »soll sich von seiner Selbstdefinition trennen, von seinen Lebensgewohnheiten, von seiner Weise zu denken und die Welt aufzufassen; von dem, was ihm bisher das Leben zu garantieren schien« (F. Steffensky). Dem »Menschen ohne Alternative« (Kolakowski) setzt dieser Text die einzige Alternative entgegen: Leben aus dem Gegründetsein in Jesus als dem Christus zu entwickeln; in der Sprache des Psychologen: »Sein statt Haben« (Fromm). Leben soll nicht länger quantitativ definiert werden, sondern Wurzeln des Lebens wollen aus der neuen Beziehung, deren Eckdaten »Gottes Reich« und »Gerechtigkeit« heißen, gefunden werden. Dabei kristallisiert sich für mich das Evangelium des Textes unter dem Leitwort »Sorget nicht« heraus und läßt von der Solidarität Jesu sprechen, der die Nähe des Menschen sucht, der von Sorgen gequält wird. Hiermit ist der Ruf zur bewußt erlebten und verantworteten Gegenwart verbunden; denn Sorgen ist immer vergangenheits- oder zukunftsbezogen. Der Text entfaltet eine seelsorgerliche Dimension, den Mut zum konkreten Leben als Engagement für die Aufgaben der Gegenwart zu stärken. Insofern kann Dierks diesen Text als »endgültigen Ruf in den heiligen Leichtsinn der Kinder Gottes« bezeichnen. Weder die eigene große Leistung wird gefordert noch eine fromme Weltflucht gepredigt. Es geht um das Einüben einer Erfahrung wirklicher Geborgenheit und um die bewußte Abkehr von einer Lebenshaltung, die unsere Erde »in ein riesiges Warenhaus verwandelt, einen Großmarkt für Konsumentengelüste« (Berrigan).
Ich entwerfe einen Gottesdienst für eine Gemeinde im Südwesten von Berlin. Sie setzt sich aus Menschen gehobener sozialer Schichten zusammen, die sich zwischen freundlicher Zustimmung zur Botschaft Jesu und höflicher Gleichgültigkeit definieren lassen. Als Prediger hat man sich vor der plakativen Einladung zu einer nicht verantwortbaren Sorglosigkeit ebenso zu hüten wie vor moralischer Rede, die in Gesetzlichkeit verfällt.
Ich schreibe diesen Entwurf im Spätsommer 1990 während der Zeit der Vorbereitungen auf das Zueinanderkommen der beiden deutschen Staaten und unter dem Eindruck einer fünfwöchigen »Reise« durch Südafrika zu schwarzen lutherischen Gemeinden. In öffentlichen und privaten Aussagen spiegeln sich versteckt und offen ausgesprochen elementare Sorgen der Menschen auf beiden Seiten Deutschlands.

In meinen Ohren klingen die bangen Fragen der schwarzen Christen nach, über dem neuen Ost-West-Dialog doch auf keinen Fall den Dialog mit der Südhalbkugel zu vernachlässigen. Immer wieder tauchte die Sorge auf, daß das neue Europa mit einem starken Deutschland die Türen nach außen fest verriegeln könnte. Der Text entbehrt nicht einer existentiellen Dynamik im Blick auf die vielen aufbrechenden Fragen verbunden mit einer ungewohnten Handlungsanweisung, sich auf das Wesentliche im Leben zu konzentrieren und im gesellschaftspolitischen Wandel nicht die Fragen zu verdrängen, die nach dem Sinn und der Erfüllung von Leben fragen. Worin findet in unserer Zeit die Rede von »Gottes Reich« ihren handgreiflichen Grund?
Die folgende Predigtskizze geht auf zwei verschiedene in Gottesdiensten praktizierte Konzepte zurück und greift assoziativ nur einige der oben notierten Gesichtspunkte auf.

Vorschläge zur Liturgie

Eingangsvotum

Ein neuer Tag, eine neue Woche werden uns anvertraut. Zaghaft betreten wir dieses Neuland. Manche Begegnung und manches Gespräch mit Menschen sind uns nicht aus dem Sinn gegangen. Wir brauchen das nicht zu verbergen, wir müssen uns nicht verstellen. Wir dürfen kommen, so wie wir sind mit unserer Sorge und Angst, unserer Hoffnung und Lebenssehnsucht.
Wir vertrauen auf Gott, der unserem Leben die Richtung weist. Wir berufen uns auf Jesus, der uns zu seinen Schwestern und Brüdern erklärt. Wir trösten uns in Gottes Geist, der uns die Kraft gibt, die Widersprüche des Lebens auszuhalten, und uns miteinander neue Gemeinschaft schenkt.

Meditationstext

Es ist umsonst, daß ihr früh aufsteht und hernach lange sitzt und esset euer Brot mit Sorgen; denn seinen Freunden gibt er es im Schlaf.
Arbeit ist liegengeblieben, das bedrückt uns. Leistungsdruck lähmt uns. Der volle Terminkalender hetzt uns. Über unsere Kräfte haben wir uns angestrengt. Wir sind fleißig gewesen. Ruhe haben wir uns kaum gegönnt. Ferien haben wir verschenkt, den freien Tag verfallen lassen. Wir spüren unsere Zerrissenheit und leiden an unserer Unzufriedenheit. Vom Leben fühlen wir uns enttäuscht und betrogen. Was haben wir wirklich geschafft, in Bewegung gebracht? Unruhe beschleicht uns.
... und esset euer Brot mit Sorgen; denn seinen Freunden gibt er es im Schlaf.
Diese Gelassenheit wünschen wir uns. Einmal 5 eine gerade Zahl sein lassen. Aber das Gefühl von Unentbehrlichkeit treibt uns zu neuem Tun. Wir müssen doch für den anderen mitdenken. Die Sorgen ums tägliche Leben lassen einem die Haare grau werden. Wohin wir auch blicken – die Zukunft zeigt sich verdüstert. Wir leiden an dem Zwiespalt, der sich zwischen unserer Erfahrung und der Verheißung auftut. Wir fühlen uns leer. Dem Strudel der Ereignisse sind wir hilflos ausgeliefert. Wohin der Blick geht, da zeigt sich kein Land der Hoffnung, des Lächelns, des Vertrauens. Ängstlich tappen wir vorwärts, treten manchmal nur noch auf der Stelle.

Alle eure Sorgen werfet auf ihn, denn er sorget für euch.
Das wäre schön, wenn es einträfe. Das Leben hat uns zu oft enttäuscht. Der Stärkere hat gesiegt. Der Schwächere wurde ausgenutzt, getreten, mißachtet. Sorgen um die Zukunft der Kinder, um den Fortbestand der Welt, um Frieden und Gerechtigkeit kann uns doch keiner abnehmen! Unser Vertrauen ist klein, unser Glaube so schwach.
Alle eure Sorgen werfet auf ihn, denn er sorget für euch.
Ein Weg deutet sich an. In Umrissen können wir das Ziel erkennen. Oasen bieten sich an zur Rast und Stärkung. Erfülltes Leben in Gemeinschaft wird möglich. Ohne Gemeinschaft verfehlen wir unseren Auftrag. Ohne den anderen sind wir wie ein Fisch auf dem Strand. Christi Gebot zum Frieden, zur Vergebung, zum Vertrauen wird uns zum Inhalt unseres Lebens. Nicht sich abwenden, sondern dem anderen zuwenden, seine Lasten wahrnehmen.
Einer trage des anderen Last, so werdet ihr das Gesetz Christi erfüllen.
Die Vorläufigkeit täglichen Sorgens wird deutlich, die Brüchigkeit der Forderung nach Vollkommenheit und Stärke. Eine neue Empfindsamkeit für das Leben haben wir nötig. Gelassenheit wird möglich, Mut zum Engagement ohne Ausflüchte. Vertrauen in Gottes Mitgehen. Er ist Weg und Ziel.
Trachtet zuerst nach dem Reich Gottes und nach seiner Gerechtigkeit, so wird euch das alles zufallen.
Ich bin nicht mehr allein. Mit anderen zusammen ruft er mich auf den Weg der Nachfolge. Den ersten Schritt hat er bereits für mich getan. Ich bin jetzt eingeladen, Leben zu wagen in dieser Welt der Sorge; Vertrauen zu tragen in die Welt des Mißtrauens; Liebe zu üben in dieser Welt des Hasses; Versöhnung zu gestalten in dieser Welt von Nachtragen und Aufrechnen. Gottes Reich ist mitten unter uns schon angebrochen. Seinem Ruf folgen, ihn stärker lieben als die Güter dieser Erde. Da gehen wir in die Schule des Lebens bei den Vögeln unter dem Himmel, den Lilien auf dem Felde – und Leben wird schön und glücklich, nun, schon jetzt!
Trachtet zuerst nach dem Reich Gottes und nach seiner Gerechtigkeit, so wird euch das alles zufallen.
(Ps 127,2 – 1. Petrus 5,7 – Gal 6,2 – Matth 6,33)

Eingangsgebet
Noch spüren wir die Unruhe der vergangenen Tage; die Sorge, weniger geschafft zu haben, als wir uns vorgenommen hatten, sitzt noch in uns. Wir möchten davon frei werden. Dem Alltag mit seinen Fragen und Problemen wollen wir mit neuen Augen begegnen, dem Zwiespalt zwischen Glauben und Zweifel nicht ausweichen.
Wir bitten um Ruhe, um zu uns selbst zu finden; hoffen auf Verständnis, um von der Last der Woche frei zu werden; sehnen uns nach einem Wort, aus dem wir die Gewißheit finden, keine Versager zu sein.

Gnadenzusage
Wo wir offen und ehrlich Gott gegenüber unser Leben ausbreiten, da tritt er an unsere Seite und spricht: Joh 15,16.

Schlußgebet
Du lädst uns ein, gegenwärtig zu leben. Du berufst uns zu deinen Partnern auf dem Weg der Gerechtigkeit und des Friedens. Du wartest auf uns inmitten der Unplanbarkeit menschlichen Lebens. Vertrauen wir uns dir an, so können Sorge und Angst überschaubar werden. Wir üben uns in der Gewißheit, von dir gebraucht zu werden.
Wir bitten für die Kinder in unserer Gemeinde und für die vielen Kinder auf deiner Erde. Laß sie im Schutz ihrer Eltern aufwachsen und in ihren Eltern gute Gesprächspartner haben. Laß sie die Erfahrung von Geborgenheit und Zutrauen ins Leben mit ihnen machen. Öffne du die Hände der Wohlhabenden, damit alle Kinder zu essen und zu trinken bekommen.
Wir bitten für die kranken Menschen. Laß sie die Kraft finden, ihre Krankheit anzunehmen und damit auch zum Prozeß ihrer Heilung beizutragen. Wir bitten für Ärzte, Schwestern und Pfleger um Geduld und Einsicht im Umgang mit Kranken und Sterbenden; daß sie die Kraft zum Zuhören entwickeln, den Sorgen und Ängsten am Krankenbett nicht auszuweichen; daß sie in jedem Kranken immer wieder den Meenschen sehen und nicht allein das Objekt ihrer Therapie suchen.
Wir bitten für die Menschen, die in Politik und Wirtschaft Verantwortung übernommen haben. Laß sie ihre Entscheidungen zum Wohl der Menschen und nicht aus Berechnung größeren Profits treffen. Laß sie um der Bewahrung der Schöpfung willen ungewohnte Schritte wagen.
Wir hoffen auf die Geduld und Phantasie der Menschen, Arbeit und Geld gerecht unter den Menschen aufzuteilen.
Wir hoffen auf die Weisheit bei den Militärs, aus Schwertern Pflugscharen und Sicheln zu schmieden. Laß du die Rohstoffe und die Arbeitskraft, die zur Herstellung von Waffen mißbraucht werden, für die Fruchtbarmachung verödeter Landschaften genutzt werden.
Endlich bitten wir für uns selbst, für das Leben in unseren Familien, für das offene Gespräch in unseren Partnerschaften, für den vertrauensvollen Umgang der Generationen miteinander; bitten um Gelassenheit, den Herausforderungen des Tages standzuhalten; bitten um den nötigen Humor, der Fratze des Bösen zu widerstehen; bitten um Hoffnung, Enttäuschungen aufarbeiten zu können; bitten um Glauben, aus der Geborgenheit in dir unseren Lebensalltag zu gestalten.
Wenn wir nun miteinander das Mahl feiern, so entdecken wir Oasen der Liebe, der Gewißheit und des Mutes inmitten der Wüsten dieser Zeit. Wir essen das Brot als Zeichen der Arbeit und deiner unsichtbaren Gegenwart. Wir trinken den Wein als Zeichen der Freude und als Zusage der Gewißheit, niemals aus deiner Geborgenheit zu fallen. – (Einsetzungsworte) –.

Nach dem Mahl
Wir reichen einander unsere Hände und bilden einen Kreis – Kreis des Lebens, Kreis der Hoffnung, Kreis des Vertrauens. Danach sehnen wir uns in den Stunden unseres Alltags, daß wir in Kreisen leben, wo wir uns aufeinander verlassen können, einander Vertrauen schenken. Da ist eine Hand, die es gut mit uns meint; eine Hand, die uns hilft, die beschützt und zärtlich zu uns ist. Einer hat uns in seinen Kreis berufen, durchbricht unsere Einsamkeit, unsere Selbstgerechtigkeit, unsere Sorge. Seine Hand streckt er uns entgegen und spricht: Ich bin das Brot des Lebens, wer an mich glaubt, den wird nicht hungern, und wer zu mir kommt, den wird nimmermehr dürsten. (Joh 6,35)

Lieder
EKG 349; 205,1–3. Gott wohnt in einem Lichte (Klepper), / Du hast zu deinem Abendmahl als Gäste uns geladen (Pötzsch) / Geh aus, mein Herz / Ich möcht, daß einer mit mir geht / Selig seid ihr (Lieder u. Gebete 90. Kathol. Tag) / Wo ein Mensch Vertrauen gibt, Kirchentagsliederheft 83 / Einer trage des andern Last / Herr, wir bitten: Komm und segne uns / Alle Knospen springen auf (Lieder u. Gebete, 90. Kathol. Tag).

Vorschläge zur Predigt
Möglicher Predigtanfang
»Es ist genug, daß jeder Tag seine eigene Plage hat«: mit diesen realistischen Worten konfrontiert Jesus seine Zuhörer. Er vertröstet nicht auf bessere Zeiten, etwa auf ein Jenseits, in dem alle Fragen beantwortet werden. Mit seinem Wort und seiner Tat steht er für uns Menschen ein: Daß wir jetzt leben können!
Im stillen entgegnen wir: Unser Leben ist so vielschichtig. Jeder Tag hat seine Chance und bringt uns Enttäuschung, hat seine eigene Not, seine Sorge und seine Plage. Ja, wir müßten blind und taub sein, wollten wir dieser nüchternen Feststellung widersprechen. Über den garstigen Graben von 2000 Jahren trifft uns dieser Text unmittelbar in unserem Lebensgefühl. Wir spüren, wie erleichtert wir sind, zugeben zu dürfen, daß wir nur selten frei von Sorge und Plage sind.
Wir leben in einer Zeit, die für viele von uns völlig undurchsichtig geworden ist. Die technische Weiterentwicklung bringt große Probleme, und alltägliche Lebensfragen lassen uns ebensowenig zur Ruhe kommen. Gentechnologie und Ozonloch, Atomenergie und Regenwaldrodung, bösartige Krankheiten und Flutkatastrophen geben Anlaß zu düsteren Prognosen. Das Zusammenkommen der beiden Deutschlands wie das Nord-Süd-Gefälle reißen uns zwischen Hoffnung und Angst hin und her. Wir spüren den tiefen Widerspruch zwischen dem Anspruch unseres Glaubens und den Bedrohungen wie Herausforderungen des Alltags. Aber in der Tiefe unseres Wesens sehnen wir uns nach dieser Souveränität, aus der heraus Jesus sein »Sorget nicht« spricht.

Weitere Schritte

1. Ich lade die Hörer ein, eine Übersetzung für das »Sorget nicht« zu finden. Unserem Leben ist das Ziel eingestiftet. Als ›Krummes Holz‹ sind wir zu ›aufrechtem Gang‹ berufen.

2. »Ist nicht das Leben mehr als ...« Was fällt Ihnen ein zu dem Wort »Leben«? – Leben als Schleuderware, als Personalnummer im Betrieb, als Kanonenfutter. Für die Berliner wird nach der Einigung die Einführung der allgemeinen Wehrpflicht große menschliche und psychische Probleme unter den jungen Menschen auslösen. Mut zur Kriegsdienstverweigerung wird nötig. Krieg sagt dem Leben den unerbittlichen Kampf an. Hungertote trotz Überproduktion aus den Ländern der EG. Verkehrstote durch Achtlosigkeit und Rücksichtslosigkeit der Verkehrsteilnehmer. Was ist Leben für dich, für mich, für uns? Leben als das Feld großer Experimente oder als der Ort glücklichen Zuhauseseins?

»Sorget nicht« – lädt uns ein, jetzt zu leben, die konkrete Gegenwart nicht zu fliehen. Hinweis auf die Mystiker: Sie sprechen von dem nun aeternum als dem ewigen Augenblick. Sie schätzen das Nun des Augenblicks so sehr, daß sie NUN mit großen Buchstaben schreiben. Leben, Mensch und Gott wollen nicht vertagt werden, sondern fordern zum Leben heute.

3. Ich lade ein zum gegenseitigen Austausch über die »Zeit«. Wie gehen wir mit der Zeit als unwiederbringlicher Gabe um? Beladen von Sorgen und ungewiß gegenüber dem Morgen? Die Zeit hat uns fest im Griff. Der tägliche Terminkalender spricht eine eigene, harte Sprache. Die Krankheitsbilder von streßgeplagten Managern geben erschütternde Auskunft über das Verhalten von Menschen gegenüber ihrer Zeit. Lebenszeit wird als billige Schleuderware benutzt.

Zwei vor längerer Zeit erschienene literarische Werke regen zu neuer Überlegung an. Aldous Huxley veröffentlichte vor Jahren einen Roman unter dem Titel »Zeit muß enden«. Bedingungslos tritt er für den Augenblick und die Gegenwart ein. »Und doch ist der einzige Glaube einer Mehrheit der Europäer und Amerikaner des zwanzigsten Jahrhunderts der Glaube an eine Zukunft – die größere und bessere Zukunft – von der sie wissen (!), daß der Fortschritt sie hervorzaubern wird wie Kaninchen aus einem Zylinderhut. Um dessentwillen, was ihnen ihr Glaube über eine künftige Zeit erzählt, die doch, wessen ihr Verstand sie versichert, völlig unerkennbar ist, sind sie bereit, ihren einzigen greifbaren Besitz, die Gegenwart, zu opfern.«

Marcel Proust gibt seinem mehrbändigen Werk erinnerter Situationen den denkwürdigen Titel »Auf der Suche nach der verlorenen Zeit«. Seine Welt löst sich »nicht in Kaskaden von Empfindungen« auf, »sondern sie wird mit den Werkzeugen Erinnerung und Eindruck beobachtet auf Gesetzmäßigkeit hin« (M. Walser) »... daß die Wirkungen Prousts uns im Alltag aufgehen, ... daß wir immer, wenn wir gerade wieder alles durch die verschmutzten Brillengläser unserer Gewohnheit sehen, plötzlich auf eine Stimmung aufmerksam werden, auf eine Deutlichkeit des Augenblicklichen, auf einen Anruf, den wir noch nicht ganz begreifen, dem wir aber doch folgen, indem wir die Gleichgültigkeit für ein paar Atemzüge überwinden und unser geweckte Interesse sich sättigen lassen an den Erscheinungen«. (Walser)

Ich denke, daß beide Werke ein Signal sind. Wir werden mit Angst und Sorge anders umgehen können, indem wir mit der Zeit unseres Lebens anders, neu umgehen.

4. Nicht umsonst verweist Jesus den Hörer an die Vögel unter dem Himmel und die Lilien auf dem Feld und das Gras. Symbole als Hinweis für Leben, das glückt. Wir können lernen, was es heißt, aus erfüllter Zeit zu leben, die Gegenwart auszuloten, sich um Morgen und Übermorgen nicht in ängstlicher Weise zu sorgen. Die Pflanzen wachsen aus der Ruhe. Aus ähnlicher Ruhe dürfen wir wachsen und leben, um so der ständigen Unruhe in uns und um uns herum Herr zu werden.

5. Niemals hat Jesus unreflektierte Sorglosigkeit gepredigt. Ziel seiner Predigt und seines Tuns ist zusammengefaßt in der Einladung »Trachtet zuerst nach Gottes Reich und seiner Gerechtigkeit«. Auf diesem Hintergrund stellt sich die Frage nach Wert und Ziel unseres Lebens noch einmal völlig neu. Gottes Reich ist eine neue Lebensbeziehung aus Gerechtigkeit und vorurteilsfreier Liebe. Das haben wir nötig: Unter uns voller Liebe und Vertrauen neu Gestalt finden. Der Hinweis auf die sogenannten kleinen Dinge der Alltäglichkeit will uns den Blick schärfen für das, was unser Leben wichtig macht. Unser Blick weitet sich in eine Tiefe, die nicht von uns Menschen gemacht ist. Wohl sind Angst und Sorge nicht wie mit einem Federstrich beseitigt, aber stärker denn je sind wir nach unserer Entscheidung gefragt für den Weg Jesu als den Weg unter dem »Sorget nicht«.

Möglicher Schluß

»Sehet die Lilien auf dem Felde und die Vögel unter dem Himmel«, mit diesen kräftigen Bildsymbolen lädt uns Jesus zu einem Leben ein, in dem wir buchstäblich von den Blumen und den Tieren lernen sollen. Die Sorgen sollen wir nicht überbewerten! Er beruft uns zur Freiheit und erwartet uns. Liebe zum Leben und zum Menschen sind gefragt. Wir feiern in diesem Gottesdienst Abendmahl. Damit setzen wir ein Zeichen, daß sein Reich des Friedens und der Versöhnung schon jetzt unter uns anbricht. Wohl hat jeder Tag seine eigene Plage, aber es wird uns wenig helfen, Kraft und Zeit daran zu verschwenden, unserem Leben auch nur einen Zentimeter hinzuzufügen. Bitten wir Gott um Gelassenheit und Geduld, um Humor und das Lachen, damit wir als seine Freundinnen und Freunde fröhlich die Straße unseres Lebens ziehen.«

Ich könnte mir einen *Alternativ-Entwurf* vorstellen: Am Eingang der Kirche wird an jeden Gottesdienstbesucher eine Lilie (oder andere Blume) verteilt. Als Predigt denke ich an mindestens zwei Schritte: a) Jeder Teilnehmer läßt seine Blume erzählen, was sie ihm von ihrem Leben für sein Leben Wichtiges gesagt hat. b) Jeder bringt seine Blume zum Altar und stellt sie in eine Vase, dabei könnte jeder einige Gedanken sagen, was er anderen für ihren Alltag wünscht ...

Kontexte

Wer bist du Zeit? / Ein gülden Band / aus Gottes Hand – / rinnst auch durch meine Hände, / daß ich die nicht verschwende, / daß ich dich recht verstände, / Wegweiser du / zu Gottes Ewigkeit. (Katharina Staritz, um 1943/43 aus dem KZ Ravensbrück)

Ich bin nicht ich / ich in jener, der an meiner Seite geht, / ohne daß ich ihn anblicke, / den ich oft besuche / und den ich oft vergesse. / Jener, der ruhig schweigt, wenn ich spreche, / der sanftmütig verzeiht, wenn ich hasse, / der umherschweift, wo ich nicht bin, / der aufrecht bleiben wird, wenn ich sterbe. (Juan Ramon Jeminez)

»Keine Frage ist für den Menschen unseres Zeitalters bedeutender als die Frage nach Auschwitz und Hiroshima – ich meine das Hiroshima von morgen. Die Zukunft erfüllt uns mit Angst, mit Scham die Vergangenheit, und beide Gefühle, beide Ereignisse sind eng miteinander verknüpft wie die Ursache mit der Wirkung; Auschwitz wird die Ursache für das Hiroshima von morgen sein, und wenn das Menschengeschlecht durch die Atombombe ausgelöscht sein wird, so ist dies die Strafe für Auschwitz, wo in der Asche die Verheißung des Menschen verglommen ist» (E. Wiesel, Gesang der Toten, Erinnerungen und Zeugnis, S. 159).

Make love not war

Der Papst spricht über Empfängnisverhütung
er spricht nicht über Atombewaffnung

Christus spricht von den Vögeln unter dem Himmel
und den Blumen auf dem Felde

Sie rüsten nicht
sie üben das Töten nicht
sie stecken sich nicht in Panzer

Wie ein Mann und eine Frau
die Liebe machen
immer mehr Waffen weglegen
und verwundbar werden
und glücklich

Für die jungen Genossen

Einer und ein Freund und ein Freund und ein Freund
sag nicht das gibt vier
es sind mehr
das Kleine Einmaleins ist die Freundschaft
das Große die Revolution

Fang mit dem Kleinen an
denn ein Freund herrscht nicht
ein Freund hat immer Zeit
oder er weiß einen der jetzt Zeit hat
ein Freund weiß immer Rat
oder er kennt einen andern der Rat weiß
ein Freund ist immer zuständig
oder er findet wer zuständig ist

Das Kleine Einmaleins ist das Netzwerk
das Große die neue Stadt

Dorothee Sölle, spiel doch von brot und rosen. Gedichte, Wolfgang Fietkau Verlag, Berlin 1981; Abdruck mit freundl. Genehmigung der Autorin.

»In einem Hafen an der westlichen Küste Europas liegt ein ärmlich gekleideter Mann in seinem Fischerboot und döst. Ein schick angezogener Tourist legt eben einen neuen Farbfilm in seinen Fotoapparat, um das idyllische Bild zu fotografieren. Klick – das spröde, fast feindselige Geräusch weckt den dösenden Fischer, der sich schläfrig aufrichtet. Der Tourist: ›Sie werden heute einen guten Fang machen.‹ Kopfschütteln des Fischers. ›Aber man hat mir gesagt, daß das Wetter günstig ist.‹ Kopfnicken des Fischers. ›Sie werden also nicht ausfahren?‹ Kopfschütteln des Fischers, steigende Nervosität des Touristen. ›Oh, Sie fühlen sich nicht wohl?‹ Endlich geht der Fischer von der Zeichensprache zum wahrhaft gesprochenen Wort über. ›Ich fühle mich großartig.‹ Der Gesichtsausdruck des Touristen wird immer unglücklicher. ›Aber warum fahren Sie dann nicht aus?‹ Die Antwort kommt prompt und knapp. ›Weil ich heute morgen schon ausgefahren bin.‹ ›War der Fang gut?‹ ›Er war so gut, daß ich nicht noch einmal auszufahren brauche, ich habe sogar für morgen und übermorgen genug.‹ ›Ich will mich ja nicht in Ihre persönlichen Angelegenheiten mischen, aber stellen Sie sich mal vor, sie führen heute ein zweites, ein drittes, vielleicht sogar ein viertes Mal aus und Sie würden drei, vier, fünf, vielleicht gar zehn Dutzend Makrelen fangen. Sie würden nicht nur heute, morgen, übermorgen, ja an jedem günstigen Tag zwei-, dreimal, vielleicht viermal ausfahren – wissen Sie, was geschehen würde?‹ Der Fischer schüttelt den Kopf. ›Sie würden sich in spätestens einem Jahr einen Motor kaufen können, in zwei Jahren ein zweites Boot, in drei oder vier Jahren könnten Sie vielleicht einen kleinen Kutter haben, eines Tages würden Sie zwei Kutter haben. Sie würden ein kleines Kühlhaus bauen, mit einem eigenen Hubschrauber fliegen, die Fischschwärme ausmachen und Ihren Kuttern per Funk Anweisung geben. Sie könnten den Hummer ohne Zwischenhändler direkt nach Paris exportieren – und dann ...‹ Der Fischer klopft ihm auf den Rücken wie einem Kind, das sich verschluckt hat. ›Was dann?‹ fragt er leise. ›Dann‹, sagt der Fremde mit stiller Begeisterung, ›dann könnten Sie beruhigt hier im Hafen sitzen, in der Sonne dösen und auf das herrliche Meer blicken.‹ ›Aber das tu ich ja schon jetzt‹, sagt der Fischer, ›ich sitze beruhigt im Hafen und döse, nur Ihr Klicken hat mich dabei gestört‹« (aus: Das Heinrich Böll-Lesebuch, dtv-Taschenbuch 10031, S. 223–225, gekürzt).

Ein Rabbi, gefragt, woran man einen weisen Mann erkenne, antwortete: »Wenn ich liege, dann liege ich; wenn ich stehe, dann stehe ich; wenn ich gehe, dann gehe ich.« Der Frager erwiderte: »Das tue ich doch auch.« »Nein«, sagte der Rabbi, »wenn Du liegst, dann denkst Du schon ans Stehen; wenn Du stehst, dann denkst Du schon ans Gehen; wenn Du gehst, dann denkst Du schon wieder ans Liegen.«

16. Sonntag nach Trinitatis

Predigttext: Johannes 11,1(2)3,17–27

Willy Beppler

Theologisch-homiletische Skizze

Die Geschichte ist von einer ungeheuren Dramatik, sowohl inhaltlich als auch in ihrer literarischen Gestaltung. Um dies zu erfahren, muß man sie von vorn bis hinten lesen, ohne den empfohlenen Zerstückelungen nachzugehen. Die Übersetzung ist dabei nicht unerheblich. Als am dichtesten empfand ich die englische ›Jerusalem Bible‹. Vers 44 Einheitsübersetzung: »Jesus sagte zu ihnen: Löst ihm die Binden, und laßt ihn weggehen!« Die Jerusalem Bible: »Jesus said to them, ›Unbindhim, let him go free‹.« Im Deutschen empfehle ich die Übersetzung von Wilckens. Wer bisher noch nie über diesen Text gepredigt hat, befindet sich in guter Gesellschaft. »Die Kommentare«, schreibt H.J. Iwand, »haben mit unserer Geschichte ihre Not. Selbst Calvin hat mir hier nicht weitergeholfen. Luther hat über diesen Text nie gepredigt« (Predigtmeditationen, Göttingen 1963, S. 96). Es ist eine Geschichte von so grellem Licht, daß es einem schwarz vor Augen werden kann. Eine Ostergeschichte im Herbst, ohne die Parallelität der wiedererwachenden Natur. Aber auch die strahlenden Farben der Dahlien im gleißenden Septemberlicht vermögen die Ungeheuerlichkeit der Geschichte nicht zu mildern. Und der Tod stinkt.
Rembrandt hat dieses Licht darzustellen versucht gegen den Hintergrund der androhenden Todeswelt. In unglaublicher Härte wird uns eingehämmert, wer Jesus ist (»Ich bin die Auferstehung und das Leben«). Dieser Selbstoffenbarung ist auch die Glaubensantwort, beigebracht von einer Frau, in dreifacher Beschreibung nicht gewachsen. Die verschiedenen religiösen Titel, die der Glaubenssprache zur Verfügung stehen, verblassen zur Formel gegenüber der Wirklichkeit. Trotzdem bleibt die Frage, wie wir heute Jesus adäquat bezeugen.
Merkwürdig, daß uns die Botschaft von der Auferweckung des Lazarus nachzuvollziehen viel schwieriger erscheint als die eigentlichen Ostergeschichten. In der Zumutung liegt kein Unterschied. Oder doch? Einer, den wir uns selbst klammheimlich geschaffen haben mit Jesus als der großen Ausnahme? Seine Auferweckung erscheint uns beinahe als ›normal‹, weil er ja der Sohn Gottes ist und nicht der am dritten Tag vor Verwesung stinkende Mensch. Ob Johannes das schon gesehen hat und deshalb die Geschichte in dieser Härte so weit treibt, daß sie uns das unmöglich Denkbare des Todes und der Auferweckung Jesu spüren läßt? Der Mann Lazarus ist Jesus von Nazaret.
Die Rembrandt-Radierung könnte als Zugang zur Geschichte und deshalb als Predigteinstieg (etwa bei einem Familiengottesdienst) benutzt werden. Das Bild darf allerdings nicht dazu dienen, die Geschichte wie auch immer zu erklären. Wir müssen eigene Worte finden dafür, wer Jesus für uns heute ist, und ihn als das Leben bezeugen inmitten einer vom Tod beherrschten Menschheit.

Vorschläge zur Liturgie

Eingang

Im Namen des dreieinigen Gottes,
des Schöpfers, Versöhners und Erlösers,
des Gottes Abrahams, Isaaks und Jakobs,
des Allbarmherzigen und Menschgeborenen:
Gnade sei mit euch und Friede.

Gottesdienstbeginn (alternativ)

Vorbeter: Am Anfang der Schöpfung, als Gott Himmel und Erde machte, war die Erde wüst und leer, und es war finster über der Tiefe.

Alle: Gott sprach: Es werde Licht. Und es ward Licht.
Gott ist Licht, und Finsternis wohnt nicht in ihm.

V: Gott hat uns aus dem Dunkel der Nacht in das Licht des Morgens gebracht.
Die Welt liegt sichtbar und offen vor unseren Augen, ebenso der Tag und die Zeit selbst ...

A: Gott ist Licht, und Finsternis wohnt nicht in ihm.

V: Laßt uns ihm danken, daß er uns sicher bis hierher geleitet hat, und ihn bitten, daß sein Heiliger Geist die Finsternis der Sünde und Unwissenheit vertreibe.

A: Schaffe in uns, Gott, ein reines Herz,
und nimm deinen Heiligen Geist nicht von uns.

V: Laßt Euer Licht leuchten vor den Leuten, daß sie Eure guten Werke sehen und Euren Vater im Himmel preisen.

A: Gott sprach: Es werde Licht. Und es ward Licht.

V: ... Und ein großer Sturm blies über die Wasseroberfläche dahin.
Heute ist der erste Tag im Rest unseres Lebens!

A: Wir sind das Licht der Welt. Herr, laß uns unverfälscht dein Licht widerspiegeln, deinen Sohn, Jesus Christus, unseren Herrn.

Sündenbekenntnis

Ich habe Erwartungen an den Gottesdienst,
an die Predigt, an die anderen,
an dich, Gott;
ich weiß nicht, ob das richtig ist;
aber manchmal erwarte ich gar nichts mehr,
dann bleibe ich zu Hause,
und dann denke ich, das ist noch viel schlimmer.
Ich möchte nicht so leer zurückgehen,
wie ich kam;
aber vielleicht bin ich auch viel zu voll,
angefüllt mit dem, was mich beschäftigt,
voller Wünsche und enttäuschter Hoffnungen.

Befreie mich von den Widersprüchen,
in denen ich lebe.
Laß mich verstehen, was du von mir erwartest;
überwinde meine Vorbehalte
und mach uns zu einer fröhlichen Gemeinde.
Herr, erbarme dich!

Eingangsgebet
Die Politiker verbreiten Zweckoptimismus,
die Militärs verheimlichen ihre Pläne,
die Industrie verharmlost ihre Folgelasten,
die Behörden beruhigen die Bevölkerung;
Sachverständige liefern die gewünschten Gutachten;
die Werbung weckt Bedarf für Dinge, die wir nicht brauchen.
Unser Leben springt von einem Fernsehkanal zum anderen,
und unsere Jahre gehen dahin wie ein vorgedrucktes Programm.
Gütiger Gott, mach deine Gerechtigkeit offenbar.
Befreie uns von der unerträglichen Leichtigkeit unseres Seins
durch Jesus Christus, unseren Herrn,
der mit dir und dem heiligen Geist lebt und regiert
von Ewigkeit zu Ewigkeit.

Gnadenspruch
Hesekiel 18,23

Fürbittengebet
Liebender Herr, du willst, daß dein ganzes Volk
gesund und heil sein soll.
Wir beten für alle, die in Mittelamerika leiden;
für die Menschen, die unter Angst und Terror leiden,
für die Menschen, die unter Mangel an Nahrung und Obdach leiden.
Wir bitten dich: Herr, höre uns – *Erhöre uns in deiner Barmherzigkeit.*

Wir bitten für Flüchtlinge und Heimatlose
und diejenigen, die vor Gewalt fliehen,
für die Kranken, die Verunsicherten und die Witwen und Waisen,
für diejenigen, die sich an die Seite der Armen und Unterdrückten
stellen und dafür leiden müssen.
Wir bitten dich: Herr, höre uns – *Erhöre uns in deiner Barmherzigkeit.*

Wir beten für alle, die sich einsetzen für den Frieden,
für die Heilung von Menschen und Gemeinschaften,
für Ärzte, Ärztinnen und Krankenschwestern, für Lehrer und Lehrerinnen,
für Mitglieder von christlichen Basisgemeinschaften,

für alle, die nach einer friedvollen und segensreichen
Nutzung der Erde streben,
für alle Menschen in der Region, die sich um Gerechtigkeit
und dauerhaften Frieden bemühen.
Wir bitten dich: Herr, höre uns – *Erhöre uns in deiner Barmherzigkeit.*

(Ergänzung zur gemeindlichen Fürbitte aus: Mit Gottes Volk auf Erden, Ökumenischer Fürbittkalender, 38. Woche, S. 234ff., Frankfurt 1989)

Lieder
Jesus Christus, das Leben der Welt – Christus lebt, drum laßt das Jammern – Jesu, meine Freude

Vorschläge zur Predigt
Vorbemerkung
Die Jünger erscheinen als begriffsstutzige Bedenkenträger. Die beiden Frauen dagegen erschließen mir mit dem, was sie sagen und wie sie reagieren, einen Zugang zu der dramatischen Geschichte. Sie verhalten sich ungleich. Während die eine Jesus entgegengeht, bleibt die andere abwartend zu Hause. Daraus erwächst kein Konflikt. Es ist auch nicht zu erkennen, daß sie Jesus unterschiedlich nahestehen oder verschiedene Glaubenspositionen vertreten. Beide sagen beinahe wörtlich denselben Satz bei der Begrüßung Jesu. Sie personifizieren »evangelischen Glauben« und sind exemplarisch für Gemeinde. Ihre Ähnlichkeit macht es mir unmöglich, mit Bestimmtheit zu sagen, wer auf dem Bild Rembrandts wer ist.
Beide Vorschläge für den Predigtanfang setzen bei ihnen an.

Vorschlag A
Beginn mit der Bildbetrachtung Rembrandts (s.u.). Gesprächseinstieg könnte die Frage sein, wer auf dem Bild Maria und wer Marta ist. Welche Rolle spielen sie in dem Geschehen? Was sagen sie? Was antwortet Jesus? Gesprächsziel sollte sein, eine Antwort zu finden auf die Frage: Was bedeutet es für uns heute, wenn Jesus sagt, »Ich bin die Auferstehung und das Leben«? Wie bekennen wir heute Christus, so wie es Marta damals tat (Vers 27)?

Vorschlag B
Ein leichter Vorwurf vermischt mit Resignation ist nicht zu überhören, wenn zuerst Marta und später Maria zu Jesus sagen: »Herr, wärst du hier gewesen, mein Bruder wäre nicht gestorben.« Uns ist mit seinem Tod die soziale Sicherheit entzogen, die Lebensgrundlage gefährdet, weil wir niemanden mehr haben, der sich in einer Männerwelt schützend vor uns stellt. Warum konnte Gott das zulassen? Warum hast du das zugelassen?
Menschen fragen so in Lebenskrisen und Katastrophen, obwohl wir meistens ehrlicherweise fragen müßten: Warum haben wir selbst es so weit kommen lassen? In unserer Geschichte stimmt die Frage. Jesus zögert sein

Kommen mit doppelter Begründung hinaus: »Diese Krankheit führt nicht zum Tode, sondern dient der Herrlichkeit Gottes. Dadurch soll der Sohn Gottes verherrlicht werden.« Später sagt er zu den Jüngern: »Lazarus ist gestorben, und ich freue mich euretwegen darüber, daß ich nicht dort war: Denn jetzt gilt es für euch zu glauben!«

Beide Aussagen passen zusammen und zielen auf die Darstellung der Bedeutung Jesu. Betont wird, daß er keine eigene Kraft zur Schau stellt, sondern sie von Gott erbitten muß. Das weiß er selbst (Vers 41); das wußte auch schon Marta (Vers 22). Sie verehrt ihn nicht abgöttisch.

Wir wenden uns noch einmal dem Satz der Schwestern zu: »Herr, wenn du hier gewesen wärst, so wäre mein Bruder nicht gestorben!« Wir hören in diesem Satz auch glaubensvolles Vertrauen. Wo Jesus ist, da ist Leben. Gott ist zwar der Herr über Leben und Tod; aber er ist nicht ein Gott der Toten, sondern ein Gott der Lebenden. Alles, was er tut, dient dem Leben. Es gibt für uns ein Sterben, das im Zeichen des Lebens steht, weil wir auch im Sterben uns in Gott geborgen wissen. Die Christen der frühen Kirche nannten das: im Herren »entschlafen«, so wie es Jesus in unserer Geschichte sagt. Ist das mehr als nur eine fromme, aber im Grunde phrasenhafte Antwort? Ja, ja, antwortet Marta, ich weiß, daß er auferstehen wird bei der Auferstehung am Jüngsten Tag. Sie trägt unsere Auferstehungshoffnung vor, sofern sie nicht von Seelenwanderung und ähnlichen Vorstellungen zersetzt ist. Sie setzt auf den Glaubensbekenntnis-gemäßen Punkt. In diesem Satz finden wir uns vielfach wieder. »Es kann doch mit dem Tode nicht alles aus sein«, sagte ein Pfarrer, »es muß doch weitergehen. Was soll ich sonst am Grab sagen?« Wir begraben unsere Toten in der Hoffnung der Auferstehung am Jüngsten Tag. Das ist Bestandteil der Beerdigungsliturgie.

Jesus wird grundsätzlich: »Ich bin die Auferstehung und das Leben.« Er reißt die Zukunft in die Gegenwart. Das ewige Leben ist keine Fata morgana im Jenseits. Was wir sein sollen, sind wir schon jetzt. Das Licht scheint in der Finsternis. Wir werden hineingestellt in dieses Licht. Lazarus, hierher! Heraus! »Wach auf, du Schläfer! Steh auf von den Toten! So wird Christus über dir erstrahlen!« (Epheser 5,14).

Das ist der Osterruf Gottes inmitten einer vom Tode gezeichneten, sich selbst bedrohenden und zerstörenden Menschheit, die die übrige Schöpfung mit ins Verderben zu ziehen droht. Das ist der Befreiungsruf des Lebens, das mit »Hölle, Tod und Teufel« nichts, aber auch gar nichts gemein hat. Die Hände weg von dem Geschäft des Todes! Die Köpfe, alles ganz und gar weg von dem, was Gott entgegen ist. »Siehe, ich habe dir vorgelegt das Leben und das Gute, den Tod und das Böse« (5. Mose 30). Lazarus, komm heraus! Die Stimme über dem Totenfeld: »Du, Menschenkind, meinst du wohl, daß diese Gebeine wieder lebendig werden? Und ich sprach: Herr, mein Gott, du weißt es!« (Hesekiel 37,3).

Da kam Lazarus heraus verschnürt und umwickelt mit den Todesfesseln. Mit verhülltem Gesicht. Als Mensch kaum noch zu erkennen. Der Mensch: entstellt und verzerrt von Geldgier und Macht, napalmverbrannt, in Masken verkleidet, in Raum- und Schutzanzügen isoliert. Ein Bündel in der Uniform des Todes, das verewigt zu sein glaubt und nach vier Tagen bereits stinkt.

Und Jesus sagte zu ihnen: »Bindet ihn los und laßt ihn gehen« (»let him go free!«). So befreit Gott von den Fesseln des Todes. Nicht ohne die Hilfe derer, die auf das Wort Jesu hören (Vers 40a, Vers 44). Das ist der Stoff, aus dem Befreiungstheologie gewoben wird. Jesus Christus ist das Leben der Welt.

Wenn Jesus beides betont: »Ich bin die Auferstehung und das Leben«, macht das schon Sinn. Auferweckung ist nicht nur Durchgang, eine Art Gesundbrunnen zum Weitermachen wie bisher, so als ob das Leben ein ganz anderes Gesicht haben könnte als das von Christus. Die Auferweckung Jesu unterstellt uns der Herrschaft Gottes in seinem Namen zum ewigen Leben.

Lazarus wird als erneuerter, veränderter (in der Sprache des Johannesevangeliums: wiedergeborener) Mensch in die Welt hinein auferweckt. Er wird nicht einfach nur in dieses Leben hinein auferweckt, um als derselbe weiterzuleben, der er bisher war, bis er wieder und endgültig stirbt. Mit diesem ihm zugewiesenen neuen Leben sagt Christus zu ihm: Von heute an lebst du mit mir!

Viele, so heißt es, kamen darüber zum Glauben an Jesus. Der Nachdruck liegt jedoch auf der Denunziation, die auch den weiteren Verlauf der Geschichte bestimmt. Sie gibt dem Hohen Rat, also der Regierung, den Anlaß zum Beschluß, Jesus zu töten. Angesichts der politisch bedrohlichen Lage im Lande unter der römischen Militärmacht sei es besser, daß er stürbe, als daß das ganze Volk verderbe. Ein theologisch hochmotivierter Satz, der tiefsinniger interpretiert wird von der Gemeinde, als er vom Sprecher gemeint war. Ein hochgradig politischer Satz, dem Staatsraison zu Grunde liegt und kein Willkürurteil. So werden sich später Jesus und Pilatus gegenüberstehen. Die Gemeinde des Johannes hatte keinen Anlaß, monistisch die Einheit von Kirche und Staat anzunehmen.

Lazarus ist schuld am Tode Jesu. Mit solchen Aussichten wird er in das neue Leben entlassen, nein: befreit. Auch dafür gibt es noch eine Parallele im Gegenüber von Jesus und Barabbas. So beispielhaft wird der Satz ausgeleuchtet: »Für uns in den Tod gegeben.« Kein Tauschverhältnis 1:1, sondern der Tod des einen für das Leben der Welt.

Die Geschichte des Lazarus ist die Geschichte Jesu. Und es ist die Geschichte der Gemeinde. Ostern im Herbst. Die Massivität dieser Wundergeschichte droht uns zu erdrücken. In den Ostergeschichten wird alles viel verhaltener dargestellt und der eigentliche Kern des Geschehens unberührt gelassen. Sind sie deshalb einleuchtender?

Oder bewerten wir die Ostergeschichten auch deshalb anders, weil wir Jesus eine Sonderstellung einräumen, die seine Auferstehung weniger unmöglich erscheinen läßt? Die Lazarusgeschichte will kein historischer Bericht sein, wohl aber das Zeugnis, daß die Wirklichkeit, auf die der Glaube sich bezieht, Realität in dieser Welt ist und nicht nur fromme Innerlichkeit, die nach außen hin ohne Relevanz bleibt. Nicht das Wunder ist das zentrale Anliegen, sondern die Aussage, wer Jesus von Nazaret für uns heute ist. Wie bekennen wir ihn?

Marta beantwortet diese Frage gleich dreifach. So sehr die Titel für uns Synonyme zu sein scheinen, sie gehören doch verschiedenen religiös-kulturellen Ausprägungen an. Nur fällt uns das heute nicht mehr auf. Aber das besagt auch etwas über den Verlust ihres Lebensbezugs. Ihre Wiederholung mag vielleicht traditionsbewußten Insidern wohltun, letztlich sind sie esoterisch und nach außen hin bedeutunglos.

Formeln bleiben immer unzulänglich und hinter der Wirklichkeit zurück, so wie die Wirklichkeit Christi schon damals in dem Bekenntnis der Marta nicht aufging. Die Anhäufung der Titel soll dies bewußt machen. Das ist heute nicht anders. Dies werden auch diejenigen zugestehen, die auf die Frage, wer Christus heute für sie sei, antworten: »Der Name Gottes heißt Befreier« (siehe Kontexte). Ihre Zeugnisse, wie sie sich herausgerissen, befreit und in den Glaubenskampf gestellt wissen, sind vielfältig nachzulesen im ökumenischen Schrifttum.

Faktisch ist die gesamte Ökumenische Bewegung bis heute ein Bemühen und Ringen um die Antwort auf die gestellte Frage. Die Themen der Weltkirchenkonferenzen geben darüber deutlich Auskunft. Die ökumenische Erfahrung der Kirchen auf dem Weg miteinander in Einheit, Dienst und Zeugnis läßt sie heute sagen: Gottes Name heißt »Gerechtigkeit, Frieden und Bewahrung der Schöpfung«. Das ist Gottes Name. So heißt er. Wenn wir die Bewahrung der Schöpfung als erstes nennen, wird der trinitarische Bezug deutlicher: »Bewahrung der Schöpfung, Gerechtigkeit und Frieden«. Auch das ist ein Nenner mit vielen Brüchen. Aber er ist nur für die eine Leerformel, die ihn in verschlossenen Konferenzräumen oder in ihren Köpfen vor sich hin- und herdenken. Wer aber entsprechend handelt, merkt bald, daß der Tod viele Helfershelfer und die Staatsraison zahlreiche Dienste haben, die dem befreiten Leben feind sind. Dennoch. Wir sind gerufen, der Stimme des Lebens zu folgen und als Befreite gehen zu lernen.

Abschluß

Stellt sich eigentlich angesichts dieser Verkündigung noch die Frage nach der zukünftigen Totenauferstehung? So wie Jesus sie beantwortet hat, ist sie in der von Marta gemachten Form erledigt. Sie erscheint nicht mehr. Wenn sie offen bleibt, dann ist sie unwichtig. Wir brauchen uns darüber nicht den Kopf zu zerbrechen. Wir benötigen sie auch nicht als Lebensersatz zum Ausgleich im Jenseits. Sie ist kein christlicher Trost. Wir wissen uns im Leben und im Sterben in Gottes Hand geborgen. Die Wirklichkeit Gottes wird auch die geschichtliche Wirklichkeit einholen.

Bildbetrachtung: Rembrandt, Die Auferweckung des Lazarus

Jesus erkennen wir sofort. Seine helle Gestalt hebt sich deutlich ab von dem bedrohend dunklen Hintergrund. Neben und hinter ihm ein Halbkreis von Personen. Zwei Frauen sind dabei: Die eine im Vordergrund kniet. Die andere versteckt sich hinter dem Rücken Jesu, als suche sie Schutz: Maria und Marta. Aber wer ist wer? Zwischen den beiden Frauen sitzt ein älterer Mann. Ist er der geheilte Blinde (Vers 37)? Der Mann ganz rechts könnte Petrus sein. Auch ein Kind ist dabei. Im Hintergrund tuscheln zwei miteinander. Einer blickt unwirsch; das Gesicht des anderen wird vom Hut verdeckt. Solche Hüte trugen, zu Rembrandts Zeiten, vornehme Ratsherren. Mit Ausnahme dieser beiden sehen alle wie gebannt in eine Richtung, dorthin, wo sich am unteren Ende des Lichtfelds einer wie aus der Erde aufrichtet und in die Welt guckt, als wüßte er nicht, wie ihm geschieht: Lazarus. Zwischen ihm und Jesus liegt die beiseite geschobene Grabplatte wie ein Brückensteg.
Die Blickrichtung des Lazarus führt uns zurück zu Jesus. Er hebt seine Hände, als halte er unsichtbare Stricke, mit denen er Lazarus aus dem Grab zieht. Aber das Licht, das Lazarus aufgeweckt hat, kommt nicht von Jesus. Er wird auch nur davon beschienen. Das Licht fließt von oben wie ein Wasserfall. Es ist so grell, daß es einem schwarz vor Augen wird. Kaum eine Linie ist darin zu erkennen. Was ist das ganz oben? Eine Burg? Eine Stadt? Der Tempel? »Gott wohnt in einem Licht, dem niemand zukommen kann.«
Ziehen wir von dieser Stelle zwei Linien, die eine zu Lazarus, die andere bis zu der knieenden Frau und von dort dann wieder zu Lazarus, erhalten wir ein Dreieck.
Ja, es ist eine Dreiecksgeschichte mit Christus und der anbetenden Frau, dem wie eine Marionette gezogenen Lazarus und dem Ausgangspunkt des Lichtes. Unser Blick gleitet von einem Endpunkt des Dreiecks zum anderen. Nirgendwo bleibt er wirklich haften, auch wenn Jesus darin wie ein großes Ausrufezeichen steht. Er ist die Hauptperson.
Wir werden in eine Bewegung hineingezogen, in ein Geschehen, in einen Prozeß. Und wenn wir versuchen, in diesem Geschehen unseren eigenen Platz ausfindig zu machen, finden wir uns ganz dicht am Grab neben der knieenden Frau. Was sie wohl betet?

Kontexte

lazarus

I friede
der hof hält
ist friede nicht

friede
der hof hält
ist tod

II unhöflich
ruft friede
der friede ist
in den friedlosen
todhof:
»lazarus
komm heraus!«

Kurt Marti
Aus: ders.: geduld und revolte. Dichtung im ausgehenden Zwanzigsten Jahrhundert, hg. von Ingeborg Drewitz, Bd. 5, © RADIUS-Verlag GmbH, Stuttgart 1984.

Ernesto Cardenal
(Das Evangelium der Bauern von Solentiname, GTB Siebenstern 1979)

Ich: – In der Sprache der Bibel bedeutet die Herrlichkeit Gottes den Sieg Gottes über die Unterdrücker. Es bedeutet dasselbe wie die Befreiung. Als sie das Rote Meer durchschritten, von der Herrschaft der Ägypter befreit, sahen sie die Herrlichkeit Gottes, heißt es in der Bibel. Die Herrlichkeit Gottes ist jeder Sieg der Gerechtigkeit über die Ungerechtigkeit. Und in der Bibel ist diese Herrlichkeit Gottes Gott selbst, sein Sichkundgeben in der Geschichte, denn der Gott der Bibel ist seinem Wesen nach die Befreiung. –
Ich: – Der Tod ist wie eine Fessel, die uns festbindet, und Jesus hat bewiesen, daß er gekommen ist, um die Menschheit von dieser Fessel des Todes zu lösen. Und das tut er schon *jetzt* mit allen, die an ihn glauben. Aber die Christen haben zwanzig Jahrhunderte lang dasselbe geglaubt wie Martha, nämlich daß die Auferstehung am »Letzten Tag« stattfinden wird.

Klaus Künkel:

Auferstehung vor dem Sterben passiert überall da,
wo im Namen des Lebens der Glaube an die Allmacht
des Todes besiegt wird und Glaube an das Leben
trotz dem Sterben und gegen das Sterben beginnt,
beginnt, weil das Leben selbst in mir oder in Dir
oder durch Dich für Dich oder durch andere für uns
zu fließen beginnt,
wieder zu fließen beginnt.

Paulus, der Apostel, sagte zu den Christen in Kolossä:
Die Ihr zu Christus gehört, Ihr seid mit Christus auferweckt von den Toten.
Ja, das ist Auferstehung vor dem Sterben,

jetzt schon.
Und durch ihn, Christus, lernen wir's,
und durch ihn, Christus, können wir's lernen und begreifen,
daß Gott die Kraft des LEBENS gegen den Tod,
jeglichen Tod, ist –
auch gegen den letzten, den sogenannten letzten.

Und durch ihn, Christus, können wir's lernen
und begreifen und erfahren,
damit unsere Augen und Sinne geöffnet werden,
diese Kraft der Auferstehung und des Lebens jetzt schon wahrzunehmen,
jetzt schon zu glauben und zu erleben
mitten in dieser unserer Welt,
ja, zu glauben und zu lieben und das Leben zu verwirklichen
gegen die Angst vor dem Sterben in uns und um uns herum. Amen.

ZGP 3/83

17. Sonntag nach Trinitatis

Predigttext: Matthäus 15,21–28

Dietrich Zeilinger

Theologisch-homiletische Skizze

Der besondere Rang des Textes besteht m.E. darin, daß Jesu Wirken die Grenze Israels überschreitet, daß Jesus über einen Lernprozeß dazu bereit wird und daß eine ausländische Frau ihn dazu herausfordert. Der Text stellt eine fünffache Herausforderung zur Deutung:

1. Die Situation der Frau. Sie ist von Jesus durch eine vierfache Grenze getrennt: a) national – Tyrus und Sidon gehören zur römischen Provinz Syrien, zum alten Phönizien, zum heutigen Libanon. b) religiös – als Kanaanäerin teilt sie wohl nicht den jüdischen Glauben, sondern neigt vielleicht eher einem griechischen Götterglauben oder einer Fruchtbarkeitsreligion zu. c) soziologisch – Frauen war es damals nicht möglich, in der Öffentlichkeit ein Gespräch mit einem Mann zu beginnen. d) psychisch – sie war in großer Not, mit-leidend unter der Krankheit der Tochter.

2. Die Krankheit der Tochter. Das Besessensein durch einen »bösen Geist« läßt an verschiedene Arten psychischer oder psycho-sozialer Störungen und Zwänge denken: schizophrenes Objektwerden eines Komplexes, Suchtverhalten, Opfer einer Projektion von Ängsten der Mutter, oder »das Dämonische wäre das Schöpferische in statu nascendi, das noch nicht vom Ich verwirklicht ist« (Marie-Louise von Franz).

3. Das fremde Jesusbild. Die Deutung kann schwanken zwischen dem Muster: Er ist abwesend, schroff, zynisch – und dem Muster: Er braucht Ruhe, will seine Grenzen einhalten, will sich nicht unter Druck setzen lassen. Jedenfalls ist er schließlich bereit, sein Verhalten zu ändern, zu lernen und die Grenzen zu überwinden.

4. Das Verhalten der Frau offenbart ein stufenweises »intelligentes Vertrauen«: a) Sie will ihrer Tochter unbedingt Hilfe holen. b) Sie wird initiativ und ruft Jesus an. c) Sie steigert trotz Abweisung ihr Bitten und »unterwirft sich«. d) Zielbewußt resigniert sie nicht, sondern überwindet Jesus mit schlagfertiger Weisheit. e) Indem sie über ihren Schatten springt, löst sie etwas bei Jesus aus, und es beginnt die Kettenreaktion des Heilwerdens durch Zutrauen.

5. Die Wende in Jesus und für Frau und Tochter. Das eigentliche Wunder besteht darin, daß jenes intelligente Vertrauen der Frau Jesus dazu bringt, die Grenzen seiner Zuständigkeit zu überwinden. Um des besseren Nachvollziehens willen erscheinen mir psychologische Deutungen hilfreich: a) Integration: Jesus wächst hinaus über Vorurteile und Projektionen. Schließlich partizipiert die Frau an Jesu Kraft, gespaltene seelische Kräfte zu verbinden. Die neue Würde, die die Frau gewinnt, wirkt sich heilend auf die Tochter aus. (nach Maria Kassel, Das Auge im Bauch) b) Befreiung: Jesus steht zu seiner Grenze. Das befreit die Frau von übermächtiger Eigenverantwortung für die Tochter und löst diese eben so aus den Ängsten der Mutter. (nach Eugen Drewermann, Das Markusevangelium, zu Mk 7) c) Stärkung des Willens: Jesus gibt der Frau die Heiligung ihres Willens, ihrer Persönlichkeit als Voraussetzung zur Heilung, als Einswerden mit dem Gotteswillen. (nach Elisabeth Moltmann-Wendel, Wenn Gott und Körper sich begegnen)

Ich sehe folgende *Alternativen zur Gestaltung der Predigt:*

Intention:
- wie bedingungsloses Vertrauen befreit und heilt
- Exempel feministischer Befreiung
- Vorbild tiefenpsychologischer Integration
- Kapitel Missionstheologie
- Parabel zum Verhältnis Erste Welt – Dritte Welt
- Aktualisierung: Asylbewerberin will Hilfe bei einer Gemeinde

Gestaltungen:
- Erörterung
- Erzählpredigt
- Bibliodramatisches Rollengespräch mit Kommentar
- Interview

Ich wähle die Form des Interviews mit der Intention: Befreiung durch Vertrauen.

Liturgievorschläge

Lieder

EKG 249 / 189 / 453 (Baden) »Es kennt der Herr die Seinen« / »Wo ein Mensch Vertrauen gibt« / »Hevenu Schalom alechem«

Psalm

25,1–2a; 8–10.14–15; 1–2a

Kyriegebet

(Klaus Bannach, Gebete der Stille, S. 62)

Ich möchte, Herr, / die kleinen Dinge meines Lebens, / die täglichen Bedeutungslosigkeiten / wieder wichtig nehmen können. / Ich möchte / das hingeworfene Guten Morgen / wieder wahrnehmen können, / dem Blick meines Nachbarn, / der mich nur streifte, / wieder Aufmerksamkeit zuwenden können, / das Brötchen zum Frühstück / wieder mit bewußtem Sinne / essen können, / ich möchte wieder glauben können, Herr, / den Glauben lernen, / der jedes Wort, / das ein anderer an mich richtet, / unüberhörbar macht, / weil es ein Zeichen deiner Gegenwart ist, / den Glauben lernen, / der jedes Lächeln, / das ein anderer für mich aufbringt, / im Herzen aufbewahrt / als Zeichen deiner Freundlichkeit, / den Glauben lernen, / der die Trauer im Blick des andern / wieder sieht, / weil du deine Freundlichkeit / durch mich weitergeben willst. / Ich möchte, Herr, den Glauben lernen, / der die kleinen Lebenszeichen / der Menschen / wieder wichtig nimmt, / der sich in die Bedeutungslosigkeit / des Alltags versenken kann, / ich möchte wieder glauben lernen, Herr.

Zuspruch

Epheser 3,16–17

Lesung

Jesaja 49,1–6

Fürbittengebet
Gott, du schenkst Glauben,
Glauben, der Berge versetzen kann.

So laß es geschehen,
daß dein Wort uns verändert,
dann können wir trösten,
dann können wir helfen und heilen.
Wir bitten dich:
Alle: Erhöre uns!

So laß es geschehen,
daß dein Wort die Kirche erneuert,
dann kann sie zum Ort der Zuflucht werden,
der Geborgenheit und des Zusammenhalts.
Wir bitten dich:
Alle: Erhöre uns!

So laß es geschehen,
daß dein Wort in der Welt gehört wird,
dann werden die Rechte von Menschen geachtet,
die Güter der Welt geteilt
und die Erde bewahrt
für zukünftige Generationen.
Wir bitten dich:
Alle: Erhöre uns!

(Liturgieentwürfe EKHN S. 329)

Vorbeter: Herr, du hast die Welt und alles, was darin
ist, geschaffen, du hast die Menschheit
aus einem Geschlecht hervorgehen lassen
und hast uns die Erde zu unserem Besitz gegeben.

Alle: Reiße die Mauern ein, die uns trennen,
und vereine uns in einem Leibe.

Vorbeter: Herr, wir haben durch unser Denken,
durch unser Reden, durch unser Handeln trennend gewirkt;
wir haben einander eingeordnet und eingesperrt;
wir haben einander durch Haß und Vorurteile ausgeschlossen.

Alle: Reiße die Mauern ein, die uns trennen,
und vereine uns in einem Leibe.

Vorbeter: Herr, du willst, daß wir ein einziges Volk seien,
regiert vom Frieden, in Freiheit feiernd,
von Ungerechtigkeit frei, wahrhaft menschlich,

Mann und Frau, verantwortungs- und verständnisvoll
in dem Leben, das wir führen, in der Liebe,
die wir teilen, in den Beziehungen, die wir schaffen.

Alle: Reiße die Mauern ein, die uns trennen,
und vereine uns in einem Leibe.

Vorbeter: Herr, wir werden auch in Zukunft immer neue Einsichten
in die Wahrheit brauchen,
die Erkenntnis deines Willens für die gesamte Menschheit,
Mut zu tun, was richtig ist,
selbst, wenn es nicht erlaubt ist,
Beharrlichkeit, wenn es darum geht,
ungerechte Strukturen auszuhöhlen,
bis sie in sich wie Staub zusammenfallen,
Begnadung, den Dienst der Versöhnung recht auszurichten.

Alle: Reiße die Mauern ein, die uns trennen,
und vereine uns in einem Leibe.

Vorbeter: Herr, teile unter uns die Flammen deines Geistes aus,
daß wir vor Mitleid brennen für alle,
die nach Freiheit und Menschlichkeit hungern;
daß wir Täter des Wortes sind und so glaubwürdig
über die wunderbaren Dinge sprechen, die du getan hast.

Vorbeter und alle: Herr, leite uns auf Wegen, die wir noch nicht kennen,
und rüste uns aus zum Dienst der Versöhnung und Befreiung
in deiner Welt.

(Gebete aus der Ökumene, EMW S. 66)

Predigtentwurf

Liebe Gemeinde, der eben gehörte Text des Matthäus-Evangeliums weckt viele Fragen. Fragen an Jesus und Fragen an die unbekannte Frau. Ich möchte Sie daher zu einer Reise in die Geschichte einladen. Sie werden teilnehmen an einem Interview mit Jesus und der kanaanäischen Frau. Vielleicht finden wir alle dabei Antworten, die auch unser Leben betreffen und uns einen Schritt weiterbringen auf dem Weg unserer Entwicklung.

Lesung Mt 15,21–22a

Interviewer/in: Da kommt Jesus mit seinen Leuten, aus seiner Heimat hergezogen, auf Urlaub sozusagen. Anstrengende Tage liegen hinter ihm, voll Diskussionen mit Jerusalemer Theologen, mit der interessierten Bevölkerung und mit den um seinen Ruf besorgten Jüngern. Es ging um die Frage: Was gilt mehr – menschliche Gesetze oder Gottes Gebot? Was ist wichtiger – saubere Hände oder ein reines Herz?

Jesus braucht Ruhe, um neue Kraft zu schöpfen. Das geht am besten im benachbarten Ausland Syrophönizien.
Aber er wird erkannt. Und eine Einheimische stöbert ihn auf. Sie will etwas von dem gerühmten Wunderpropheten. Das muß für Jesus ärgerlich sein. Und es ist ungewöhnlich, ja schockierend, daß eine Frau, eine Ausländerin, eine Andersgläubige sich über alle Schranken hinwegsetzt, über alle Regeln des Anstands. Sie schreit! Hören wir, was sie eigentlich will:

Lesung Mt 15,22b.
Inteviewer/in: Verzeihung, fremde Frau! Was Du möchtest, haben wir gehört. Uns würde interessieren, wie Du dazu kommst, Deine Hoffnung auf den »Sohn Davids« zu setzen. Und, bitte, was ist das für ein böser Geist, der Deine Tochter plagt?
Kanaanäerin: Wenn ich das nur wüßte! Ich sehe nur, wie meine Tochter überhaupt nicht mehr sie selbst ist, wie ihre Seele gefangen und gebunden und gequält leidet – und ich mit ihr. Aber je mehr ich selbst zu helfen versuche, je schlimmer wird ihr Zustand. Kein Arzt konnte etwas ändern, kein Priester. Da dachte ich mir: Jetzt oder nie, als ich hörte, der Wunderprophet aus Nazareth ist da. Er soll doch schon so viele gesund gemacht haben, nicht nur Juden. Warum nicht meine Tochter? Die Anrede »Sohn Davids« kam mir in den Sinn, weil David und Salomo bei uns noch sehr geachtet sind wegen ihrer guten Nachbarschaft zu unseren Königen damals.
Interviewer/in: Ja, dann können wir gespannt sein, wie Jesus reagiert, ob er die Herausforderung annimmt.

Lesung Mt 15,23–24.
Interviewer/in: Jesus, so kennen wir Dich gar nicht, wie Du Dich verhalten hast, so streng und abweisend!?
Jesus: Glaube nicht, daß ich nur meine Ruhe wollte, obwohl ich sie wirklich gebraucht hätte. Nein, die Frau hat mich überrascht und einen Kampf in mir ausgelöst. »Sohn Davids« – diese Anrede hat alles noch schwerer gemacht. Ich wollte mich nicht zum Messias erklären lassen, im Ausland schon gar nicht. Natürlich habe ich die verzweifelte Lage der Frau gesehen. Aber als die Jünger meinten, ich sollte sie auf schnelle Weise abfertigen, da mußte ich sie erinnern an das, was ich ihnen eingeschärft habe: Mein Auftrag und ihre Berufung gelten Israel. Alle Kräfte sollen darauf konzentriert werden, dem Volk Gottes das Heil, den Schalóm, zu bringen.

Lesung Mt 15,25.
Interviewer/in: Du Frau eines stolzen Volkes, wie eine Bettlerin erscheinst Du jetzt, wie wenn Du Dich wegwirfst um Deiner Tochter willen.
Kanaanäerin: Als ich Jesus schweigen sah und dann reden hörte, war ich völlig verzweifelt. Ich begriff nur: Er kann mich noch nicht wahrnehmen, mich und die Not mit meiner Tochter. So mußte ich ihm zeigen, wo wir angekommen waren – am Boden, in der Tiefe.

Lesung Mt 15,26.
Interviewer/in: Ein starkes Stück, Jesus, dieses kalte Zurückstoßen einer Hilfesuchenden!
Jesus: Diese Frau war nun nicht mehr schwach, sondern ganz stark in ihrer bedingungslosen Hingabe, ihrem Sich-Vergessen, ihrem Vertrauen auf mich. Und diese Stärke hat mich in die Enge getrieben. Und so kamen meine Worte als letztes hilfloses Ausweichen. Wie ich sie aussprach, erkannte ich den bösen Geist, der in diesem herabsetzenden Vorurteil steckt, Ausländer mit Hunden zu vergleichen, und ich fing an, mit diesem Ungeist zu ringen.

Lesung Mt 15,27.
Interviewer/in: Was hat Dir nur die Kraft gegeben, so souverän aufzustehen aus dem Staub, so weise den großen Propheten im Spiegel seiner eigenen Worte zu überzeugen?
Kanaanäerin: Ich wundere mich selbst über diese Eingebung. Ich spürte, wie Jesus zugänglicher wurde, und hoffte, ihn ganz über die Grenze ziehen zu können, an der er festhielt. Es war ja auch ein Angebot: Die Brosamen zulassen, also eine Ausnahme machen, das beläßt den Kindern Israels doch ihr Brot. Ich wußte: Ein kleines bißchen von diesem Lebensbrot reicht für mich und meine Tochter! Vielleicht war es auch so, daß sein Widerstand mir den notwendigen Abstand gab, mich nicht von den Gefühlen überschwemmen zu lassen, sondern meinen klaren Willen auf den einen Punkt zu konzentrieren: Jesus, spring über deinen Schatten!

Lesung Mat 15,28.
Interviewer/in: Jetzt bleibt nur die Frage: Was hat den letzten Anstoß gegeben für Deine völlige Umkehr, Jesus?
Jesus: Es fiel mir wirklich wie Schuppen von den Augen. Ich hörte jetzt aus dieser kleinen Frau Geist und Wille des großen Gottes, die Stimme der Weisheit. Wenn aber der väterliche Gott seine Kinder auch jenseits der Grenzen Israels erwählen will, was hindert mich daran, zu folgen und Heil und Heilung freizugeben? Als ich den Glauben und den Willen der Kanaanäerin bestärkte, war mir klar, daß der gute Geist in Windeseile mit seiner heilenden Kraft übergehen würde von der Frau auf ihre Tochter. In dieser Stunde hat sich Gottes Reich geöffnet über alle Grenzen hinweg.
Kanaanäerin: Ich will noch etwas anfügen:
So sehr ich die ganze Zeit gekämpft hatte, der Ausgang war ein Wunder! Die Worte von Jesus, die mein Vertrauen belohnten und mein tiefstes Verlangen freigaben, die richteten mich mehr auf als zehn Arme. Ich fühlte mich wie neugeboren, seit langem wieder wie eine freie, ganze Frau, Gottes geliebte Tochter. Und ich ahnte, daß auch mein Kind nun erlöst war, weil das neue Licht alle Schatten überstrahlt hat.

Interviewer/in: Dankeschön für die offenen Antworten!
Wie nun die Heilung der Tochter genau ausgelöst wurde, dafür mag es verschiedene Deutungen geben. Wichtig und ermutigend erscheint mir schon dies: Beide, Jesus und die Ausländerin, haben sich verändert. Beide sind über sich hinausgewachsen ins Freie. Beide haben ihren »Schatten« verlassen und das größere Vertrauen gelernt. Und es hat eine Kettenreaktion des Heils begonnen, die durch die Geschichte hindurch bis zu uns heute reicht. Ob wir daraus etwas gewinnen können für unser Leben?

(Hier bieten sich folgende mögliche Impulse zum Transfer an:)
1. Ermutigung, sich dem eigenen »Schatten« zu stellen. Im Spiegel von Jesu Verhalten die eigenen seelischen Defizite sehen und verarbeiten.
2. Ermutigung, das Schwache zu stärken, die weiblichen Seelenanteile. Damit beginnt bei Jesus die innere Wandlung.
3. Ermutigung, dem eigenen Willen zu folgen. Dem tiefen Traum in uns. Es ist die Voraussetzung zum Heilwerden.
4. Ermutigung, der Veränderung Zeit zu lassen und zugleich stets mit ihr zu rechnen.
5. Ermutigung, beharrlich einzutreten für Nächste in der Kraft der Fürbitte und Fürsprache.
6. Ermutigung, auf das Weibliche zu hören, auf die Stimmen der Frauen, die für die Schöpfung eintreten.
7. Ermutigung, Grenzen zu überwinden im Engagement für Menschen von jenseits der nationalen, religiösen und anderen Grenzen.
8. Ermutigung, die Vorstellung von Gott zu erweitern, von seinem Auftrag, unserer Mission.

Kontexte

Eugen Drewermann, Das Markusevangelium, 1. Teil, S. 490:
Doch vielleicht, daß gerade das Bestehen auf die Grenzen für diese Frau aus Kanaan in dem Gespräch mit Jesus die wichtigste Einsicht mit sich brachte. Möglicherweise wurde ihr erst in diesem Moment deutlich, daß selbst derjenige, den sie als ihren Retter und Heiland bekennt und anfleht, ein Recht hat, sich einzuschränken. Um wieviel mehr dann sie selber! Hat doch auch ihre eigene Verantwortung ihr Maß! Ausdrücklich wird ihr von Jesus zugesichert: »Deine Tochter ist gesund«, und: »Was du willst, geschieht.« Und es scheint, daß es dieses Wort der Beruhigung an diese Frau ist, das ihre Tochter heilt. Es ist sehr gut möglich, daß diese Frau, mit einem solchen Wort im Ohr und mit einem solchen Gefühl im Herzen, vollkommen anders zu ihrer Tochter zurückging und schon deswegen ihre Tochter auch anders vorfand, als sie sie zurückgelassen hatte. Denn eine Frau *hat* eine andere Tochter, je nachdem, inwieweit sie selber Angst hat oder nicht.

Dokumentation der X. Weltmissionskonferenz, San Antonio 1989, S. 194f.:
Menschen überschreiten in der Mission Grenzen
Zu den Eigenschaften jener, die Mission über Grenzen hinweg treiben wollen, gehören: ein feines Gespür und eine geistlich begründete Offenheit, Respekt für Kulturen

und Wertvorstellungen anderer Menschen, Bereitschaft zu lernen und Grenzen zu Hause zu überschreiten, Fähigkeit zu einem für beide Seiten fruchtbaren Dialog und ein ehrliches Bemühen um Aufbau und Erneuerung der Gemeinschaft. Auch die Verpflichtung zur Ökumene ist eine unabdingbare Voraussetzung.
Menschen, die in der Mission Grenzen überschreiten wollen, müssen, noch ehe sie ihre Heimat verlassen, die rassischen und ethnischen Eigenarten, mit denen sie sich beschäftigen werden, kennen und fähig sein, mit ihren eigenen versteckten Vorurteilen und jenen der anderen umzugehen. ...
Wir glauben, daß jedesmal, wenn ein Christ eine Grenze überschreitet, sei es am Ort oder im größeren Rahmen, die Möglichkeit zur Teilnahme am Streben nach Gerechtigkeit, Frieden und Bewahrung der Schöpfung frei wird. Uns selbst verpflichten wir darum zum Dienst am ganzen Evangelium von Jesus Christus und sensibilisieren auch andere dafür. Dies beinhaltet sowohl die Verkündigung der guten Nachricht als auch die Teilnahme am Kampf für die Befreiung der Armen und der Unterdrückten. Dabei halten wir fest, daß die Gemeinschaften der Armen selber Träger des Evangeliums sind.

Aus dem Schlußdokument der Weltversammlung in Seoul:
Wir *bekräftigen*, daß die Menschen jeder Rasse, Kaste und ethnischen Gruppe gleichwertig sind. Mit ihren vielfältigen Kulturen und Traditionen spiegeln sie die reiche Vielfalt der Schöpfung Gottes.
Wir werden der Leugnung der Grundrechte von Menschen *widerstehen*, die ausgebeuteten und unterdrückten rassischen und ethnischen Gruppen, Kasten und Urvölkern angehören. Wir werden uns allen Versuchen dominanter Kulturen und Gruppen widersetzen, diesen Menschen ihre kulturelle Identität und ihre uneingeschränkte Staatsbürgerschaft sowie den gleichberechtigten Zugang zu wirtschaftlicher, politischer und kirchlicher Macht vorzuenthalten. Wir werden der Unterdrückung und Ausbeutung der am schlimmsten Betroffenen, der Frauen und Kinder, widerstehen.

Frauen überschreiten Grenzen
Frauen gegen Rechtsradikalismus und Fremdenfeindlichkeit
... Wir wollen
– eine Gesellschaft mit kultureller Vielfalt
– einen selbstverständlichen Umgang mit Menschen, die andere Verhaltensweisen, andere kulturelle Herkunft haben.
Wir wollen
– daß Erfahrungen anderer Menschen und Völker in unserem Leben Raum finden dürfen;
– daß Solidarität und Bereitschaft zur sozialen Gerechtigkeit zur Grundlage politischen und privaten Handelns werden.
Wir wollen
– Kindern, älteren Menschen, Behinderten, sozial Schwachen und unterdrückten Völkern nicht erst dann helfen, wenn wir ihnen unsere Vorstellungen aufgenötigt haben.
Wir Frauen wenden uns daher an alle Bürgerinnen und Bürger, an die Kirchen, Gewerkschaften, Parteien, sozialen Bewegungen, Wohlfahrtsverbände, Kulturschaffenden, die Wirtschaft und an die Medien.
Helfen Sie mit. Schließen Sie sich unserem Aufruf an.

Tun Sie in Ihrem Bereich und nach Ihren Kräften alles gegen das Anwachsen und die Duldung von Rechtsradikalismus und Fremdenfeindlichkeit in unserem Land.

Bonn, 1.3.1990

Dr. Ursula Engelen-Kefer, Liselotte Funcke, Dr. Hildegard Hamm-Brücher, Karin Hempel-Soos, Irmgard Karwatzki, Dr. Anneliese Lissner, Prof. Brigitta Naumann, Prof. Dr. Heide Pfarr, Prof. Eleonore von Rotenhan, Eva Rühmkorf, Waltraud Schoppe, Carola Stern, Prof. Dr. Rita Süßmuth, Heidemarie Wieczorek-Zeul, Dr. Beate Winkler, Dr. Monika Wulf-Mathies, Hildegard Zumach.

öffne mich, daß ich werde

nimm meine Mauern
nimm meine Gitter
nimm meine Riegel
sei Tag für Tag mein Spiegel
gute Schöpferin Gott
öffne mich zu mir selbst, daß ich werde
Erde und Blume, Wasser und Becher
Wärme und Heimat
öffne mich, daß ich werde

nimm meine Ohnmacht
nimm meine Stummheit
nimm meine Riegel
sei Tag für Tag mein Spiegel
gute Schöpferin Gott
öffne mich zu mir selbst, daß ich traue
schaue und spreche, denke und handle
frage und wage
öffne mich, daß ich traue

nimm meine Sehnsucht
nimm meine Hoffnung
nimm meine Riegel
sei Tag für Tag mein Spiegel
gute Schöpferin Gott
öffne mich zu mir selbst, daß ich singe
bringe und trage, nehme und schenke
danke und lache
öffne mich, daß ich singe

Christa Peikert-Flaspöhler
Aus: dies.: Du träumst in mir, mein Gott – Frauen beten, 2. Aufl., Lahn-Verlag, Limburg 1990

18. Sonntag nach Trinitatis

Predigttext: Markus 12,28–34

Egbert Haug-Zapp

Theologisch-homiletische Skizze

Der Text traut seinen HörerInnen umstandslos die dreifaltige Liebe zu: die Fähigkeit, Gott zu lieben, den Nächsten zu lieben und sich selbst. Dieses Zutrauen in unsere Liebesfähigkeit lockt aus der Zuschauerhaltung (»ist ja richtig, aber ...«, »schön wär's ...!«) in einen neuen Versuch, Liebe zu (er)leben.

Das scheint mir die wichtigste Aussage des Textes für die im Gottesdienst versammelte Gemeinde. Sie ist gerne bereit, den Inhalt als richtig zu akzeptieren. Allenfalls die Legitimierung der Selbstliebe wird bei einigen Erstaunen verursachen, wohl aber kaum Widerspruch, denn dieser Gedanke ist inzwischen wohl bekannt und plausibel.

Das Problem des Textes liegt nicht in der Aussage, sondern in der Lebbarkeit. Dieser stehen viele Erfahrungen und Hindernisse im Weg. Mit solchen muß sich die Predigt exemplarisch auseinandersetzen, um diesem Text gerecht zu werden, der sich einfach darüber hinwegsetzt:

– Die Fähigkeit zur Selbstliebe (die gerade nicht Egoismus ist) ist vielfach zerstört durch eine Erziehung, die Liebe nur unter Bedingungen gewährt und damit zerrüttet (vgl. Zitat Schellenbaum, Kontexte).

Hier kann die Predigt ermutigen, das Leiden an der »Wunde des Ungebliebten« zuzulassen und auszusprechen.

– Die Nächstenliebe wird nicht nur durch innere Barrikaden, sondern auch durch gesellschaftliche Entwicklungen unbiblisch eng begrenzt, nach Dorothee Sölles pointierter Formulierung sind nur noch Familie und Weihnachten das ihr zugestandene Terrain (s. Kontexte). Ermutigung zu gemeinschaftlich getragenen Gegenerfahrungen mag hier dem kollektiv gemeinten »Du« des Textes entsprechen.

– Die Gottesliebe ist auch verdunkelt durch Erfahrungen mit der Kirche, in denen Gott nicht als befreiender Liebhaber erfahren wird (vgl. Kontexte Drewermann). Hier ist auf Jesus als Indikativ der Liebe Gottes zu verweisen.

Die Exegese warnt zu Recht davor, die Predigt zu einer Thema-Predigt über die Liebe verkommen zu lassen. Die Exegese verortet den Text historisch in einer Übergangssituation: »aus einer Religion, der man von Geburt her angehört, eine Gottesbeziehung werden zu lassen, für deren konkrete Gestalt man sich bewußt entscheidet«. Das ist der Situation in unserer dörflichen Gemeinde im Zerfall der volkskirchlichen Frömmigkeit verwandt.

Drewermann (Das Markusevangelium, Bd. II, S. 285f.) paraphrasiert die Frage nach dem größten Gebot für unsere Situation zutreffend so: »Worauf kommt es in unserem Leben am meisten an? ... Wie gehen wir unser Leben an? ... Welche Inhalte und welche Ziele sind am meisten zu beachten?« Diese Frage in Richtung der Textaussage zu entfalten soll der Einstieg sein.

Vorschläge zur Liturgie

Liedvorschläge

EKG 166,3; EKG 247,1+2; EKG 258,1+6–8; landeskirchliche Anhänge: »So jemand sagt ›ich liebe Gott‹ und haßt doch seine Brüder ...«; bekannt gewordene neuere Lieder: »Liebe ist nicht nur ein Wort ...!«; »Herr, deine Liebe ...!«, Verse 1 und 4.

Eingangsvotum

1. Joh 4,9: Darin ist erschienen die Liebe Gottes unter uns, daß Gott seinen eingeborenen Sohn gesandt hat in die Welt, damit wir durch ihn leben sollen.« Oder 1. Joh 4,16b: »Gott ist Liebe; und wer in der Liebe bleibt, der bleibt in Gott und Gott in ihm.«

Schriftlesung

Eine Jesus-Geschichte, in der deutlich wird, daß und wie Jesus lebte, was er im Predigttext sagt: Mk 2,23–28 (Ährenraufe am Sabbat); Lk 13,10–17 (Heilung der verkrümmten Frau am Sabbat); Joh 8,1–11 (Jesus und die Ehebrecherin); oder: Matth 25,31–46 (Vom Weltgericht) oder die lukanische Interpretation des Doppelgebots: Lk 10,30ff. (Samariter).

Elemente eines Eingangsgebets

Daß Liebe möglich ist in dieser Welt voll Kälte –
seit du deinen Weg vom Stall an den Galgen gegangen bist,
wissen wir es.
Daß Liebe möglich ist gegen die Spielregeln dieser Welt –
seit du die Mühseligen und Beladenen zu deinen Freunden gemacht hast,
wissen wir es.
Daß Liebe möglich ist, auch wenn eherne Gebote dagegen stehen –
seit du der leidenden Frau am Sabbat geholfen hast,
wissen wir es
daß Liebe möglich ist, nicht nur unter Gleichgesinnten, sondern sogar den Feinden gegenüber –
seit du für deine Henker gebetet hast,
wissen wir es
daß du deine Liebe schenkst, unverdient und unberechnet –
seit du die Kinder in die Mitte gestellt und zu Vorbildern erklärt hast,
wissen wir es
daß geliebt wird, wer sich selbst nicht liebenswert findet –
seit du den verzweifelten Zöllner angenommen hast,
wissen wir es.
Daß wir geliebt sind, bedingungslos geliebt –
seit wir auf deinen Namen getauft sind,
wissen wir es.

Lieber Gott,
laß, was wir von deiner Liebe wissen, in uns lebendig bleiben, unsere Gefühle und Gedanken, unsere Wünsche und Hoffnungen durchdringen, daß wir Geliebten wagen zu lieben.

Elemente eines Fürbittengebets
Wir bitten für die, die sich schämen vor sich selbst, die weglaufen wollen vor sich selbst, weil sie sich hassen.
Laß sie in deiner Gemeinde Menschen finden, die ihre Not verstehen, ihre Klagen anhören, den Ungeliebten Liebe spürbar werden lassen.
Wir bitten für alle, die nicht mehr zu lieben wagen, weil sie vom Leben enttäuscht und verbittert sind.
Hilf uns als deiner Gemeinde, Enttäuschte zu trösten und Verbitterte zu ermutigen, daß sie einen neuen Anfang wagen.
Wir bitten für die, die lieben wollen und gezwungen sind, ihre Ellbogen einzusetzen, andere abzuurteilen.
Laß uns nicht aufhören, für Verhältnisse einzutreten, in denen wir füreinander arbeiten und nicht gegeneinander, miteinander lernen und nicht gegeneinander.
Wir bitten für die Vergessenen, die hinter Mauern des Schweigens abgeschoben sind.
Gib uns in deiner Gemeinde immer wieder Menschen, die unsere Augen öffnen über den Kreis der Sympathien und Verwandtschaften hinaus.
Wir bitten für die, die wir unsere Feinde nennen. Gib uns die Kraft, ihre Gedanken nachzudenken und ihre Gefühle nachzufühlen, bis wir in ihnen unsere Geschwister entdecken, deine Geschöpfe wie wir.
Wir bitten für alle, die dich nicht lieben können, sondern ihr Herz an andere Mächte hängen, für alle, die dich nicht lieben können, sondern ihren Ängsten verhaftet bleiben. Laß unter uns als deiner Gemeinde Zeichen deiner Liebe spürbar werden.

Für ein *Sündenbekenntnis* legt es sich nahe, den Gedanken zu meditieren, daß gerade Kirche und Kirchentreue oft Gottes Liebeserklärung an die Welt domestizierten, ja ins Gegenteil verkehrten.

Vorschläge für die Predigt
Möglicher Anfang
Am bequemsten reist es sich, wenn der Weg genau ausgeschildert ist, wenn an jeder Kreuzung ein Wegweiser, vor jeder Kurve ein Warnschild steht. Können wir auf diese bequeme Weise auch unseren Lebensweg bereisen? Wegweiser und Warnschilder gibt es genug, uralte mit ehrwürdiger Patina und funkelnagelneue. Schon die Vielzahl macht unsicher: Welche der vielen Richtungen ist denn nun die richtige? Unsicher macht mehr aber noch die Frage: Werde ich auf einem dieser gebahnten Wege wirklich ans Ziel

meines Lebens kommen? Werde ich so der Mensch werden, der ich nach dem Willen des Schöpfers werden kann? Gleicht die Lebensreise nicht viel mehr den Schritten in unbegangenem Gelände? Dort gibt es keine Schilder, umso mehr brauche ist dort ein klares Ziel und einen zuverlässigen Kompaß, der mir hilft, im Auf und Ab die Richtung zu halten. Da gehen nicht alle Wege geradeaus, es gilt unüberwindbare Hindernisse zu umgehen, Abwege zu riskieren.
In unserer Geschichte gibt Jesus einem, der seinen Weg sucht, anstelle der 613 Ge- und Verbote, die Schriftgelehrte in der Bibel fanden, ein einziges Ziel vor, ein Ziel in drei Variationen: die Liebe. Nicht ein von Traditionen oder modischen Zwängen gegängeltes Leben, sondern ein offener Weg. Und dieses verbindliche Ziel heißt nicht Leistung, nicht Tugend, nicht Frömmigkeit, nicht Erfolg, nicht Gesundheit, sondern schlicht: Liebe.
Jener Mann stimmte zu, wir tun's ja auch. Was könnt's im Leben Schöneres geben? Aber wir stimmen doch mit lebensklugem Augenzwinkern zu: »Schön wär's!« Und tausend Lebenserfahrungen sagen uns: Aber es geht ja nicht, nicht heutzutage, nicht mit mir. Zuviel spricht dagegen, und von der Liebe gebrannte Kinder fürchten ihr Feuer.
Es ist nun aber wichtig, genau hinzuhören, wie uns Jesus die Liebe als dreifaches Lebensziel setzt. Das ist kein guter Ratschlag, keine Forderung, das ist ein Gebot, und was das heißt, wird in einer neuen, aber genauen Übersetzung des Gebotes deutlich: Lieben wirst du den Herrn, deinen Gott, mit deinem ganzen Herzen, mit deiner ganzen Seele und all deinen Gedanken – mit all deiner Kraft. Lieben wirst du den, der ein Mensch ist wie du – dein Bruder! Du wirst ihn lieben, wie du dich selbst liebst!« (nach Walter Jens).
»Lieben wirst du!« – Jesus traut uns, traut mir die Liebe zu, mutet sie mir zu. Das ist kein Ratschlag, kein Befehl, sondern ein einladendes Versprechen.
»Lieben wirst du deinen Gott!«
Wie – ich soll lieben können – dann auch noch Gott?
Ich soll Gott lieben können, der ich doch gar nicht sicher bin, ob es Gott gibt?
Ich soll Gott lieben können – wo er mir doch so wenig liebenswert vermittelt wurde, eher ein Ankläger, ein Nachspionierer, ein Überforderer als ein Liebhaber.
Ich soll Gott lieben können, wo ich doch gar nicht weiß, wie ich das tun kann?
Ja, so sagt Jesus: Ja, du wirst Gott lieben, und das von ganzem Herzen und mit allen inneren und äußeren Kräften. Mit allen Kräften bezogen sein auf den, der Gerechtigkeit will und Frieden, den Liebhaber des Lebens, auf ihn allein, gegen alle Beweise, daß Geld die Welt regiert, daß Gott zu lieben allenfalls eine Sache für fromme Stunden ist und sonst andere Spielregeln gelten.

Ja, sagt Jesus, trotz alledem wirst du Gott lieben. Und er begründet dies, indem er die Überlieferung von Gottes Zuwendung zitiert, und er bestätigt dies mit seinem eigenen Leben. In Jesus wird uns der liebenswerte Gott erkennbar, und in seinem Leben haben wir das Urbild dessen, was Gott zu lieben heißt.

Zum weiteren Verlauf

Im gleichen Dreischritt von Zumutung–Einspruch–Begründung der Zumutung möchte ich nun auch die beiden anderen Entfaltungen des Liebesgebots aufnehmen: die Nächstenliebe und die Selbstliebe.

Nächster werde ich dem, in dem ich den Bruder/die Schwester erkenne, der/die »ein Mensch ist wie ich«. Welche gesellschaftlichen und subjektiven Gründe dem entgegenstehen, wird erst in Konkretionen deutlich. Ich möchte nahe Nächste beispielhaft benennen: die Kinder und ferne Nächste, z.B. diejenigen, die den Kaffee produzieren, den ich trinke. Wie gelingt es uns und warum gelingt es uns nicht, Kinder zu lieben wie uns selbst? Das kann in Auseinandersetzung mit dem Gedicht von Erich Fried (siehe Kontexte) geschehen. Wer dieses Beispiel vertiefen möchte, kann auch Korczaks vier Grundrechte des Kindes bedenken zur Frage »Wie man ein Kind lieben soll«: Das Recht des Kindes, so zu sein, wie es ist; das Recht des Kindes, seine Gedanken auszusprechen und aktiven Anteil an unseren Überlegungen und Urteilen über seine Person zu nehmen; das Recht des Kindes auf den heutigen Tag; das Recht des Kindes auf seinen Tod. Im Kaffeebauern, der irgendwo in Costa Rica die Bohnen pflanzt und erntet, die ich trinke, möchte ich den entdecken, der von seiner Arbeit leben können möchte, wie ich, den, der seinen hungrigen Kindern zu essen geben und seinem kranken Kind den Arzt bestellen möchte, wie ich ...

Als Begründung der Zumutung dieser Liebe möchte ich darauf verweisen, daß das »Du« kein Individuum meint, sondern – übertragen – die Gemeinde, daß die Erfahrung von Gemeinde den langen Atem gibt, den es braucht, um gegen gesellschaftliche und tief sitzende Barrieren anzuleben, anzulieben.

Zur Selbstliebe möchte ich den Schwerpunkt auf die Möglichkeit legen, sein Ungeliebtsein auszusprechen und anzunehmen, um so die Gegenerfahrung machen zu können, angenommen zu werden als einer, der sich selbst nicht liebenswert findet.

Möglicher Schluß

Im Schlußteil soll aufgegriffen werden, daß im Doppelgebot verbunden wird, was wir oft als Alternativen auseinanderbrechen: Gottesliebe und Nächstenliebe, Nächstenliebe und Selbstliebe, Gottesliebe und Selbstliebe. Daß es zusammengehört, soll nicht nur behauptet werden, sondern dadurch sichtbar gemacht werden, daß eine Eigenschaft des Liebens durch alle drei Adressaten durchgespielt wird: das aufmerksame Zuhören (Gott

aufmerksam zuhören, einem Kind aufmerksam zuhören, auf die Mitteilungen des eigenen Körpers aufmerken). Andere Konkretionen könnten sein: Zeit haben für ..., ganzheitlichen Bezug riskieren (nicht nur die privaten Gefühle der Frömmigkeit; nicht ein fernes Bestes wollen für ein Kind, sondern sein heutiges Sein, wie es ist; die Schattenseiten der eigenen Person annehmen).
Als allerletzten Gedanken möchte ich die These wieder aufgreifen, daß dieses Gespräch Jesu eine Einladung ist, eine Werbung um die Liebe, die er uns zutraut. Diese Geschichte wirbt darum, daß wir die Zuschauerrolle in Sachen Liebe aufgeben und sie wagen, auf das Ziel zu, sie lernen zu können »von ganzem Herzen, von ganzer Seele, von ganzem Gemüt und mit allen Kräften«.

Kontexte

»Manche Menschen bringen es ein ganzes Leben lang nicht fertig, zu denken, geschweige denn zu sagen: ›Meine Mutter hat mich nicht geliebt‹ ... oder einfach: ›Ich bin ungeliebt‹, auch wenn sie so fühlen. Dieser eine Satz scheint so schrecklich, so vernichtend zu sein, daß er nicht einmal in der Stille innerer Zwiegespräche laut werden darf. Doch seine entscheidende Wahrheit drängt unentwegt in den Ausdruck. Das dumpfe Wissen um das eigene ›Ungeliebt‹ bahnt sich komplizierte Umwege ins Freie, weil der kürzeste Weg der klaren Aussage versperrt ist. Als psychologisch ›aufgeklärte‹ Menschen erzählen wir vielleicht ohne Hemmungen, daß wir als Kinder bei dieser oder jener Gelegenheit alleine gelassen, daß wir nicht verstanden wurden, daß die Eltern überlastet oder krank waren, daß enge religiöse Grundsätze sie ängstlich machten. ... Von Zeit zu Zeit wechseln die Argumente, mit denen wir unser fundamentales Unbehagen über uns selber erklären und loswerden wollen. Wie arme Seelen auf der Suche nach Erlösung schweifen wir unstet von Erklärung zu Erklärung. ... Nicht zudecken sollen wir die Wunde der Ungeliebten, sondern uns ihr zu-wenden und zu-neigen. Dann kann sie ... zur Quelle unserer Lebendigkeit werden..«
(Peter Schellenbaum: Die Wunde der Ungeliebten, 5. Aufl., Kösel-Verlag, München 1989, S. 11f., 16f.)

»Das Problem ist, daß Gott in der gelebten Form von Religiosität so weit verleumdet wird, daß er ein Gott wird, der vieles gegen die Liebe hat, gegen die Freiheit im Grunde auch, und daß die Selbstentfaltung stets als Egoismus definiert und Glück zugunsten von Opfer, Pflicht und Leistung tabuisiert wird. Das hat mit Gott nichts zu tun. In dieser Hinsicht stehen wir ganz am Anfang. Christus wollte, daß all dies einmal aufhört, denke ich.«
(Eugen Drewermann, Wort des Heils – Wort der Heilung, Bd. I, Düsseldorf 1988, S. 41).

Wichtige Impulse in: Heinrich Albertz (Hg.), Die zehn Gebote, Bd. 11: Du sollst Gott deinen Herrn lieben ..., Stuttgart 1989.

Es geht weiter

»Räum doch endlich die Rumpelkammer aus!« rief er.
»Wir versinken ja im Schmutz!«
(Kafka, Der Prozeß)

Die Kinder schreien noch immer
Wir werfen die Tür zu

Die Opferpriester
singen uns alte Lieder

Auf daß wir leben
müssen die Kinder sterben

irgendwo fern
in Bolivien und in Guatemala

in Jordanien und in Vietnam
Zwar glauben wir nicht an das Opfer

doch wir verhindern es nicht
solange wir hoffen

nicht weinen zu müssen
um unsere eigenen Kinder

(Erich Fried)

Erntedankfest

Predigttext: Lukas 12,13–21

Bodo Thiel

Theologisch-homiletische Skizze

1. Eine Stadtgemeinde am Erntedanktag, aber viele Bauern, Gärtner, Kleingärtner, dazu freiwillige Feuerwehr mit Musikzug und Schützenspielmannszug in bzw. vor der Kirche. Eine junge Stadt – vor rund 20 Jahren aus vier Dörfern gebildet und seitdem in die Feldmark dieser Dörfer hineingebaut. – Nach dem Gottesdienst Umzug zum Rathaus, dort Übergabe der Erntekrone, Ansprachen vom Bürgervorsteher oder Bürgermeister sowie vom Ortsbauernvorsteher und Schlußsegen vom Pastor.

Meine Erfahrung mit Lukas 12,13–21 – auch aus anderen Gemeinden: Der Text verdirbt schon beim Vorlesen vielen die Stimmung und damit die Bereitschaft, sich auf das weitere gottesdienstliche Geschehen einzulassen. Vor allem die Bauern fühlen sich nicht verstanden und von »der Kirche« ungerecht behandelt. – Als ich 1985 in diese Gemeinde kam, habe ich im Erntedankgottesdienst auf diesen Text verzichtet und das öffentlich begründet. Das führte zu einer deutlichen Entspannung im Verhältnis der landwirtschaftlich orientierten Gemeindeglieder zur »Kirche« – bis heute.

2. Mein eigenes spontanes Verhältnis zum Text: Ich ärgere mich immer wieder darüber – und weiß nicht genau, ob um meinetwillen oder um jener Bauern willen. Also: Schlechte Voraussetzung für einen Erntedankgottesdienst zum Text. – Mein Gefühl, mein Interesse bindet sich schnell an den Bauern im Gleichnis Jesu – nicht an den anderen Mann, der über Erbteilung mit Jesus reden will. Ich möchte mich in die Lebenslage des Bauern einfühlen, ohne ihn gleich als habgierig (Überschrift Verse 13–15) verurteilen zu müssen. – Auch die negative Beurteilung durch Vers 21 will ich noch nicht mitmachen.

So erscheint mir der Bauer im Gleichnis Jesu zuerst einmal als ein vernünftiger Mann, der sich über seinen Erfolg freut, Investitionen plant, Zukunftsvorsorge trifft und dabei ganz ruhig wird und innerlich frei für neue Einfälle. Da überfällt ihn der Gedanke an den eigenen Tod. Er gerät in eine Krise. Auf einmal kann sein Thema nicht mehr »Lebensplanung« sein, sondern: »Lebensplanung und Todesahnung«. Im Verlauf dieser Krise muß sich seine Bewertung und auch der Reiz materieller Lebenssicherung verändern.

3. Meine Identifikation mit dem Bauern im Gleichnis und meine Parteinahme für ihn – und für die Bauern heute – beeinflußt meine Arbeit mit dem Text. Ich verzichte auf Verse 13–15; und ich vermeide zuerst Vers 21. – Unabhängig vom Erntedankfest habe ich einen Abendmahlsgottesdienst zum Thema Lebensplanung und Todesahnung gehalten (Lk 12,16–21 und Ps 90). Meine Erfahrung: Vorsicht, daß daraus unter dem Todesschrecken keine Trauerfeier wird; und daß die Predigt keine pauschale Abwertung von Lebensplanung und Zukunftsvorsorge wird. Tendenz etwa: Lebensplanung trotz Todesahnung, wenn dadurch nicht die lebenswandelnde Kraft des Todesschreckens »entkräftet« wird. – Andererseits müßte vom Reichtum »eis theon« so positiv und praktisch geredet werden, daß der Todesschrecken selbst vermindert, verwandelt wird; und daß der Reichtum eis theon es sozusagen mit dem

anderen Reichtum aufnehmen kann, mit dem der Bauer vor seiner Krise glaubte, sein Leben sichern zu können. Was aber dieser andere Reichtum ist, wird nicht gesagt. – Die Schlußbewertung in Vers 21 wirkt wie eine Verurteilung und hilft nicht weiter.

4. Mein Bild vom erfolgreichen, vernünftig handelnden Bauern bekommt noch einen neuen Zug: Seine Krise – ausgelöst durch den Todesschrecken – ist eine Krise in seiner Beziehung zum Eigentum. Er hat nur für sich allein geerntet, urteilt Vers 21. Er kann nicht abgeben, austeilen; warum nicht, wird nicht gesagt. Er schafft es nicht, seine Habe zu dem zu gebrauchen, wofür sie gedacht ist: damit zu helfen, daß andere auch leben können, die Gemeinschaft von Menschen zu fördern, das natürliche Leben überhaupt zu schützen und zu erhalten. Er weiß nichts von der »sozialen Verantwortung des Eigentums« oder will davon nichts wissen – und ist darum einsam – im Gleichnis durch das Selbstgespräch Verse 17–19 angedeutet – und hat keinen Reichtum eis theon. Den erwirbt der Mensch nämlich durch seine liebevolle, opferbereite Mitwirkung bei der Erhaltung der Schöpfung Gottes.

Der Todesschrecken hat die Krise ausgelöst und wird – wenn der Bauer den nötigen Reifungsschritt tut – in dieser Krise selbst verwandelt zum Hoffnungsschimmer. – Am Ende wird der Bauer vielleicht sagen: Das hat Gott an mir getan. (Ps 103,1–4)

5. Todesahnung – Lebensplanung: Das Gleichnis Jesu schildert nur den inneren Vorgang bis zur Anfrage an den Bauern, bis zur Infragestellung seines bisherigen Daseins. Das »Motiv« der Lebenswandlung ist die plötzliche Todesahnung, oder: Der Beweggrund dafür, daß der Bauer vielleicht ein neues Verhältnis zu seinem Leben findet, ist Gott selbst. Neu wäre: Mein Besitz als das mir von Gott anvertraute und in der Mitwelt zu verteilende Gut – damit alle leben können. – Im Gleichnis bewirkt Gott selbst, daß der reiche Kornbauer bald auch reich eis theon werden kann. Ob es so weit kommt, bleibt offen. – Und ob »die soziale Verantwortung des Eigentums« und das darauf folgende praktische Sozialverhalten ausreicht, den Todesschrecken in Zukunft auszuschließen, wird auch nicht gesagt. Vielleicht fordert die Angst davor, das Leben hergeben zu müssen, noch eine andere praxis pietatis zu ihrer Überwindung.

Aufgabe wird es sein, in der bei uns gebräuchlichen Gottesdienstform die Spannung aufzufangen, die durch den volkskirchlichen, volksfestlichen Rahmen einerseits und das nachdenkliche, hinterfragende Gleichnis Jesu vom reichen Kornbauern gegeben ist. Dabei dürfen Texte (Gebete und Lesungen) und Lieder nicht so zusammengestellt werden, daß ein Gefühlsgegensatz zwischen der fröhlich singenden Gemeinde hier und nachdenklichen, kritischen, »traurigen« Pastoren »da vorne« entsteht. Kann das überhaupt gelingen?

Verlaufsskizze

Feuerwehrumzug:	Choräle vor der Kirche
Danach:	Glockenläuten
In der Kirche:	Orgelvorspiel, ggf. Chor
Bürgervorsteher/Bürgermeister:	Begrüßung der Gemeinde
Gemeinde Lied:	EKG 230, 1–3+7–8+12–13
	evtl. aufgeteilt: Gemeinde – Chor
Pastor (zum Altar)	Ps 145,15–16
(zur Gemeinde)	Ps 145,18
Kantorin/Gemeinde:	Kyrie

Pastor (zum Altar)	Ps 104,27–30
(zur Gemeinde)	Ps 104,33–34+35b
Kantorin/Gemeinde:	Gloria (EKG 131,1)
Pastorin/Gemeinde:	Salutatio
Pastorin:	Gebet
Gemeinde Lied:	EKG 495,1–4 »Wir pflügen und wir streuen«
Pastorin:	Lesung: Lukas 12,22–34
Gemeinde:	Credo
Gemeinde Lied:	EKG 236,1–2
Pastor:	Predigt: Lukas 12,16–21
Orgelmeditation zu EKG 234 oder Chor oder Gemeinde:	EKG 234,(1–2)3–4
Pastor:	Gebet
Gemeinde Lied:	EKG 346,1+4+8
Pastorin:	Abkündigungen
Gemeinde Lied:	EKG 187,1–2+5–7
Pastorin/Gemeinde:	Vater Unser
Pastorin:	Segen

Orgelnachspiel

Während des Orgelnachspiels wird die Erntekrone aus der Kirche getragen. Sie wird vor der Kirche auf ein Pferdefuhrwerk gesetzt, der Umzug zum Rathaus formiert sich.

Gebete

I. Mein Gott,
Urgrund allen Lebens,
Urquell aller Liebe,
schöpferische Kraft,
wir haben wieder geerntet,
haben zu essen und zu trinken,
leiden nicht Hunger und Durst,
wie viele auf dieser geschundenen Erde.
Wir danken Dir für das tägliche Brot.
Mach uns barmherzig für anderer Not,
dann müssen wir uns nicht fürchten
vor dem eigenen Tod.
Amen.

II. Mein Gott,
Du hast mir das Leben anvertraut,
damit ich mich daran erfreue
und es mit anderen teile zu ihrer Freude.
Du hast meinem Leben ein Ende gesetzt,
damit ich die Zeit nicht verschwende,
Dir danke für all meine Tage.
Du hast meinem Leben ein Ziel gesetzt:

reif zu werden zum Sterben
durch Glauben und schenkende Liebe.
Ich aber hänge am Leben
und möchte noch viel davon haben:
Das Ende ist mir zu nah,
das Ziel ist mir zu hoch;
hilf mir doch auf meinem Weg,
laß mich nicht allein.
Laß mich noch das Leben feiern
und Dir danken für all meine Tage,
Dich loben und preisen für Deine Liebe,
die Du mir geschenkt hast seit Jahren,
die Du mir anvertraut hast,
sie weiterzuschenken an Deine Geschöpfe.
Mein Gott, ich hoffe auf Dich.
Amen.

Zur Predigt

Liebe Gemeinde, heute, am Erntedanktag, begann unser Gottesdienst nicht erst in der Kirche; er begann schon draußen mit den Chorälen des Feuerwehrmusikzuges. Heute wird unser Gottesdienst auch nicht in der Kirche zu Ende gehen, sondern im Rathaus. Dahin bringen wir ja nachher bei unserem Umzug durch die Stadt diese Erntekrone. Da wird sie ein Jahr lang in der Eingangshalle hängen. Dort im Rathaus bitten wir nachher – nach den beiden Ansprachen von ... – noch einmal um Gottes Segen für unser Land, für unsere Stadt, für alle, die darin wohnen – und dann spielt der Feuerwehrmusikzug den letzten Choral: »Nun danket alle Gott mit Herzen, Mund und Händen, der große Dinge tut an uns und allen Enden«. Noch sind wir aber hier – in unserer Kirche. Hier haben wir Zeit, zur Ruhe zu kommen – nach der Arbeit dieser Woche und nach dem Trubel dieses Morgens. Wir haben gebetet, haben gesungen: »... alle gute Gabe kommt her von Gott dem Herrn, drum dankt ihm, dankt – und hofft auf ihn«; und wir haben gehört: »Sorgt Euch doch nicht um Euer Leben ...« und haben dabei vielleicht gedacht: Wenn das so einfach wäre!
Nun kommt meine Predigt – wieder Zeit zum Nachdenken über das Leben ... Meine Predigt hat vier Teile:

I. Erntedankfest
II. Eine Lebenskrise
III. Todesahnung und Lebensplanung
IV. Erntedank.

zu I. Ein Fest – zum Dank oder aus Dankbarkeit – Umzug, Ernteball, Jubel, Trubel, Heiterkeit ... – Wir haben geerntet oder haben ernten lassen – danken: wofür? wem? – auf die eigene Schulter klopfen – denen, die stellvertretend gesät und geerntet haben – »der Natur« – »dem Schöpfer« – für die Ernte. – EKG 235: »Der Herr hat Großes mir getan« – feiern wir *das*? oder: daß wir genug haben, mehr als genug, nie genug kriegen (können) – wir sind selbstverständlich wohl versorgt – soziales Netz und eigene Arbeit – vergessen vielleicht zu danken – wollen gern vergessen, was das Leben bedroht ... – Wir feiern das Leben und: daß wir noch leben dürfen.

zu II. Eine Frau – Geschäftsführerin im eigenen Betrieb – alleinstehend, ehrgeizig, erfolgreich, wohlhabend – einsam, ohne darunter zu leiden, einverstanden mit ihrem Leben. – Eines Abends in ihrer Wohnung der plötzliche Griff mit der Hand nach dem Herzen, Atemnot, Todesschrecken, Sterbensangst vor der Nacht – Abklingen, Beruhigung, aber innerer Kampf, Selbstgespräch:
»Ich will nicht sterben, will leben und meinen Erfolg genießen.«
»Du mußt jeden Tag daran denken, daß es auch der letzte sein kann.«
»Nein, das macht mich schwach – und das erinnert mich an damals, als ich todkrank war und schon aufgegeben war.«
»Leben ist nun mal nicht ohne Sterben, darum stirb, um zu leben.«
»Nein! Ich hab' schon einmal überlebt: gegen die Krankheit, gegen die Ärzte, gegen den Tod mein Leben behalten.«
»Und doch mußt Du eines Tages sterben – und daß Du sterben mußt, macht Dein Leben so schön.«
»Das ist ja schrecklich! Dabei hab' ich noch so viel vor, ich hab keine Zeit für den Tod.«
»Aber er hat Zeit für Dich.«
»Und was soll aus meinem Betrieb werden, aus allem, was ich aufgebaut, angeschafft und für die Zukunft geplant habe – gegen den Tod?«
»Du hast niemanden, für den, für die Du lebst und stirbst – nur Dich selbst!«
»Als ich so sterbenskrank war, habe ich gefühlt, wie mir das Leben weggenommen wurde. Es war schrecklich. Seitdem kämpfe ich um mein Leben – allein, für mich selbst – und lebe! Und hab' Erfolg, Gott sei Dank! – Und bin ganz allein mit allem, was ich kann und hab.«
»Muß das so bleiben?«
Sie überlebt die Nacht, den Todesschrecken. – Sie fragt, was sie krank gemacht hat, was sie in ihrem Leben anders machen muß. – Sie sagt schließlich: Gott sei Dank für diese Warnung, für dieses Leben.

zu III. Die Todesahnung verändert bei dieser Frau die Lebensplanung. – Aus »mein Leben« wird »meine begrenzte Lebenszeit« und: »mein mir anvertrautes Leben«, das ich zurückgeben muß – an den Tod, an Gott. – Das lockert, wenn's gut geht, die Bindung an Besitz und Erfolg. – Das Leben teilen, vom Eigentum verschenken wird reizvoll – weckt eine neue Art von Lebensfreude – und kann einüben in die letzte Rückgabe des anvertrauten Lebens.

Jetzt kann Lukas 12,16–20 erzählt werden, so etwa eingeleitet: »Es gibt bei Jesus auch so eine Geschichte, in der ein Mann von der Todesahnung überrascht wird und dadurch in eine Lebenskrise gerät. Sie handelt von einem Bauern – aber es könnte auch jemand anders sein, der mehr Gewinn gemacht hat, als er selbst zum Leben braucht. – Das Besondere an dieser Geschichte ist, daß Gott selbst in dem Mann die Krise auslöst. Das muß doch heißen, daß solche Krisen zwar wehtun, aber letztlich gut sind für uns: Sie machen uns reifer, lebensfähiger und hoffentlich ruhiger, wenn wir an das Ende unseres Lebens erinnert werden. – Lukas 12,26–20.«

zu IV. »Was sind das nur für Gedanken am Erntedanktag! Die passen doch nicht zu Jubel, Trubel, Heiterkeit! Das nicht, und doch kommen sie – auch an einem solchen Festtag.
Ich bin also nicht bei den Früchten des Feldes geblieben, die reif geworden sind und geerntet werden. Ich bin auf die Menschen gekommen, die reif werden sollen, bevor sie sterben müssen. Und ich bin auf Gott gekommen, der fragt: Du hast Zukunftspläne gemacht; hast Du dabei an Deinen Tod gedacht? Das hören wir nicht gern. Dabei geht es uns genau so wie den Früchten des Feldes: Reif geworden zur Fülle des Lebens, werden sie abgeerntet, herausgenommen aus dem Lebensstrom. Also: Fruchtbar leben heißt auch: reif werden zum Sterben, ja, reif werden, um getrost sterben zu können.
Getrost, getröstet, heiter sterben können – das wäre die größte Ernte des Lebens. Dankend sterben können – das wäre der größte Erntedank.
Was kann uns dazu helfen?
- daß wir schon jetzt jeden Tag so leben, als könnte er der letzte sein.
- daß wir schon jetzt anfangen, viel zu verschenken an die, denen es schlechter geht als uns.
- daß wir von jetzt an jeden Augenblick die Schönheit des Lebens aufsuchen, wo sie am Wege oder im Winkel blüht, sie sehen und lange mit Freuden betrachten und Gott dafür danken. Amen.

Antiphon zum Erntedankfest

Friedemann Gottschick

Sprüche zum Erntedankfest

Friedemann Gottschick

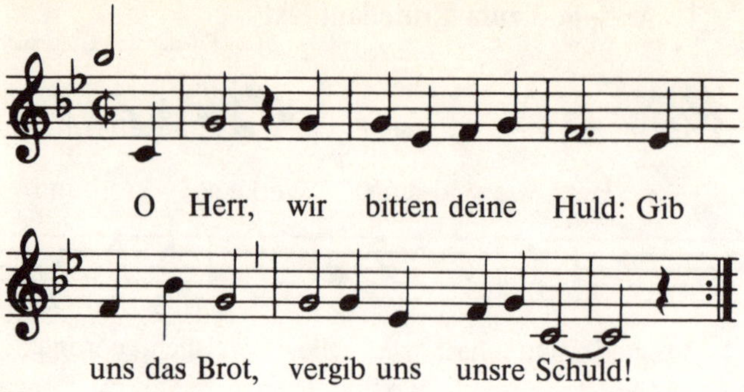
O Herr, wir bitten deine Huld: Gib
uns das Brot, vergib uns unsre Schuld!

So - lange die Er - de steht, soll nicht
aufhören: Saat und Ernte, Frost und Hitze, Sommer und Winter,
Tag und Nacht; soll nicht aufhören, so -
lange die Er - de steht.

20. Sonntag nach Trinitatis

Predigttext: Markus 10,2–9(10–16)

Martin Adam

Theologisch-homiletische Skizze

1. Es gibt m.E. keinen zwingenden Grund, die Verse 13–16 für die Predigt hinzuzunehmen. Die spätere Redaktion hat sie wohl mehr assoziativ angehängt (Ehe und Familie), sie sind aber einer eigenen Predigt (nicht nur bei Taufen) wert. – Die Verse 10–12 (Belehrung im Jüngerkreis) spiegeln die mit der Zeit veränderte Rechtslage nicht mehr der rein jüdischen, sondern nunmehr der hellenistisch-römischen Ehegesetzgebung wider; dort war es auch den Frauen erlaubt, sich vom Ehemann zu trennen, und diese Neuerung macht der außerpalästinischen Gemeinde so zu schaffen, daß sie sie zur Debatte stellt. Was Jesus in 2–9 zur gottgewollten Zusammenordnung von Mann und Frau sagt, gilt selbstverständlich auch für die neue Rechtslage. Aber ich entscheide mich dennoch gegen diese Verse, weil mit den Stichworten Wiederheirat und Ehebruch das Thema gottgewollte Bindung von Mann und Frau, Ehe, Scheidung überschritten wird. Ich werde Mühe genug haben, in der Predigt dieses eine Gebiet sorgfältig zu betrachten.

Es kann sein, daß die Gemeinde ebenso überrascht ist wie ich, daß an einem »normalen« Sonntag, also außerhalb des Traugottesdienstes, zum Thema Ehe gepredigt werden soll. Aber sie wird gespannt sein, was ihr Pfarrer/ihre Pfarrerin dazu zu sagen hat und wie er/sie Farbe bekennt.

2. Mk läßt die Pharisäer fragen, was damals längst positiv entschieden war: ob es erlaubt ist, eine Ehe zu scheiden. Die Antwort hat Deut 24,1ff. bereits gegeben. Der Mann durfte seine Frau entlassen (allerdings nur per Scheidebrief, d.h. durch eine Art notariellen Akt in geordneter Rechtsform), wenn er an ihr »etwas Anstößiges« gefunden hat. Die Rabbinen stritten heftig um den Begriff »anstößig«. Rabbi Schammaj faßte ihn streng: nur Unzucht. Hillel und Akiba dagegen sahen bereits Anstoß erregt, wenn die Frau das Essen anbrennen ließ oder eine andere Frau auftrat, die schöner war als die eigene (G. Voigt, Der schmale Weg, Göttingen 1978 S. 447). Allgemein »wird man sagen dürfen, daß es in der mischnischen Periode keine Ehe im jüdischen Volk gegeben hat, die nicht kurzerhand vom Mann in völlig legaler Weise ... hätte gelöst werden können« (Strack-Billerbeck I S. 319).

So kommt die Frage »der Pharisäer« in Wirklichkeit aus der Urgemeinde und zielt auf das grundsätzliche Verständnis der Partnerschaft zwischen Mann und Frau: Wie hat Gott sie eigentlich gemeint? Warum kommt es trotz Gottes Zusammenführung von Mann und Frau zu Ehekrisen und Scheidungen? Mk läßt Jesus so antworten, wie dieser selbst darüber gedacht haben wird: nicht kasuistisch und moralistisch, sondern seelsorgerlich und »prinzipiell«, d.h. zurückgehend auf das eigentliche, das schöpfungsgemäße Urverständnis jeder Partnerschaft in Gen 2. Auch die Aussage Jesu, das von Gott Zusammengefügte, das prinzipielle Füreinandersein von Mann und Frau, dürfe der Mensch nicht trennen, ist kein rigoristisch-moralistisches Verbot, das jede einzelne Partnerschaft und Ehe betrifft. Jesus verbietet damit nicht die längst legalisierte Ehescheidung (diese von G. Voigt treffend als »Notverband« der gegenseitig sich verletzenden Menschen bezeichnete Regelung), sondern er sieht in der von

Uranfang gültigen Zusammengehörigkeit von Mann und Frau das wunderbare Geschenk Gottes für den einsamen Menschen. Damit soll also nicht *dieser* Mann X mit *dieser* Frau Y auf ewig zusammengezwungen werden! Immer wird es auch Irrtümer und Verfehlungen der Partner geben bei dem Versuch, *ihr* gottgewolltes, entsprechendes Gegenüber zu finden, und das kann immer auch zu Trennungen führen. (Auch für die Partnerschaft muß die Methode von Versuch und Irrtum gelten.) Jesus vertritt also nicht in rechtlicher Abstraktheit und moralistischer Starre die Unauflöslichkeit jeder einzelnen Ehe (ist sie erst einmal geschlossen), sondern gibt Gottes Verheißung weiter, daß seine Schöpfungsordnung, die Partnerschaft, unauflöslich gilt – mag es den Menschen auch jeweils unglaublich schwer werden, diese Verheißung beglückend zu erfüllen.
In diesem Zusammenhang wirft E. Drewermann (in: Tiefenpsychologie und Exegese Bd. II, Olten 1985, S. 710f. z.St.) seiner römisch-katholischen Kirche vor, die Jesus-Worte aus Mk 10 rein formal auszulegen i.S. eines rigoros-moralistischen Verbotes, jede einmal geschlossene Ehe aufzulösen und gar eine zweite zu schließen. Diese Lehre trage zur Neurotisierung von Menschen bei und verfehle völlig den Sinn der Worte Jesu, die gerade »zu einer tieferen Beruhigung der Angst des menschlichen Daseins führen sollen«, indem sie aus »dem Glauben jenseits der Angst« gesprochen sind. Die römische Kirche lehre so, »weil man nicht die verhängnisvollen Möglichkeiten neurotischer Partnerbindungen zur Kenntnis nimmt, weil man nicht die unglückselige Psychodynamik kennt, die zwischen bestimmten Charakterstrukturen immer wieder zu den quälendsten Mißverständnissen und Zerwürfnissen führt« (Drewermann, a.a.O., S. 711).
3. Zur Predigt: Ich will eine seelsorgerliche Predigt halten. Deshalb greife ich zu Beginn die Lesung (Gen. 2) auf. Gottes gelungenster Einfall ist es, dem Menschen ein Gegenüber zu geben, mit dem er sich so ergänzt, wie es die zwei Hälften einer Kugel tun. »Ein Fleisch sein« übersetze ich mit »eine Lebenseinheit bilden« i.S. von »ganzer Mensch werden« (so G. Voigt, a.a.O., S. 446). Zwar halte ich die Ehe für die gelungenste Konkretion der göttlichen Schöpfungsordnung, aber was Jesus sagt, gilt auch für jede andere Partnerschaft, in der zwei Menschen versuchen, einander zu »ergänzen«.
Mit der Geschichte »Der Weißfisch und die Kaulquappe« blicke ich auf die, deren Beziehung unausweichlich scheitern mußte, weil ihre Möglichkeiten ausgeschöpft worden sind. Insgesamt aber zielt meine Predigt darauf, *die unausgeschöpften Möglichkeiten* jeder Partnerschaft zu suchen und wahrzunehmen. In den meisten Beziehungen ist immer noch mehr »drin«, wenn beide das wirklich wollen und nicht zu schnell aufgeben. Mit der Novelle »Das Netz« möchte ich das zeigen.

Vorschläge zur Liturgie

Eingangsspruch

Psalm 84, 6–8

Lieder

129; 181; 190; 231; 274

Lesung

1. Mose 2,1–8.15.18–24 (Lutherübersetzung)

Schlußgebet
Gott, wir preisen dich für die Schöpfung, die du uns gibst, damit wir leben. Laß uns erkennen, wie gut du es mit uns meinst, wie groß dein Vertrauen ist zu uns Menschen. Du willst, daß wir alles behüten und pflegen. Du willst, daß wir Beziehungen aufnehmen zu anderen Menschen und das uns von dir geschenkte Vertrauen in sie hineinlegen. Laß uns Partner sein, die dem anderen sehr weit entgegenkommen, ohne ihn zu beschämen, ohne ihn zu demütigen. Hilf uns, daß wir nicht zu früh aufgeben, weil wir meinen, der andere habe die Möglichkeiten unserer Beziehung verbraucht, vergeben, zerstört.
Gott, wir sehen, daß Beziehungen scheitern. Wir sehen, daß manche Trennungen unausweichlich sind, manche aber durch Irrtümer und Schuld geschehen. Laß uns nicht überheblich werden, weil es uns besser geht. Laß uns nicht selbstgerecht sein, sondern barmherzig, auch gegenüber dem, der seine Partnerschaft gefährdet durch Irrtum oder Schuld.
Herr, gib uns hellwache Sinne für die noch unausgeschöpften Möglichkeiten unserer Beziehungen. Weil wir dankbar sein können für deine gute Schöpfungsordnung, bitten wir dich, daß wir mehr Vertrauen haben und mehr Vertrauen schenken. Amen.

Vorschläge zur Predigt
Möglicher Predigtanfang
Vorhin hörten wir ein Stück aus der alten Schöpfungsgeschichte. Sehr bildhaft wird da erzählt, welche wunderbaren Einfälle Gott hat, um den einsamen Menschen Adam zu trösten. Zuerst bildet er die Tiere und führt sie der Reihe nach Adam vor – na, gut?, nein? Danach macht er aus Adams Rippe die Gefährtin des Mannes, die ihm entspricht, die Frau, sein menschliches Gegenüber, seine Partnerin zum Lachen, Lieben und Leben. Gottes allerschönster Einfall ist es also, der Mann und Frau so zusammenführt, daß sie sich ergänzen wie zwei Hälften einer Kugel, daß sie ein Leib und eine Seele werden, daß sie eine Lebenseinheit bilden, in der beide ganz Mensch sein können. Denn Alleinsein, das ist kein Leben. Wir sollen uns nach Gottes Willen einen Menschen als Gegenüber und glückliche Ergänzung suchen. Die grandiosen Berge oder das liebe Geld oder der treue Dackel sind da nur Ersatzbefriedigungen für das, was Gott mit seinem glücklichsten Einfall gemeint hat: daß wir nur mit einem anderen Menschen die Erfüllung finden, ganz werden. Aber das befiehlt uns Gott nicht, sondern er schenkt uns die Möglichkeit dazu.

Zum weiteren Verlauf
Aber die Paradiesgeschichte weiß noch mehr zu erzählen. Die Menschen müssen hinaus ins feindliche Leben, das sie bedrängt mit der Qual der Wahl, das sie ängstigst durch die verwirrend vielen Möglichkeiten, sich zu irren und das Glück zu verfehlen. Gerade in der Beziehung zweier Men-

schen ist so viel Ungewißheit und bleibt so viel Unglück möglich. Wo zwei zusammenleben wollen, können sie sich auch entzweien. Partnerschaften zerbrechen, Ehen werden geschieden, weil die sehnsüchtige Suche nach dem passenden Gegenüber mißlingt. Immer kann der Zufall, daß zwei Menschen sich begegnen, sich als Fügung oder als Unglück erweisen.
Der Predigtabschnitt für heute steht in Markus 10,2–9. Er berührt diese schmerzliche Tatsache, daß Beziehungen zerbrechen. (Text lesen)
Jesus antwortet in zwei Schritten. Zuerst: Mose legte mit der Scheidungserlaubnis eine Art Notverband bereit für die schmerzende Realität, daß Menschen sich aneinander reiben und sich auseinanderleben. Dann: Gott hat es von Anfang an ganz anders gemeint mit seinem glücklichsten Einfall (Gen 2). Dieses Geschenk gilt, auch wenn beim Unternehmen Partnersuche Konkurs gemacht werden müßte. Jesus erinnert an Gottes *An*gebot, macht aber kein *Ver*bot daraus: Dieser Herr X und diese Frau Y sollen aneinandergekettet bleiben – nur weil sie sich das Ja-Wort gaben, obwohl längst alles schrecklich schiefläuft. Jesus redet nicht dem toten Zwang das Wort, sondern ruft uns die unausgeschöpften Möglichkeiten jeder Beziehung ins Bewußtsein: Habt ihr alles probiert, was euer Zusammenleben noch hergeben könnte? Vielleicht ist doch noch viel mehr »drin«, als ihr ungeduldigen, stolzen, in eurer Selbstachtung verletzten Menschen im ersten Zorn wahrhaben wollt. Ist es wirklich so sonnenklar, daß ihr nicht so zusammenpaßt wie die zwei Hälften einer Kugel?
Aber Jesus kennt die Realität und die Menschen, wo es so viele unterschiedliche Hälften gibt, wie es Menschen gibt. Jesus weiß, daß es trotz des gutwillig gegebenen Ja-Wortes im Lauf der Zeit zu Zerrüttung und Trennung kommen kann: Die zwei Hälften sind zu ungleich, von Anfang an gewesen oder mit den Jahren geworden. Da will gerade Jesus das Ja-Wort nicht zur Zwangsjacke machen! Es gibt ja in vielen Partnerschaften den sogenannten »Scheren-Effekt«; zwei Menschen leben sich unausweichlich auseinander. Beispiel: Wolf Dietrich Schnurres Geschichte vom Weißfisch und der Kaulquappe:
Eine Kaulquappe hatte einen Weißfisch geehelicht. Als ihr Beine wuchsen und sie ein Frosch zu werden begann, sagte sie eines Morgens zu ihm: »Martha, ich werde jetzt bald meiner Berufung aufs Festland nachkommen müssen; es wird angebracht sein, daß du dich beizeiten daran gewöhnst, auf dem Lande zu leben.« – »Aber um Himmels willen!«, rief der Weißfisch verstört, »bedenke doch, Lieber: meine Flossen!, die Kiemen!« Die Kaulquappe sah seufzend zur Decke empor: »Liebst du mich, oder liebst du mich nicht?« – »Ei aber ja«, hauchte der Weißfisch ergeben. »Na also«, sagte die Kaulquappe –
Keine Macht der Gewohnheit, kein als Drohung mißverstandenes Bibelwort darf zwei Menschen aneinanderketten, deren Partnerschaft ganz entleert ist oder zum gegenseitigen Überlebenskampf verkam.

Ganz im Sinne von Gottes Schöpfungsordnung setzt Jesus aber darauf, daß wir unsere »bessere Hälfte« geduldig suchen und, ist sie gefunden, möglichst lange mit Gottes Augen ansehen: als Geschenk und Lehen, das wir »auswickeln« und entdecken dürfen. So verstanden freue ich mich, wenn mein Gegenüber selbständig und gleichberechtigt auftritt. Partnerschaft und Ehe bedeuten nicht Anpassung oder gar Unterordnung i.S. einer Aufgabe der Persönlichkeit. Glücklich, wer sich den Blick erhält für die noch unausgeschöpften Möglichkeiten der Beziehung; damit Gottes herrlichster Einfall im konkreten Einzelfall nicht verspielt wird. Oft läßt sich mit liebevoller Geduld die eine Hälfte mit der anderen aufs engste zusammenfügen, für immer.

Möglicher Predigtschluß
Aber wie weit soll denn unsere Geduld gehen bei dem Versuch, die Möglichkeiten z.B. der Ehe auszuschöpfen? Werner Bergengruen schrieb die Novelle »Das Netz«; sie zeigt, wie unglaublich weit ein Mensch in seiner Liebe gehen kann – damit die Liebe siegt und die Trennung nicht geschieht: »In einem italienischen Fischerdorf auf einer Insel gilt das ungeschriebene Gesetz: Eine Frau, die des Ehebruchs überführt ist, wird von einem hohen, schwarzen Felsen in den Tod gestürzt. Wieder einmal haben Männer des Dorfes eine Frau beim Ehebruch ertappt. Der beschuldigten Frau wird eine knappe Frist gewährt, in der sie ihren Mann ein letztes Mal sprechen darf. Aber der Mann ist nicht zu Hause und kommt auch bis zum Ablauf der Frist nicht zurück. So wird das Urteil erbarmungslos vollstreckt. Am anderen Tag sehen die Richter die Frau unversehrt am Herd ihres Hauses arbeiten. Staunen packt die Dorfbewohner, als der Mann der Geretteten erzählt, er habe um die Tat seiner Frau gewußt, sei deswegen hingegangen und habe tief unter dem Felsen ein Netz gespannt. Dieses habe seine Frau sicher aufgefangen. In der allgemeinen Unschlüssigkeit wird die Markgräfin zur Entscheidung herbeigerufen. Ihr Urteil: Die Frau darf weiterleben. ...« (W. B., Das Netz, Zürich 1966[7])

Ich höre aus dieser schier unglaublichen Liebesgeschichte Gottes reines Evangelium heraus, nämlich das Angebot, seinen glücklichsten Einfall für uns einsame Menschen zu retten, über die selbstgezogenen Grenzen hinweg. Weil Mann und Frau einfach zusammengehören, darum hat die Liebe so unausschöpflich viele Möglichkeiten.

Kontexte

Im bürgerlichen Jahrhundert (sc. dem 19.) blieb die Frau überall in der westlichen Welt praktisch das bewegliche Eigentum ihres Vaters und später ihres Ehegatten. ... Der »Matrimonial Causes Act« von 1857 gab dem Mann, der seine Frau loswerden wollte, das Recht, die Scheidung einzureichen, wenn sie Ehebruch beging; die Frau mußte demgegenüber außer dem Ehebruch noch irgendeine weitere gravierende

Verfehlung ihres Partners, wie Grausamkeit, Vergewaltigung oder Sodomie, geltend machen. ... Fast ausnahmslos stand die Frau unter dem Zeichen des von Markus überlieferten Jesuswortes, daß in der Ehe das Paar »ein Fleisch« werden solle; wenn der Mann die Erklärung abgab »meine Frau und ich sind eins«, pflegten die Frauen im 19. Jahrhundert zu sagen »und ich bin er«. In England war diese Anschauung fest im Gewohnheitsrecht verankert, das allenthalben gute Argumente bot, warum Frauen keine eigene Erbschaft verwalten, nicht in eigener Sache vor Gericht auftreten, kein eigenes Bankkonto eröffnen und nicht auf eigene Verantwortung Schulden machen konnten. (Peter Gay, Erziehung der Sinne. Sexualität im bürgerlichen Zeitalter. München 1986, S. 192f.)

Zu Lehen: Ich bin nicht mein, du bist nicht dein. / Keiner kann sein eigen sein. / Ich bin nicht dein, du bist nicht mein. / Keiner kann des andern sein. / Hast mich nur zu Lehn genommen, / hab zu Lehn dich überkommen. / Also mags geschehen: / Hilf mir, liebstes Lehen, / daß ich alle meine Tage / treulich dich zu Lehen trage / und dich einstens vor der letzten Schwelle / unversehrt dem Lehnsherrn wiederstelle. (W. Bergengruen)

Einheit in der Ehe wird nicht dadurch geschaffen, daß man ständig einander ins Gesicht schaut, sondern dadurch, daß man zusammen in die gleiche Richtung schaut. (A. de Saint-Exupéry)

Jeder Mensch ist eine andere Welt; da hilft nur eins: die Brücke der Liebe. (Albrecht Goes)

Es gibt nichts Dümmeres als dieses Gerede vom Opfer. Es ist gerade, als sei ein Opfer nur dann etwas wert, wenn es recht lästig ist ... Zum Teufel. Wenn euch ein Opfer Schmerz bereitet und keine Freude, so bringt es nicht; ihr seid dessen nicht würdig. Wenn ihr nicht das Glück empfindet, das darin liegt, sich hinzugeben, so schert euch zum Teufel! Ihr verdient nicht zu leben. (Romain Rolland)

In der Verzeihung des Unverzeihlichen ist der Mensch der göttlichen Liebe am nächsten. (Gertrud von Le Fort)

21. Sonntag nach Trinitatis

Predigttext: Matthäus 5,38–48

Richard Hilge

Theologisch-homiletische Skizze

Ungeachtet der verschiedenen Deutungsversuche zur Bergpredigt insgesamt möchte ich in der Predigt zunächst einmal die einzelnen Aufforderungen des Textes aus ihrer Zeit heraus erklären. Das Buch von Pinchas Lapide »Die Bergpredigt – Utopie oder Programm?« hat mir sehr dabei geholfen. Ich habe für die Predigt eine Reihe von Gedanken und Formulierungen von Lapide übernommen. – Folgende Schwerpunkte sind mir wichtig:

1. Der Gedanke der Nachahmung Gottes

Die jüdische Tradition hat aus der Lehre der Ebenbildlichkeit eine Lehre von der Nachahmung Gottes entwickelt. Im Bild Gottes geschaffen zu sein bedeutet, an Gottes Macht Anteil zu haben und das Gegebene transzendieren zu können. – Ich habe gelernt, daß an Gott glauben heißt, daß alle Kraft bei ihm und alle Schwäche bei mir ist. Heute denke ich, daß an Gott glauben auch heißt, an seiner Kraft Anteil bekommen; und daß an Gottes Liebe glauben heißt, zur eigenen Liebe befreit werden. Darum werden die Jünger, die glauben, daß Gott seine Sonne über Böse und Gute aufgehen läßt, zur Feindesliebe aufgefordert. Darüber hinaus bedeutet Vers 45b für mich, daß Gott seine Sonne auch über das Böse und das Gute *in mir* aufgehen läßt.

2. Versöhnlicher Umgang mit dem Feind

Jesu Gebot der Feindesliebe bedeutet nicht, daß man seinen Feind auch noch sympathisch finden, wohl aber, daß man ihn durch versöhnliches Tun zur Einsicht bringen soll, damit der Feind es nicht mehr nötig hat, Feind zu sein. Feindesliebe ist vernünftig. – Feindesliebe setzt allerdings einen Feind voraus. Vermutlich haben wenige Gottesdienstbesucher einen persönlichen Feind. Gerade sie vermeiden nach Möglichkeit jeden offenen Konflikt, indem sie Widersprüche verschleiern und sich selbst dadurch unangreifbar machen. Hier möchte ich Mut machen, offen und versöhnlich miteinander zu streiten.

3. Der Schwächere kann die Verhältnisse ändern

Jesus traut den kleinen Leuten zu, daß sie die Verhältnisse ändern können. Sie, denen man es ausgetrieben hat, an ihre eigenen Möglichkeiten zu glauben, sind stark genug, den Kreislauf von Unrecht und Gewalt zu durchbrechen. Eine Ermutigung für unsere Gottesdienstbesucher! Weist dieser Gedanke auch daraufhin, daß den schwachen Seiten in uns mehr Bedeutung zukommt als den starken, wenn es darum geht, versöhnlich zu handeln?

4. Privates und Politisches sind nicht zu trennen

Es geht in unserem Text meines Erachtens nicht nur »um soziales Verhalten im Nahbereich auch gegenüber sozialen Feinden« (W. Stegemann). Das neue Verhalten, das in unserem Text gefordert wird, stellt auch geltende Herrschaftsstrukturen infrage. Zwischen Resignation und Gewaltanwendung geht Jesus einen dritten Weg, der die Unrechtsstrukturen verändert. »Privates und Politisches darf man bei Jesus nicht trennen« (Franz Alt).

Dieser Gedanke kommt auch in der Vollkommenheitsforderung zum Ausdruck (Vers 48). Im Semitischen bedeutet das Wort für »teleios« soviel wie: Ganz sein, ungebrochen, ungeteilt sein zwischen Reden und Tun, zwischen einem privaten Bereich, in dem die Liebe zählt, und einem öffentlichen, in dem die üblichen Machtstrukturen gelten. – Leider ist es mir nicht gelungen, in der Predigt auch nur annähernd so konkret zu werden, wie die Beispiele in unserem Text konkret sind.

5. Jesus und die Feindesliebe

Im AT gibt es kein Gebot, das den Feindeshaß vorschreibt. Vers 43 enthält eine antijüdische Polemik des Endredaktors des Matthäusevangeliums. Im AT werden Hilfe und Schonung für den Feind geboten, das Gebot der Feindesliebe dagegen geht auf Jesus zurück. Er hat es vorgelebt, hat es bewahrheitet.

Wie gut, daß ich mit den radikalen Forderungen, die dieser Text an mich richtet, nicht allein gelassen werde, sondern daß mich diese Forderungen umso tiefer an Jesus verweisen, je ernsthafter ich sie zu erfüllen versuche.

Vorschläge zur Liturgie

Eingangsspruch

»Die Güte des Herrn ist's, daß wir nicht gar aus sind, seine Barmherzigkeit hat noch kein Ende, sondern sie ist alle Morgen neu, und deine Treue ist groß.« Klagel. 3,22f.

Sündenbekenntnis

Einer offenen Feindschaft
gehen wir am liebsten aus dem Weg.
Wir möchten Widersprüche verschleiern,
möchten ungelöste Probleme verdrängen
und strittige Punkte ausklammern.
Denn irgendwie müssen wir doch miteinander auskommen.
Aber so denkst du, Jesus, nicht.
Du sagst: »Liebet eure Feinde.«
Wir bitten dich, gib uns dazu die Kraft,
nicht daß wir unseren Feinden gleich um den Hals fallen,
wohl aber daß wir versöhnlich mit ihnen umgehen
und daß wir uns so mit ihnen auseinandersetzen,
daß kein Bruch, sondern daß eine Brücke daraus wird.
Hilf uns, so zu leben,
daß unser Feind es nicht mehr nötig hat, unser Feind zu sein.

Gnadenspruch

»Gott läßt seine Sonne aufgehen über Böse und Gute und läßt regnen über Gerechte und Ungerechte.«

Schlußgebet

Gott, du läßt deine Sonne aufgehen
über Böse und Gute,

auch über das Böse und Gute in uns.
Über alle unsere Trennungen hinweg
bist du ein liebender Gott.
Nimm die Angst aus unseren Herzen,
und wir werden auch jene lieben,
die anders denken und leben als wir.
Und wem wir selbst das Leben schwer machen,
den laß doch erkennen,
wie schwach und ängstlich wir in Wirklichkeit sind.
Laß uns den Hunger eines Fremden ebenso wichtig nehmen
wie das Bedürfnis nach eigener Sicherheit.
Laß uns glauben,
daß wir Menschen einander Schwester und Bruder sein können,
aber daß es uns so lange nicht gelingt,
wie wir bewaffnet voreinander stehen.
Laß uns trennende Mauern einreißen,
aber laß uns schützende Grenzen respektieren.
Schenke Vertrauen, wo das Mißtrauen alles vergiftet.
Gib Liebe, wo Angst herrscht.
Wecke Hoffnung, wo sich Resignation breit macht.

Lieder
EKG 346,1+4; 207,1+3; 231,1–7; 246; 139

Vorschläge zur Predigt
Möglicher Predigtanfang
Es war eine schlimme Welt, in der Jesus lebte. Terror und Angst gehörten zur Tagesordnung, und die Willkür der römischen Besatzungsmacht war zermürbend. Nur den jüdischen Großgrundbesitzern ging es einigermaßen gut. Mit Hilfe einer korrupten Justiz gelang es ihnen, den Besitz von hochverschuldeten Kleinbauern billig aufzukaufen. Meistens verpachteten sie das Land dann wieder für unverschämtes Geld an seine früheren Besitzer, oder sie stellten diese auf ihrem ehemals eigenen Grund und Boden als Fronarbeiter ein.
Die Juden reagierten auf diese bedrückende Situation unterschiedlich. Viele hatten längst resigniert. Bei ihnen drehte sich eigentlich alles nur noch ums nackte Überleben. Eine kleine Grupe dagegen, bestehend aus Überläufern und Kollaborateuren, stieß sich am Elend vor allem der kleinen Leute gesund. Und wieder andere waren um keinen Preis bereit, auf Recht und Freiheit zu verzichten. Die Bewaffneten unter ihnen, sie nannten sich Zeloten, d.h. »Eiferer«, führten im Namen Gottes gegen die Römer einen Guerillakrieg.
Jesus selbst war kein Zelot. Er verhielt sich jedoch nicht passiv. Im Gegenteil: Er übte öffentlich an den Mißständen Kritik und er war ganz eindeutig

für Freiheit. Aber er war gegen jede Waffengewalt. Jesus lebte einen dritten, einen neuen Weg des Miteinander-Umgehens. Er übte ein Verhalten, das sich nicht dem Unrecht beugt, das aber auch nicht zur Gewalt greift. – Wie dieser dritte Weg aussehen könnte, macht unser Text an drei Beispielen aus dem Alltag deutlich.

Zum weiteren Verlauf
1. Beispiel: Ein hochverschuldeter Tagelöhner besitzt am Ende nur noch einen Mantel, mit dem er sich in der Nacht auch zudecken muß, und einen Rock, ein Untergewand. Weil es aber auch Gott betrifft, wenn ein Armer in seiner Würde verletzt wird, darum garantiert ein biblisches Minimalrecht dem Armen den Besitz des Mantels wenigstens für die Dauer der Nacht (Ex 22,25).
Jesus sagt: Wenn aber ein Großgrundbesitzer trotzdem so hart ist, daß er dem verschuldeten Tagelöhner buchstäblich das letzte Hemd vom Leib wegverpfänden will, dann soll der Tagelöhner auf sein Minimalrecht verzichten und ihm auch noch den Mantel lassen. – Warum redet Jesus nicht dem reichen Arbeitgeber ins Gewissen? – Jesus ist der Überzeugung, daß ein derart gnadenloser Ausbeuter, wenn überhaupt, dann nur noch durch die Großmütigkeit eines Unterlegenen zur Einsicht zu bringen ist.
2. Beispiel: Jeder römische Legionär hatte das Recht, einen vorübergehenden Juden eine Meile lang als Lasttier zu mißbrauchen. Jesus sagt: Geh freiwillig mit ihm zwei, vielleicht entwickelt sich zwischen euch während der zweiten Meile ein gutes Gespräch.
3. Beispiel: Auf die rechte Backe kann man jemandem eigentlich nur mit dem Handrücken schlagen. Das galt als besonders demütigend und kostete die doppelte Summe an Wiedergutmachung wie bei einer gewöhnlichen Ohrfeige. Jesus sagt: Wenn Dich jemand zu Unrecht demütigt, dann sollst Du nicht nur auf Wiedergutmachung verzichten, sondern ihm auch noch die linke Backe hinhalten. Deine Menschlichkeit wird Deinen Gegner überwältigen.
Jesus traut es den kleinen Leuten zu, daß gerade sie den Teufelskreis von Haß und Gewalt durchbrechen können. Sie, denen man es ausgetrieben hat, an ihre eigenen Möglichkeiten noch zu glauben, sie sind die eigentlich Freien. Darum sollen sie den ersten Schritt tun auf den Lieblosen zu, der möglicherweise einmal so bitter enttäuscht wurde, daß er seitdem nicht mehr zu lieben wagt. Und nun wartet er auf einen Anstoß. »Versucht es doch einmal«, höre ich Jesus sagen, »was habt Ihr denn schon zu verlieren? Eine halbe Stunde Fußmarsch, einen Mantel zum Zudecken, ihr riskiert vielleicht eine Ohrfeige. Gewinnen aber könnt Ihr einen Mitmenschen, vielleicht sogar einen Freund.«
An dieser Stelle unterbreche ich die Erklärung des Textes und gehe auf die Situation unserer Gottesdienstbesucher ein. Vermutlich leidet kaum einer von ihnen unter offener Gewalt. Nur wenige können sich noch an ihre

letzte Ohrfeige erinnern. Trotzdem geht Jesus davon aus, daß wir Feinde haben; Menschen, von denen wir uns hart abgrenzen möchten, deren allzu spürbare Nähe uns unerträglich ist, die uns einmal verletzt haben; aber auch Menschen, denen wir das Leben schwer machen.
Jesus sagt nicht: Vermeidet so etwas Unangenehmes, verschleiert die Widersprüche, verdrängt die ungelösten Probleme, klammert die strittigen Punkte aus. Solche Sätze passen nicht in den Mund Jesu. Er sagt: »Liebt eure Feinde ...!« – Aber wer kann das schon! Ist Feindesliebe nicht doch ein sittliches Ideal, das für gewöhnlich Sterbliche zu hoch ist?
Die Beispiele in unserem Text wollen sagen: Feindesliebe heißt nicht, den Feind sympathisch finden. Feindesliebe im Sinne Jesu heißt: Kleine Schritte tun, die vernünftig sind, damit der Feind es nicht mehr nötig hat, ein Feind zu sein. Feindesliebe im Sinne Jesu heißt auch: Sich um den Feind mühen und so mit ihm streiten, daß aus dem Streit kein endgültiger Bruch, sondern eine Brücke wird. – Feindesliebe ist Lebensklugheit. Wer nur auf seinen Feind starrt, wird selbst zum Feind.
Das gilt auch für den politischen Bereich. Noch immer leben wir in einer Welt, in der es pro Kopf mehr Sprengstoff als Nahrungsmittel gibt. Und obwohl die Zeichen weltweit auf Abrüstung stehen, sind die Summen, die für Rüstung ausgegeben werden, die gleichen wie in den Jahren zuvor. – Politiker sagen: Man kann nicht mit der Bergpredigt regieren. Ich halte es mit Franz Alt, der der Überzeugung ist, daß man heute nur noch mit der Bergpredigt regieren kann. »Wer sich auf die Bergpredigt einläßt, beginnt zu ahnen, daß hier das Ende der Angst und der Anfang der Freiheit auf ihn warten« (Franz Alt »Frieden ist möglich«, S. 104).
Die Jünger sollen mit diesem neuen Verhalten beginnen, so wie Gott mit dem Lieben angefangen hat; denn »er läßt seine Sonne aufgehen über Böse und Gute ...!« Von diesem bedingungslos liebenden Gott sollen die Jünger sich lieben lassen und dann seine Liebe in die Welt hineinleben. »Damit ihr Kinder seid eures Vaters im Himmel«, wörtlich: Damit ihr Nachahmer, Nachfolger, Mitarbeiter eures Vaters im Himmel seid. »Ihr sollt vollkommen sein, so wie euer Vater im Himmel vollkommen ist.!« D.h. ihr sollt in eurer Liebe ganz sein, ungebrochen, ungeteilt zwischen Reden und Tun, zwischen Freund und Feind, zwischen Leib und Geist; eine Forderung, die sowohl die Unbedingtheit der Liebe zum Ausdruck bringt als auch ihre Unteilbarkeit. Ihr sollt in eurer Liebe ganz sein, wie auch Gott in seiner Liebe ganz ist.

Möglicher Schluß
Es geht Jesus um das Tun. Er selbst hat diesen Text vorgelebt. Er hat ihn bewahrheitet. Er blieb gewaltlos, als er verhaftet wurde. Um Blutvergießen zu vermeiden, nahm er alle Schuld auf sich. Er schlug nicht zurück. Als er am Kreuz hing, tröstete er noch, und sterbend betete er für seine Feinde. Es ist, als verdichte sich das gesamte Leben Jesu in diesem Text.

Ein unbequemer Text, der mich einerseits auf meine Möglichkeiten stößt, der mich aber andererseits auch an meine Grenzen bringt. Ich komme neu ins Fragen: Wer bin ich, daß Jesus mir zutraut, ich könnte in einer Welt von Unrecht und Gewalt entscheidend mit dazu beitragen, daß aus Feinden gute Nachbarn, vielleicht sogar gute Freunde werden? Und wer ist Jesus für mich, daß ich mir wieder einmal so viel von ihm zutrauen lasse? Je ehrlicher ich die Forderungen dieses Textes zu leben versuche, desto wichtiger wird ER für mich. ER, der mir auf dem Weg der Versöhnung nicht nur mit seinem Beispiel vorangeht, sondern der mir auch Anteil gibt an seiner Kraft.

Alternativvorschlag

a) Zwischen die beiden Abschnitte des möglichen Schlusses könnte folgender Bezug auf die Zerstörung Jerusalems im Jahre 70 n. Chr. eingeschoben werden:
Und was hat sich durch das Beispiel Jesu geändert? – Nicht lange nach seinem Tod erhoben sich die Juden gegen die römische Besatzungsmacht. Statt so zu handeln, wie Jesus es ihnen vorgelebt hatte, wurde ihnen die Verlockung der Gewalt zum Verhängnis. In ihrem Freiheitsdrang kämpften die Juden bis zum Letzten. Hätten sie dem gewaltlosen Friedensstifter Jesus geglaubt, wäre Jerusalem vielleicht nicht zerstört worden; es wäre nicht zu den Massenkreuzigungen gekommen; und den Juden wäre diese furchtbare Katastrophe im Jahre 70 n. Chr. erspart geblieben.
b) Den Gedanken der Feindesliebe im politischen Bereich entsprechend der aktuellen, politischen Situation konkretisieren. Z.Zt. würde ich auf den Widerspruch hinweisen, daß sich zwar der Natogipfel in seiner Londoner Erklärung dazu bekannt hat, aus ehemaligen Gegnern Partner zu machen, aber daß trotzdem das Milliardenprojekt Jäger 90 weiterentwickelt wird.

Kontexte

»Dein Mitmensch, wie groß, brutal oder rücksichtslos er dir auch erscheinen mag, (ist) genauso schwach, gebrechlich, hinfällig und allen Ängsten des Lebens ausgesetzt wie du selbst. Dieses Sein-wie-du entwaffnet also jedwede Angst ... Sobald aber der Angst der Boden entzogen wird, wird auch der Haß, der fast immer einer unterschwelligen Angst entspringt, gegenstandslos und hinfällig. Und sobald Angst und Haß verschwunden, dann erst öffnen sich die Tore des Herzens für die unbehinderte, freie Nächstenliebe.« (Martin Buber in Pinchas Lapide: Die Bergpredigt – Utopie oder Programm?, 1982, S. 87)

»Seid ganz (Mensch) wie euer Vater im Himmel ganz (Gott) ist.« (Pinchas Lapide, s.o., S. 123)

»Man soll die Feinde lieben, nicht weil sie schon Brüder wären, sondern damit sie Brüder werden.« (Augustinus in Franz Alt: Frieden ist möglich, 1983, S. 108)

»Angesichts der nuklearen Waffen und der internationalen Verflechtungen glaube ich tatsächlich, einmal kommt es soweit, daß es Common sense wird, die linke Backe hinzuhalten; denn wenn dann nicht jemand die linke Backe hinhält, werden uns über kurz oder lang überhaupt keine Backen bleiben, weder rechts noch links.« (Bischof Guazelli in Franz Alt, s.o., S. 85)

»Wir sollten überdies unseren Verfolgern Gutes erweisen, für unsere Feinde beten. Muß so ein naturvergewaltigender Anspruch als allgemein bindend gelten? Darauf kann man nur das Banalste sagen: Daß es nur sehr wenige gibt und je geben wird, die dieser Aufforderung wirklich gewachsen sind, ist sicher; auf den Schultern dieser wenigen beruht aber das Gebäude unserer Zivilisation, und das Geringe, wozu wir fähig sind, verdanken wir ihnen.« (Leszek Kolakowski in Pinchas Lapide, s.o., S. 101f.)

Dieses Zitat von L. Kolakowski widerspricht zwar dem Inhalt meines Predigtentwurfs, aber es hat mich seit dem ersten Lesen nicht wieder losgelassen.

22. Sonntag nach Trinitatis

Predigttext: Matthäus 18,21–35

Okko Herlyn

Theologisch-homiletische Skizze

Der Text hat die Frage nach Schuld und Vergebung zum Thema, und zwar unter zwei verschiedenen Aspekten. Hebt der Vorspann des Gleichnisses (Vers 21f.) auf die Frage nach der Häufigkeit und die damit offensichtlich intendierten Grenzen der Vergebungsbereitschaft ab (»Herr, wie oft soll ich meinem Bruder vergeben?«), so geht es in dem Gleichnis selbst und seiner Deutung (Verse 23–35) um die Notwendigkeit der Vergebungsbereitschaft überhaupt (»... wenn ihr nicht jeder seinem Bruder von Herzen vergebt«). Da Vorspann und Gleichnis weder quellenmäßig ursprünglich zusammengehören (der Vorspann ist eine matthäische Verarbeitung des auch in Lukas 17,3f. vorkommenden Spruchguts, das Gleichnis einer nur Matthäus zugänglichen Sondertradition entnommen), noch inhaltlich stringent verbunden sind, scheint es legitim, sich in der Predigt auf einen der genannten Aspekte zu beschränken und also den Text entsprechend neu abzugrenzen. Ich entschließe mich hier für das Gleichnis.

»Schuld und Vergebung«. Es hat schon eine merkwürdige Bewandtnis mit diesem Thema. Einerseits gehört es scheinbar selbstverständlich in den traditionellen Horizont des christlichen Glaubens, zumal es im Gottesdienst (Sündenbekenntnis und Gnadenzuspruch, Credo, Vaterunser, viele Choräle) seinen angestammten liturgischen Platz hat. Andererseits ist es der alltäglichen Erfahrung des einzelnen Christen fast gänzlich entrückt: Wo empfinde ich schon einmal ein wirkliches Schuldig-Sein? Wo habe ich schon einmal wirkliche Vergebung erfahren oder gewährt? Fehler, Schwächen, kleinere Irrwege – ja. Aber: Schuld? Und umgekehrt: Verzeihen, Nachsicht üben, Milde walten lassen – ja. Aber: Vergebung? »Schuld und Vergebung« – ein fast ikonenhaft-kryptisches Thema, entrückt in den Elfenbeinturm der Liturgie, in den Niederungen des Alltags indessen rasch in seiner Bedeutung verblassend.

Der Grund für diesen merkwürdigen Hiatus liegt offenkundig in einem notorischen Verdrängungsvorgang, demzufolge wir uns grundsätzlich mindestens schwer tun, Schuld überhaupt zu erkennen, geschweige denn anzuerkennen. Dieser Vorgang ist bekanntlich nicht neu und in der Bibel häufig belegt (zum ersten Mal bereits in Genesis 3). Selbst in unserem Text tritt er zutage, und zwar in der verblendeten Bitte des Knechtes um Aufschub (Vers 26). Der Kontext des Gleichnisses (die »Gemeindeordnung«) macht indes deutlich, daß das Thema »Schuld und Vergebung« wenigstens für Matthäus *inmitten* der Wirklichkeit, *inmitten* der alltäglichen Erfahrungen und Konflikte der Gemeinde seinen Ort hat; »das scheidet sie von den üblichen Volkskirchen mit ihren allsonntäglichen Sündenbekenntnissen« (E. Schweizer, NTD 2, Göttingen 1973, S. 243). In seiner Sprödigkeit beendet der Text alle liturgisch verbrämten Verdrängungen und macht den Blick frei für das, was ist: eine einzige Tragödie!

»Ein christliches Trauerspiel in drei Aufzügen« hat Helmut Gollwitzer eine Predigtreihe über dieses Gleichnis überschrieben (cf H. Gollwitzer, Veränderung im Diesseits, München 1973, S. 79ff.). Ein trefflicher Titel, wie mir scheint; und ein anschaulicher dazu. Ich möchte ihn deshalb als homiletischen Leitfaden für den folgenden Predigtentwurf verwenden, in dessen Verlauf der Text selbst die Dramaturgie bestimmt, Zug um Zug die Tragödie des Menschen, *unsere* Tragödie offenlegend.

Vorschläge zur Liturgie

Lieder

EKG 118; 119; 277; 241,6; 61,7; Ich rede, wenn ich schweigen sollte; Ein Mensch zu sein auf Erden (siehe S. 128)

Schuldbekenntnis

Gott, wir wollen dir unsere Schuld sagen.
Aber was soll das sein: Schuld?
Haben wir nicht schlecht und recht gelebt?
Haben wir uns nicht ganz gut dadurch getan durch diese Woche?
Sind wir etwa anderen Göttern nachgelaufen?
Haben wir uns etwa ein Bild von dir gemacht?
Haben wir etwa deinen Namen entehrt?
Haben wir etwa getötet?
Haben wir etwa die Ehe gebrochen?
Waren wir etwa Diebe und Lügner?
Waren wir etwa hart und mißgünstig gegen unseren Nächsten?
Sind wir nicht ganz ordentliche Leute?
Sicher, dies und das mag uns daneben geraten sein.
Aber Schuld?
Sind wir schuldig?
Ach, Gott, solange wir *so* denken, *sind* wir schuldig.
Erbarme dich unser!

Schriftlesung

Die 10 Gebote

Gebet nach der Predigt

Barmherziger Gott!
Wir haben diesen Gottesdienst begonnen mit unserer Ratlosigkeit. Schuld? Was soll das schon sein? Und nun hat uns dein Wort die Augen geöffnet für die große Tragödie und das ganze Elend, in dem wir stecken. Und daß es nichts ist mit dem Vergessen und dem Verharmlosen; nichts ist mit unserer vermeintlichen Anständigkeit und Rechtschaffenheit. Daß das alles der Todeswelt des Vorrechnens und Bezahlens, der Todeswelt des Rechthabens und Richtens entstammt, das den anderen ins Gefängnis setzt. Wir bitten dich: Brich du selbst da ein mit deiner Lebenswelt des Erbarmens! Schenke uns neu das Wunder deiner Vergebung und laß uns so dann auch vergeben unseren Schuldigern. Amen

Vorschlag zur Predigt

Möglicher Predigtanfang

Liebe Gemeinde, diese Geschichte ist eine einzige Tragödie, die Tragödie eines Menschen. Nein: *des* Menschen. Deine und meine Tragödie. Eine Tragödie in drei Akten, einer schlimmer als der andere.

Zum weiteren Verlauf

Erster Akt: Ein König bittet zur Abrechnung.

Ein üblicher Vorgang: Menschen werden mit einer Aufgabe betraut und dann zur Rechenschaft gezogen. Die Bilanz muß stimmen.

Aber hier stimmt sie nicht. Ein schlimmer, katastrophaler Fehlbetrag wird offenbar: 10 000 Talente! Das sind 50 Millionen Tageslöhne eines Arbeiters. Eine unvorstellbare Schuld. Für den Schuldner und seine Familie: eine einzige Tragödie!

So elend steht es um dich, sagt die Geschichte. Wo du vor Gott stehst, da zeigt sich dein Leben in seinem ganzen selbstverschuldeten Elend: eine einzige Tragödie!

Vor *Gott*! Nicht vor irgendeinem harmlosen Väterchen hinter den Wolken. Nicht vor irgendeiner betulichen Moral. Vor *Gott*! Wenn du dich nur wirklich einmal vor *ihn* stellen wolltest, dann würdest du schon sehen, wie oft du anderen Göttern, Mächten, Werten und Meinungen nachläufst; wie oft du ihn deinen eigenen Bildern, Vorstellungen und Wünschen unterwirfst; wie oft du seinen Namen entehrst; wie oft du gegen deinen nahen oder fernen Nächsten Unrecht verübst, offen oder verborgen, bewußt oder unbewußt.

Und eine einzige Tragödie auch dein kläglicher Versuch, damit selber klarkommen zu wollen. »Habe Geduld mit mir, und ich will dir alles bezahlen.«

Das ist doch auch dein Elend: deine tragische Verblendung über die Höhe und Tiefe deiner Schuld, dein ewiges Verharmlosen und Verniedlichen.

Aber am Ende des ersten Aktes kommt es zu einer überraschenden, ja dramatischen Wende – durch den König: »Da hatte der Herr Erbarmen ... und die Schuld erließ er ihm.« Ein Wunder! Ein einziges, unerklärliches, unableitbares, pures Wunder. Es steht jener Tragödie diametral gegenüber. Es stammt geradezu aus einer anderen Welt.

In der Tat prallen hier am Ende des ersten Aktes zwei Welten aufeinander: die Lebenswelt des Erbarmens und die »Todeswelt des Bezahlens« (Gollwitzer). Zwei Welten; und daß die eine, nämlich die Lebenswelt des Erbarmens, hier mitten in der Todes- und Elendswelt des Bezahlens überhaupt da ist, dort einbricht und aufersteht, ist ein pures Wunder, ist Ostern.

Zweiter Akt: Der soeben auf wundersame Weise von seiner Todeswelt des Bezahlens Befreite verfällt abermals in Schuld – das Elend geht weiter. »Als aber jener Knecht hinausging ...«

Kennten wir den ersten Akt nicht, wir würden seine menschliche Schuld wohl kaum wahrnehmen. Tut er doch, was üblich ist: Jemand ist ihm etwas schuldig; er mahnt die Schuld an und versucht, sie unter Einsatz üblicher Rechtsmittel einzutreiben.

Aber nun kennen wir ja den ersten Akt, wissen schon von etwas anderem, von jenem Wunder, jener Lebenswelt des Erbarmens. *Deshalb* erscheint das scheinbar normale, übliche Tun des Knechts mit einem Mal in einem neuen, grellen und grausamen Licht – die Tragödie geht weiter.
Sein ganzes Elend ist nun sein furchtbares Vergessen, seine fürchterliche Ignoranz, sein grausames Nicht-angefochten-Sein von jener Welt des Erbarmens. So »geht er hinaus«, aber in Wahrheit kehrt er zurück in sein Elend, in die Todeswelt des Bezahlens. Kaum ist er dem Gefängnis auf wundersame Weise entronnen, so baut er schon selbst das nächste: »Ging hin und ließ ihn ins Gefängnis setzen ...« Das Elend geht weiter.
So elend steht es auch um dich, sagt die Geschichte. Daß dich die Lebenswelt des Erbarmens oft so kalt läßt; daß du in großen und schönen Liedern vielleicht sogar Sonntag für Sonntag von Gottes Erbarmen singst, dann aber wieder und wieder zurückkehrst in deine Todeswelt des Bezahlens, des Rechthabens, des Übelnehmens und der Unversöhnlichkeit, so als wäre nichts geschehen – das alles ist die Fortsetzung deines Elends. Eine einzige Tragödie auch dies.
Dritter Akt: »Als nun die Mitknechte sahen, was geschehen war, wurden sie sehr betrübt.« Die Tragödie hinterläßt Spuren. Wieder einmal zieht ein Elend das nächste nach sich: Dem Elend des Vergessens folgt nun das Elend des Betrübtseins.
Und auch das ist deine Welt, sagt die Geschichte. Die Todeswelt des Bezahlens hinterläßt Spuren: Unsere ganze Welt ist davon gezeichnet, durchfurcht, aufgewühlt. Wohin man sieht: Betrübnis, Tränen, Bitterkeit.
Das hast du nun angerichtet mit deinem vermeintlichen Recht auf das, was »üblich« ist, mit deinem vermeintlichen Recht auf Verdienen und Bezahlen, Besitzen und Anhäufen, Übervorteilen und Ausbeuten. Die ganze Welt – eine einzige Blutspur unserer vermeintlichen Rechte, eine einzige Tragödie.
Und noch eine Folge hat jenes grausame Vergessen: den Zorn des Königs. »Und sein Herr wurde zornig ...« Die Lebenswelt des Erbarmens läßt sich nicht so einfach mißachten. Gott läßt sich nicht spotten.

Möglicher Schluß
Eine einzige Tragödie, diese Geschichte, die Geschichte des Menschen, deine und meine Geschichte.
Ich könnte sie nicht ertragen, ich könnte mich selbst und mein Elend nicht ertragen, gäbe es nicht den, der mir diese Geschichte erzählt. Gäbe es nicht den, der mich und mein Elend bereits getragen hat, mich und meine Tragödie bereits verwandelt hat, meine Todeswelt des Bezahlens bereits überwunden hat durch seine Lebenswelt des Erbarmens.
Ich könnte das alles, ich könnte mich selbst nicht ertragen, gäbe es nicht das Kreuz und gäbe es nicht das Wunder von Ostern.

Kontexte

In diesem Evangelium hat Christus sein Reich abgemalt, das er durch den Glauben auf Erden unter sich hat. Und er malt es derart, daß es nichts andres sei als lauter Vergebung der Sünden zwischen Gott und Mensch und zwischen den Menschen untereinander.
Aber die Welt treibt Mißbrauch mit der Vergebung der Sünden. Wo aber keine Sünde ist, da ist auch keine Vergebung. Die Welt meint, das Evangelium gewähre eine Freiheit, zu tun, was man will. Aber das Evangelium ist eine Predigt für erschrockene Gewissen.
(Martin Luther, Evangelien-Auslegung, hg. von E. Mülhaupt, 2. Teil, Göttingen 1939, S. 623; 633)

Hier alles genau bis ins einzelne auszulegen wäre unsinnig. Denn Gott zeigt oft gar nicht die Strenge, wie sie von dem Herrn am Anfang beschrieben wird, bis wir endlich unsere Schuld einsehen und um Verzeihung bitten, sondern ganz im Gegenteil, er kommt uns mit seiner von uns unverdienten Güte zuvor. Christus zeigt uns hier nur, was uns geschehen würde, wenn Gott sein gutes Recht gegen uns gebrauchen würde. Er will, daß wir dadurch einsehen, wie gut es ist, wenn wir unsere Zuflucht zum Gebet nehmen, der einzigen Rettung für die Sünder, wenn Gott von uns fordern will, was wir schuldig sind.
(Johannes Calvins Auslegung der Evangelien-Harmonie, 2. Teil, Neukirchen-Vluyn 1974, S. 114)

Für den Humanisten ist seine Vergangenheit eine Stufe der Entwicklung; und haftet seiner Vergangenheit auch Schuld und Unreines an, so muß er im Ringen der Selbsterziehung, in einem ständig strebenden Sich-Bemühen darüber hinauskommen. Nach christlichem Verständnis kann der Mensch seine Vergangenheit nie hinter sich bringen in der Kraft des Strebens. Sie haftet ihm unvertilgbar an, und er ist nie wahrhaft frei.
(Rudolf Bultmann, Glauben und Verstehen, 3. Band, Tübingen 1965, S. 73)

Kann *er* (i.e. der Mensch) sich nicht frei machen von der Welt, von seiner Vergangenheit, von sich selbst, – *Gott* vermag es. Und die Weise, wie Gott den Menschen von seiner Vergangenheit befreit, heißt: *Vergebung der Sünde.* Vergebung der Sünde bedeutet nichts anderes als Tilgung der Vergangenheit des Menschen, nichts anderes als: ihn als den nehmen, der er nicht ist, als den Zukünftigen.
(Rudolf Bultmann, Glauben und Verstehen, 2. Band, Tübingen 1968, S. 74)

Die Schuld, die ein anderer Mensch uns gegenüber hat, und der Vorwurf und das Recht, das wir ihm gegenüber haben, ist für uns wie ein Besitz, der uns über ihn erhöht, und für ihn wie ein Gefängnis, in das wir ihn einschließen. Vergeben heißt: den Besitz dieses Vorwurfs weggeben, so daß wir nicht mehr hoch über ihm stehen, und den anderen aus dem Gefängnis loslassen, so daß er sich uns gegenüber wieder frei bewegen kann. Vergeben ist nicht gleichbedeutend mit Nachgeben, heißt nicht Aufgeben des Widerspruchs und des Widerstandes gegen das Falsche und Böse, das der andere tut. Es kann sein, daß wir ihm steif widerstehen müssen, daß wir ihm kräftig die Leviten lesen müssen – aber das Aburteilen muß weg, das Übelnehmen muß weg, das Rechthabenwollen muß weg, der Hochmut muß weg, und das Nachtragen muß weg.

Ständig treibt der Mensch vom Menschen Schulden ein: Ich habe etwas für dich getan: bezahle! Du hast mich beleidigt und geärgert: bezahle! Du bist schwächer als ich: bezahle! Du gehörst zu einem anderen Kollektiv: bezahle! Du bist anders als ich: bezahle!
(Helmut Gollwitzer, Veränderung im Diesseits. Politische Predigten, München 1973, S. 85; 99)

Die Schlange ist schuld.
Die Frau ist schuld.
Die Frauen sind schuld.
Die Männer sind schuld.
Die Juden sind schuld.
Die Palästinenser sind schuld.
Die Amerikaner sind schuld.
Die Russen sind schuld.
Jürgen ist schuld.
Deine Schwiegermutter ist schuld.
Die Schlange ist schuld.
An mir jedenfalls liegt's nicht.
(Okko Herlyn, 1979)

Bitte um das Rechte

Paul Bischoff

2. Ich schweige, wenn ich reden sollte, / und wenn ich einmal hören sollte, / dann kann ich's plötzlich nicht. *Kehrvers*

3. Ich glaube, wenn ich zweifeln sollte, / und wenn mein Glauben tragen sollte, / dann bin ich tatenlos. *Kehrvers*

4. Ich zweifle, wenn ich glauben sollte, / und wenn ich kritisch fragen sollte, / dann nehm' ich alles an. *Kehrvers*

Text: Kurt Rommel
Melodie: Paul Bischoff
Aus: Neue geistliche Lieder, B 285, hg. von O.G. Blarr u.a., Regensburg 1967, S. 36f.

1543 / La forme des prieres et chantz ecclesiastiques, Straßburg 1545

2. Ein Mensch zu sein auf Erden
und irdisch zu bestehn
heißt aus dem Wasser kommen
und in die Wüste gehn:
nicht Gott im Kreis der Götter
noch Engel ohne Blut,
nicht Tier und blinder Töter –
nur Mensch, in Wind und Glut.

3. Ein Mensch zu sein auf Erden
und mit dem Staub verwandt
heißt seinen Tod annehmen
und Hunger, Frost und Brand,
die Tage und die Nächte,
den Frieden und den Streit,
die Fragen und die Ängste,
Durst nach Gerechtigkeit.

4. Ein Mensch zu sein auf Erden
in dieser argen Welt
heißt Gottes Geist annehmen,
der auf die Schwachen fällt,
heißt Menschenbrüder lieben,
auch wenn sie irregehn,
und mit „Es steht geschrieben"
dem Bösen widerstehn.

W. Barnard (geb. 1920)

(aus: Steig in das Boot, Neue niederländische Kirchenlieder, hg. von Jürgen Henkys, Neukirchen 1982, Nr. 22,
)

Reformationsfest

Predigttext: Matthäus 5,2–10(11–12)

Konrad Langrehr-Tell

Theologisch-homiletische Skizze

An diesem Donnerstag werden sich in Bremerhaven wenige Christen zum Gottesdienst versammeln. Der Kasus Reformationstag hat keinen Aufmerksamkeitswert in dieser Stadt. Schulgottesdienste gibt es nicht (Bremer Klausel). In der Gemeinde, in der ich arbeite, gibt es keinen Reformationstagsgottesdienst an Werktagen.
Ich bringe den Predigttext mit Themen des Kasus Reformation in Verbindung: Rechtfertigung; ecclesia semper reformanda; sola scriptura; Freiheit eines Christenmenschen; Priestertum aller Gläubigen; unterscheidender ökumenischer Dialog. Ist »uns' Martin«, sind andere Reformatoren auch Elemente des Reformations-Kasus? Wo es sich in einer Gemeinde anbietet (historische Bezüge zur Reformation; Kontakte nach Wittenberg und Eisleben, Nürnberg oder Ansbach usw.), sollten solche Elemente aufgegriffen werden.
Ich werde versuchen, die Seligpreisungen möglichst persönlich als gepredigte Rechtfertigungslehre für die, die nichts leisten können oder dürfen, zu entfalten. Zur Entfaltung gehört m.E. unbedingt eine Vorbereitung, eventuell auch eine Gestaltung zusammen mit einer Gemeindegruppe. Wenn möglich, sollte der Pastor im Gottesdienst ganz schweigen; das Priestertum aller Gläubigen kommt so besser zur Entfaltung, als wenn ein Theologe vollmundig darüber predigt. Schulklassen, Religionsarbeitsgemeinschaften, Kirchenvorstände, Bibelkreise, Jugendgruppen, Konfirmanden oder Gottesdienstvorbereitungsgruppen könnten mögliche Vorbereiter/Gestalter des Gottesdienstes sein. Vielleicht auch die einzelnen Preisungen auf verschiedene Gruppen verteilen? Wo es sich anbietet, sollte im Gottesdienst ein Gespräch angezettelt werden. Wenn der gottesdienstliche Raum es zuläßt, könnten sich die Gottesdienstbesucher an Tischgruppen oder in Stuhlkreise setzen, die durch die unterschiedlich plakatierten Seligpreisungen gekennzeichnet sind. Spannend, wieviele sich zur ersten setzen und was das über die gemeindliche Interpretation der »geistlichen Armut« aussagt ...
Mt 5,2–10 ist Heilszusage denen, die zu Christus gehören und die arm dran sind. Trost ist ihr Inhalt. Trostsuchende sind in der Regel alle, die zum Gottesdienst kommen. Tröstend können seelsorgerliche Gottesdienste ebenso sein wie prophetisch-protestantische, meditative wie appellatorische. Der apokalyptisch-eschatologische Horizont der Seligpreisungen nötigt zur Beachtung der Spannung zwischen zuzusprechendem Heil und den armseligen Anfängen des Gottesreiches im persönlichen Leben der GottesdienstbesucherInnen (vgl. Gottesdienstpraxis I. Bd. 3 von 1985, Jörg Rothermund zur Stelle, S. 124 unten).

Vorschläge zur Liturgie

Lesung

Gal 5,1–6 (zur Freiheit hat uns Christus befreit); Röm 3,21–28 (Rechtfertigung); wo es paßt: CA IV; Texte der Reformatoren.

Lieder
Luther satt, deshalb EKG 99; 239; 139; 241; 201 mit Vorsicht wegen der mit dem Predigttext nicht gerade korrellierenden ›Waffenstärke‹ des Liedes (könnte eigenes Predigtthema sein?!) Aus Kirchentagsliederheft '83: Nr. 604 (Vertrauen wagen dürfen wir getrost); 711 (Ich möchte Hoffnung sein); 714 (Liebe ist nicht nur ein Wort). Aus ›Mein Liederbuch für heute und morgen‹: C 10 (Eine freudige Nachricht breitet sich aus); C 15 (Kindermutmachlied); B 60 (Herr, gib mir Mut zum Brückenbauen); B 97 (Selig seid ihr, wenn ihr einfach lebt).

Kollekte
Guter Gott, wie schön ist es, deine festen Zusagen zu hören. Wenn du zu uns sagst: Ich mag dich, dann bedeutet uns das etwas. Dann kriegt unser Glaube Lebensmut, dann freuen wir uns. Jesus ist deine schönste Zusage. In ihm hast du ja gesagt zu uns, und das hilft uns zum Leben. Amen
(Nach Motiven aus dem Kindermutmachlied)

Fürbitte
Jesus Christus, unser Bruder und Freund –
wir beten zu dir, weil wir für unsere Seligkeit beten. Schenke uns die befreiende Seligkeit. Laß uns deine Zusage der Seligkeit spüren, heute und an jedem Tag unseres Lebens.
Du preist selig, die Leid tragen. Für sie beten wir, daß deine Seligpreisungen ihnen spürbar werden. Du preist selig, die geistlich arm sind. Für sie beten wir, daß sie Dein Reich der Himmel erfahren. Du preist selig, die sanften Muts sind. Für sie beten wir, daß sie ihre Sanftmut beibehalten …
(Fürbitte kann in diesem Stil fortgeführt werden; möglich als Arbeitsauftrag für eine Vorbereitungsgruppe.)

Zur Predigt
Möglich sind Predigtgespräche für jede einzelne der Preisungen. Wenn Gruppenarbeit, könnte eine zusammenfassende Predigt folgen, die das am seltensten oder am häufigsten gewählte Thema aufgreift. Z.B. setzen sich alle Senioren zu dem Satz zusammen: »Selig sind, die da Leid tragen«; alle Jugendlichen zu dem Satz mit den Friedfertigen … Man muß dann freilich relativ spontan die aktuelle Situation in ein allgemeines Konzept einbinden können. Aber das ist jedenfalls spannend!
Möglich auch die Akzentuierung aufgrund einer Gemeindesituation (Leid / Frieden / Gerechtigkeit), die der Gemeinde allgemein bekannt ist oder gemacht wird; dann wird ein Vers herausgegriffen, um an ihm die Seligpreisungen als Rechtfertigungspredigt zu enfalten.
Von meiner skizzierten Konzeption aus fällt mein Predigtentwurf nur kurz aus.

Predigt

Selig seid Ihr, Schwestern und Brüder in Christus!

Selig bist Du, Sophie Glaubke! Du wirst das Erdreich besitzen! Du – mit deinen 79 Jahren. Du, deren Stimme kaum zu vernehmen ist beim Singen des Gotteslobes. Selig bist du, Sanftmütige! Du wirst das Erdreich besitzen, Du, wo Du doch nur langsam gehen kannst auf Gottes guter Erde, Dich nur bewegen kannst mit Hilfe des Stockes und der Nachbarin. Du bist selig! Selig bist Du, Sophie Glaubke! Weil Jesus Christus das zu Dir sagt, deshalb bist Du selig. Nicht, weil Du Sonntag für Sonntag in den Gottesdienst kommst, nein, deswegen bist Du nicht selig. Da bilde Dir man gar nichts drauf ein. Weil *Jesus* zu Dir sagt: Selig sind die Sanftmütigen, deshalb bist Du selig. *Du* kannst gar nichts dafür tun. Es erfreut Dein Herz, wenn Du sonntags hierher kommst, es erfreut die Gemeinde, es erfreut die kirchliche Statistik – aber selig bist Du dadurch noch lange nicht. Was ist denn das schon, ja, was ist denn das schon, wenn eine Frau von 79 Jahren des Sonntags ihre Stimme beim Gesang erklingen läßt? Ist das denn schon so großartig, daß dafür die Seligkeit winkt? Und das ganze Erdreich soll Dir gehören – wo Du doch schon Probleme genug hast, die wenigen Schritte Erde zwischen Deiner Wohnung und der Kirche mühsam hinter Dich zu bringen?

Und Jesus sagt: *Du bist selig!*

Denn Du bist sanftmütig. Mit schüchternem Lächeln betrittst Du die Kirche. Ebenso gehst Du auf Deine Nachbarn zu. Ohne aufdringlich zu sein, schlicht und herzlich. Langsam, wie es halt nur geht in Deinem Alter …

Die Sanftmut gilt es im folgenden möglichst dicht an der konkreten Person zu entfalten, aber keine Lobhudelei, kein Nachruf (Gefahr!). Sanftmut als etwas, was so gar nicht in die Welt paßt, auch nicht in die hiesige Welt dieser Kirchengemeinde (auch hier möglichst konkret beschreiben, auch kirchen- oder gemeindekritisch, wo es Anlaß hat; vielleicht auch am Gegenbild eines sympathischen, erfolgreichen Menschen, der sich durchsetzen kann).

Wenn Jesus sich hinstellt und Menschen selig preist, dann gilt das Menschen wie Dir: Menschen, die arm dran sind. Arm, weil sie nicht mehr so schnell gehen können, wie das nötig scheint am Zebrastreifen über die Rickmersstraße. Arm, weil die Gesundheit nicht mehr so mitmacht. Arm, weil sie alt geworden sind und scheinbar zu nichts mehr nütze. Solchen Menschen gelten die Seligpreisungen Jesu: denen, die arm dran sind. Menschen, die zu Christus gehören wie Ihr, die Ihr bald zu jedem Gottesdienst kommt. Menschen, die zu leben versuchen, wie Jesus das von seinen Menschen erwartet.

Selig bist Du! sagt Jesus zu Dir. *Er* ist derjenige, der das sagen darf. Kein Mensch darf das so sagen. Und wenn einer das tut, dann horche genau hin: Ob er Dir nicht etwas schön schmückt, was für Dich gar nicht schön ist. Wenn einer Dir sagt: Sie haben aus Ihrer Wohnung ja eine schöne Aussicht

– und du weißt genau, aus dieser Wohnung kann ich nur noch selten herausgehen; wenn Du das weißt und einer Dir so schön redet, dann horche genau, ob er Dich vertrösten will oder ob er Dir hilft mit seinen Worten. Wenn Jesus Dir sagt: Selig bist Du! dann weißt Du: Das ist wahr. In dieser Wahrheit kannst Du leben. Denn zu Deiner Seligkeit kannst Du nichts von Dir aus hinzufügen; die Seligkeit kommt von Gott durch Jesus Christus. Du bist selig! Du wirst das Erdreich besitzen! Amen

Nach der Predigt
Wo die »Selig seid *ihr* ...«-Sätze auf einzelne Menschen zugesprochen werden, da wandelt man auf einem schmalen Pfad: priesterliche Heilszusage und priesterliche Anmaßung liegen dicht nebeneinander; außerdem die Gefahr, jemanden aus der »Masse« (30 GottesdienstbesucherInnen?) besonders herauszuheben. Doch wo sonst werden Menschen gewöhnlich angesprochen? ›Ihr persönliches Los‹ als millionenfache Postwurfsendung, ›Liebe Kundinnen‹ als Ansage im Supermarkt, ›Der Nächste bitte‹ im Wartezimmer beim Arzt. Und die Bergpredigt wurde ja wohl nicht – à la Hollywood – vor Tausenden gehalten, sondern eher im kleinen Kreis der Jüngerinnen und Jünger.

Kontexte

Jesus spricht auf dem Weg zum Kreuz sich selbst die Seligpreisungen zu (eine Predigt von Holger Harrack in: Zeitschrift f. Gottesdienst und Predigt 2/90, S. 12f.).

Im Evangelischen Erwachsenenkatechismus, Gütersloh 1975, steht Mt 5,2–10 einmal im Kontext ›einladender Jesus‹ (S. 360); einmal im Themenzusammenhang ›Glück‹ (S. 471).

Das Evangelium ist viel einfacher zu verstehen als die Propheten. Christus hat am allereinfachsten geredet und war doch die Beredsamkeit selbst. (Martin Luther, Tischrede Nr. 5099 nach WA)
Einfältig zu predigen ist eine große Kunst. Christus tut's selber, er redet allein vom Ackerwerk, vom Senfkorn usw. und braucht eitel grobe, bäuerische Gleichnisse (W. Luther, Tischrede Nr. 4719 nach WA; beide Stellen zit. n.: M. Luther, Tischreden, hg. v. Kurt Aland, Stuttgart 1960, 3. Aufl., S. 24 und S. 152).

An dich zu denken ist eine schöne Sache,
eine hoffnungsvolle Sache,
so als höre man das schönste Lied,
das die bezauberndste Stimme der Welt singt.
Aber jetzt reicht mir die Hoffnung nicht mehr,
ich will nicht mehr Lieder hören,
singen will ich die Lieder ...
(Das ist ein Liebesgedicht für eine Frau. Münzt man es auf die Seligpreisungen, dann kann es durchaus Ausdruck für deren apokalyptisch-eschatologische Dimension sein. Nazim Hikmet, Nachtgedichte an meine Liebste, Hamburg 1985, S. 27)

Die Bergpredigt ist für mich ein Grundgesetz menschlichen Handelns. Ich lasse da das Christliche weg. Die Bergpredigt ist wirklich das Grundgesetz, das unser menschliches Handeln bestimmen müßte, könnte, sollte. Deshalb denke ich auch, daß alles, was man aus der Bergpredigt umsetzen kann in Erzählungen und in Geschichten, »etwas bringt«, wie meine Kinder immer sagen.
(Interview mit Peter Härtling in: Karl-Joseph Kuschel, Weil wir uns auf dieser Erde nicht ganz zu Hause fühlen, München 1985, S. 36–48, hier S. 45)

Kommentar zu Mt 5,5: Das Land und seine Besitzer in: Kurt Marti, Schon wieder heute, Darmstadt/Neuwied, 1982, S. 23.

Zu Mt 5,3 lese man ›Das Evangelium der Bauern von Solentiname‹ zur Stelle:
Felipe: Ich glaube, Jesus pries die Armen selig, weil die Armen die Liebe eher in die Praxis umsetzen können, nicht? ... Also, die Reichen können diese Liebe gar nicht praktizieren, sagt Julio. (Ernesto Cardenal, Das Evangelium der Bauern von Solentiname, Wuppertal 1980, S. 117–126, hier S. 118)
Und da keiner so genau weiß, was im Herbst '91 sein wird in politicis (deutsch-deutsch, Ende des Sozialismus für immer?!), hier noch aus dem gleichen Buch S. 123: Die Kommunisten wollen zu einer gerechten Gesellschaft gelangen ... Laureano glaubt, daß genau das gleiche auch schon im Evangelium gepredigt wurde ... Mit diesem Kommunismus des Evangeliums müssen wir als Christen einverstanden sein. Pancho: Soll das etwa heißen, daß wir Kommunisten sind, wenn wir uns nach dem Evangelium richten? Cardenal: Im gewissen Sinne schon ...
(Viel Vergnügen den Amtsschwestern und -brüdern, die solche Wahrheiten in ländlich-sittlicher Umgebung noch auszusprechen wagen!)

23. Sonntag nach Trinitatis

Predigttext: Matthäus 22,15–22

Ingrid Adam

Theologisch-homiletische Skizze

1. Für Eingeweihte knistert es in dieser Perikope vor Spannung. Bei der Predigt allerdings muß man den Hörern erst die politischen und religiösen Implikationen erklären, damit sie die Brisanz der Frage und die Brillanz der Antwort Jesu nachvollziehen können. Was aber sagt Jesus inhaltlich? M.E. sagt er nichts Konkretes über das Verhältnis von »Kaiser« und »Gott«, von »Kirche und Staat«. Er fordert nicht zum Widerstand auf, aber auch nicht zum Gegenteil. Der Doppelsatz Jesu geht davon aus, daß es zwischen dem, was der Kaiser fordern darf, und dem, was Gott zusteht, eine Grenze *gibt*, an der steht: »Bis hierher und nicht weiter«. Aber *wo* diese Grenze verläuft, ist seiner Antwort nicht zu entnehmen. »Freunde, ob dieses Wort Friede oder Kampf bedeutet, das steht nicht bei uns; Frieden ist nur da, wo der Kaiser nicht fordert, was Gottes ist. Aber der Kampf ist da, wo die weltliche Macht uns hindern will, Gott das Seine zu geben. Wo gestern Friede war, kann heute Kampf sein, und wo heute Kampf ist, kann morgen Frieden sein; hier ist nichts von Bestand.« (M. Niemöller, Dahlemer Predigten 1936/1937)
Eine *politische* Predigt kann man daher meiner Meinung nach über diese Perikope nur dann halten, wenn es ein politisches Problem gibt, wenn es bei den Predigthörern vor Spannung genauso knistert wie bei den Zuhörern in der Perikope. Erst wenn die unausgesprochene *Frage*: »Was wird er sagen?« im Raum steht, wird aus dem Doppelsatz Jesu wieder eine politische *Antwort*, in der dann freilich die Predigt für die aktuelle politische Situation das »Bis hierher und nicht weiter« festlegen muß. (Mit »politisch« meine ich auch sozialpolitische oder ökologische Probleme, die in einer Region akut sind.) Wo eine solche angespannte Situation nicht gegeben ist und die Predigt trotzdem unbedingt »politisch« sein soll, droht die Gefahr blasser allgemeiner Erörterungen über das Verhältnis von Christen und Staat. Deshalb kann ich auch hier kein politisches Modell entwerfen.
Doch der Doppelsatz Jesu fordert ja nicht nur bei *politischen* Belangen zum Erkennen der Grenze zwischen miteinander konkurrierenden Forderungen auf. Er enthält durch die Voraussetzung einer Grenze zwischen zwei Bereichen in sich eine *generelle ethische Forderung* zur Unterscheidung und zur Entscheidung.
2. Ich habe einen Vorschlag für eine solche Predigt entworfen und dabei versucht, den Doppelsatz Jesu völlig zu entmythologisieren und existential zu interpretieren. Unter »Kaiser« verstehe ich hier alle Forderungen, die *von außen* an einen Menschen unserer Zivilisation herangetragen werden und ihn fremdbestimmen (auch wenn er sie längst internalisiert hat). Das Stichwort, an dem man ein solches fremdbestimmtes, irgendeinem »Kaiser« gehorchendes Leben erkennen kann, ist der ständige Satz: »Ich habe keine Zeit«. Unter »Gott« verstehe ich hier alles das, wovon ein Mensch getragen und genährt wird: die Familie, Freundschaften, Lebensfreude, Erholung, Selbstbestimmung.
Wer sich auf diesen Vorschlag einlassen möchte, den bitte ich, sich selbst zunächst einmal zu fragen: Wofür habe *ich* eigentlich keine Zeit? Wie oft habe ich in der ver-

gangenen Woche zu meiner Frau / meinem Mann / den Kindern usw. gesagt: »Ich habe keine Zeit«? Wovon lebe ich geistig / geistlich / psychisch? Wer bezahlt dafür, daß ich ein so guter, überbelasteter Pfarrer bin? Eine solche kritische Selbstbesinnung könnte von Klischees abhalten (auch von Seitenhieben auf »Karrierefrauen«, die sich auf Kosten ihrer Familie »selbst verwirklichen« wollen!). Es kann dabei auch deutlich werden, daß es in der Predigt nicht darum geht, gestreßten Menschen auch noch aufzuerlegen, sich mehr »um ihre Familie zu kümmern« (auch Familien können übrigens einen Menschen – nicht nur Frauen – tyrannisieren mit überzogenen Forderungen!). Es geht vielmehr darum, daß deutlich wird, wo jemand den Schatz aufbraucht, von dem er lebt.

Vorschläge zur Liturgie

Lieder (z.T. auch als Anregung für die Predigt)

EKG 217,1.3.6.7; 383,1–3.5; 386. Für den Alternativvorschlag: 228; 236.

Eingangsspruch

Gal 5,1

Sündenbekenntnis

Gott der Liebe und der Güte – wir Menschen leben miteinander, aber wie oft leben wir aneinander vorbei. Wir reden miteinander, aber wie oft reden wir aneinander vorbei. Sehen wir wirklich die Menschen an, mit denen wir uns unterhalten? Fühlen wir, wie es ihnen ums Herz ist? Hören wir zu, wenn sie uns etwas erzählen? Ach, Herr, wie weit sind wir von deiner Liebe und Güte entfernt!

Kollektengebet

Wir sind zusammengekommen, um auf das zu hören, was du uns sagen läßt. Wir wollen uns sammeln und für eine Weile von dem abschalten, was uns bedrängt. Wir wollen es nicht vergessen, aber es weniger wichtig nehmen. Gib uns dazu die Ruhe und Gelassenheit.

Einleitung zum Fürbittengebet

Herr, wir nehmen so vieles von dir: unser Leben, unsere Zeit, unsere Freunde. Laß uns nicht vergessen, daß wir so reich beschenkt werden mit Liebe, Güte, Vertrauen und Geduld. Laß uns daran denken, daß dieser Schatz nicht unendlich ist und daß unsere Lieben und unsere Freunde darauf warten, auch von uns beschenkt zu werden. Wir wollen von dem, was du uns schenkst, auch weitergeben. Herr, wir denken vor dir an …

Vorschläge für die Predigt

Möglicher Anfang

Auf den ersten Blick könnte man bei dieser Geschichte denken, daß da um Geld gestritten wird. Aber wie meistens im Leben, wenn um Geld gestritten wird, geht es gar nicht ums Geld. Es geht meist um etwas Tieferliegen-

des: Was einer wert ist; was einer haben darf und was nicht; wovon man sich trennen muß; woran einer sein Herz gehängt hat ... In unserer Erzählung geht es um Jesus selbst. (Folgt die Beschreibung der Falle, die Jesus hier gestellt werden soll.) Doch Jesus merkt, daß es den Fragern gar nicht ums Geld geht. Und er weiß, daß es Fragen gibt, die man nicht mit »Ja« oder »Nein« beantworten kann. Er tappt nicht in die aufgestellte Falle. Er läßt sich ein Geldstück geben. Dieses Geldstück trägt das Bild des römischen Kaisers, es ist von ihm geprägt. »Geht dem Kaiser, was des Kaisers ist«, sagt er. Denn derjenige, der das Recht hat, Geld zu prägen, der hat auch das Recht, einen Teil des Geldes als Steuern wieder einzuziehen. Das ist bis heute so.
Damit wäre die Frage nach dem Geld eigentlich erledigt. Doch Jesus weiß, daß es nicht ums Geld ging bei der Frage, und da es *ihm* schon lange nicht und nie ums Geld geht, fügt er noch etwas an, leicht wie ein Wortspiel und schwer in seinen Konsequenzen: »Und gebt Gott, was Gottes ist.« Und das heißt: Gebt Gott, was ihr ihm schuldet, gebt ihm das, was er von euch fordern kann, gebt ihm das, was *er* geprägt hat: gebt ihm euer Leben.

Zum weiteren Verlauf (1. Vorschlag)
»Gebt dem Kaiser, was dem Kaiser zusteht« – wir haben keinen Kaiser mehr, dem etwas zustünde. Aber unser Leben wird immer noch von vielen kleinen »Kaisern« beherrscht, die ihren Tribut von uns fordern, ihre Opfer gebracht haben wollen. Diese kleinen »Kaiser«, die uns tyrannisieren, heißen: Terminkalender, Verpflichtungen, Beruf. Bei manchem heißen sie: Erfolg, Sauberkeit, Ordnung, Karriere, Ansehen. Sie sitzen uns im Kopf oder im Herzen oder im Ohr, und sie flüstern: »Was werden die Nachbarn denken, wenn meine Fenster so schmutzig sind?«, »Die Sitzung am nächsten Mittwoch darf ich nicht verpassen, da ist ein wichtiger Mensch dabei, der muß mich sehen!«, »Alle Kinder haben bessere Noten als meine!«, »Als Pfarrer darf ich nicht zeigen, wie müde ich bin« usw. Diese kleinen »Kaiser« tyrannisieren uns, sie machen uns Angst, und so denken wir immer: »Ich muß ..., ich muß ..., ich muß ...« Und an manche von ihnen haben wir uns schon so gewöhnt, daß wir gar nicht mehr merken, wie sie uns quälen. Wir haben längst angefangen, uns einzubilden, daß wir das gern und freiwillig tun: bis nachts arbeiten, mit Rückenschmerzen Fenster putzen und Staub wischen, die Raten fürs Auto oder für die neuen Möbel abstottern, stundenlang im Stau stehen ...
Ja, diese kleinen Tyrannen, die uns vorantreiben! Das Schlimme ist, daß sie ja auch immer zum Teil recht haben. Es empfiehlt sich ja wirklich, von Zeit zu Zeit die Fenster zu putzen und Staub zu wischen. Man muß nun einmal die Termine einhalten, die man vereinbart hat. Eltern haben Verantwortung für ihre Kinder, und das Auto geht manchmal gerade dann kaputt, wenn man's am wenigsten verkraften kann ... Nein, einfach abschaffen kann man diese kleinen »Kaiser« nicht, denn sie verkörpern ja auch die Realität. Aber manchmal ist der geforderte Tribut zu hoch. (Folgen Beispiele)

»Gebt dem Kaiser, was dem Kaiser zusteht, und gebt Gott, was Gott zusteht«, sagt Jesus. Diese beiden Sätze kommen mir vor wie eine jener alten Waagen mit zwei Waagschalen: was in der einen zuviel ist, fehlt in der anderen beim Gleichgewicht ...
Wenn wir alle diese kleinen und großen Tyrannen und Zwänge über uns herrschen lassen und ihnen unseren Tribut zollen, ohne sie in ihre Grenzen zu verweisen, dann zahlen wir selbst und lassen andere dafür zahlen. Und diese »anderen« sind meist die Menschen, die uns am nächsten sind, die wir lieben und die uns lieben. Sie lassen sich das gefallen und wehren sich nicht, eben *weil* sie uns lieben. Und deshalb merken wir gar nicht, was und womit sie bezahlen. Manchmal gehen uns die Augen erst auf, wenn es zu spät ist, wenn das Konto der Liebe und der Geduld überzogen ist.
Ich habe all das in die Waagschale »Gott« gelegt. Warum? Weil »Gott« für mich alles bedeutet und umfaßt, wovon wir leben, was uns geschenkt wird, wovon wir uns nähren und wovon wir zehren unser Leben lang. Unsere Gesundheit, unsere Lebenszeit, Liebe, Vertrauen, Freundschaft, Geborgenheit, Vergebung. Ein kostbarer Schatz, von dem wir nehmen und nehmen und nehmen, ohne zu bedenken, daß er eines Tages aufgezehrt sein könnte. Aufgezehrt von den Tyrannen Terminkalender, Erfolg, Verpflichtungen, Beruf, Ansehen, Karriere ...

Möglicher Schluß
»Gebt dem Kaiser, was des Kaisers ist, und Gott, was Gottes ist«, sagt Jesus. Er scheint da eine Grenze zwischen den beiden Bereichen vorauszusetzen. Kennen Sie Ihre Grenze? Wissen Sie, wen Sie bezahlen lassen, womit Sie selbst bezahlen, wo Sie Ihr Konto vielleicht schon überzogen haben? Oder wo Sie selbst derjenige/diejenige sind, der/die bezahlt?
Vielleicht können Sie mit Ihrer Familie, Ihren Freunden, Ihren Kindern, Ihren Eltern darüber sprechen. Und vielleicht ist dieses Gespräch, wenn es in Liebe und Vertrauen geführt wird, schon der erste Schritt, um wieder einmal etwas in die Waagschale »Gott« zu werfen, um jenem kostbaren Schatz an Vertrauen, Liebe, Freundschaft, Geborgenheit und Vergeben, von dem wir leben, wieder etwas hinzuzufügen?

2. Vorschlag
Der Kaiser prägt die Münzen. Gott prägt unser Leben. Die Welt, in der es Kaiser gibt, ist Vergangenheit, heute prägt der Staat die Münzen. Aber Gott prägt immer noch unser Leben. »Gott prägt unser Leben« – was bedeutet das? (Zum Fortgang der Predigt einige Stichworte: Es bedeutet, daß wir ohne diese Prägung niemand wären, kein eigenes Gesicht hätten, austauschbar wären ...; daß jeder von uns gebraucht wird ...; daß wir vor Gott nicht mit Geld, sondern nur mit unserer Person und unserem menschlichen Verhalten bezahlen können; wie wir bei den Steuern nach unserem Vermögen veranlagt werden, so auch bei Gott: unsere Aufgaben entsprechen

unserem Vermögen; es bedeutet auch, daß wir nicht mit Geld abgespeist werden, sondern Liebe und Freude zurückbekommen, wo wir sie gegeben haben ...)

Möglicher Schluß
Gott prägt unser Leben – es wäre schön, wenn auch andere Menschen uns anmerken könnten, daß unser Leben von Gott geprägt ist, daß wir von Gott geprägt sind.

Kontexte
Mit fremden Menschen nimmt man sich zusammen, / Da merkt man auf, da sucht man seinen Zweck / In ihrer Gunst, damit sie nutzen sollen; / Allein bei Freunden läßt man frei sich gehn, / Man ruht in ihrer Liebe, man erlaubt / sich eine Laune, ungezähmter wirkt / Die Leidenschaft, und so verletzen wir / Am ersten die, die wir am zärtesten lieben. (Goethe, Tasso)

Wie seltsam ist es doch, an der Malabarischen Küste nach Pfefferkörnern umherzujagen, wenn man doch zuhause alle Hände voll zu tun hat! (Unbekannter Verfasser in »Schlözers Anzeigen« 1795)

Ziviler Ungehorsam ist kein mit automatischer Amnestie bestücktes Widerstandsrecht. (aus der »Frankfurter Rundschau«, etwa im Jahr 1984)

Ich bin sehr gutmütig – wenn ich Freunde hätte, könnten sie das bestätigen. (aus einem Film)

Ich weiß nicht viel von Moral und dergleichen, aber es lohnt sich immer zu überlegen, ob etwas, das man tun will, einen anderen mehr verletzt, als es wirklich notwendig ist. (J. Galsworthy, Forsyte-Saga)

Die Freiheit eines Menschen besteht nicht darin, daß er tun kann, was er will, sondern daß er nicht tun muß, was er nicht will. (J.J. Rousseau)

Mein Mann holt mir die Sterne vom Himmel, aber er gibt mir nicht die Butter aufs Brot. (Ehefrau zur Seelsorgerin)

Jeder muß es mit sich selbst abmachen, ob und wie lange er diese Umfunktionierung seines Berufes mit seinem beruflichen Selbstverständnis vereinbaren kann. Die Alternative heißt wie so oft, tapfer aushalten zum Wohle derer, die man schlechter versorgt zurücklassen müßte, wenn man ginge – oder sich der als schädlich erkannten Institution verweigern und sich nicht mitschuldig machen an der Erhaltung des Bestehenden. Nicht ohne Skrupel habe ich mich in diesem letzteren Sinne entschieden ... (Achim Mechler, Psychiater, der seinen Dienst als Chefarzt des Justizvollzugskrankenhauses Hohenasberg quittierte, in seiner Begründung für diesen Schritt. SPIEGEL 32/1979)

Zög nicht uns der Wanst zurück, glaubt mir, was wir steigen könnten!
(P. Rühmkorf)

Geld verdirbt nicht den Charakter, es bringt ihn nur zum Vorschein.
(Quelle unbekannt)

Glück gibt es nur als Erfüllung eines Kinderwunsches ... Darum macht Reichtum so wenig glücklich, Geld ist kein Kinderwunsch gewesen.
(S. Freud)

Die Abdrücke vom Finger Gottes sind nicht immer identisch.
(Stanislaw Jerzey Lec)

Das Logion sagt ja nicht, *was* wirklich des Kaisers und *was* Gottes ist. Vielleicht wird uns das bewußt zugeschoben, daß wir uns in jeder Lage neu diese Doppelfrage stellen. Das Wort hat in dieser Hinsicht tatsächlich immer wieder nicht nur richtungweisend, sondern auch gewissenschärfend gewirkt. (G. Voigt)

Diesem Desinteresse an Fragen des religiösen Rechtes entspricht bei Jesus seine Stellung zur Kopfsteuer; sie mag ruhig entrichtet werden, ihre Entrichtung ist unwesentlich, gemessen an der Wichtigkeit des rechten Gehorsams gegen Gott.
(H. Braun)

Drittletzter Sonntag im Kirchenjahr

Predigttext: Lukas 17,20–24(25–30)

Wolfhart Koeppen

Theologisch-homiletische Skizze

1. Über unsere Perikope wäre leicht predigen, entsprächen sich Situation und Text, heutige Frage und Jesu Antwort so genau, wie die Exegese (Band 4) suggeriert: nach genial einfachem Analogieschema. Was Menschen des Jahres 1991 bewegt, steckt danach schon im Text: die Frage nach der *Zukunft*, die – so wird unterstellt – in Wirklichkeit die Frage nach der *Zukunft des Gottesreiches* ist. Ihr antworte »der Text mit der klaren Aussage von der Hoffnung der Gemeinde auf den Gott, dem die Zukunft gehört«.

Ich fürchte allerdings: Nur wer seine Ängste und Sorgen als Mensch und Zeitgenosse noch biblisch identifiziert und formuliert, wird diesen Hinweis verständlich und hilfreich finden. Die Mehrheit unserer Gottesdienstbesucher hingegen (und an sie denke ich bei meinem Entwurf) dürfte damit Schwierigkeiten haben.

2. Unser Interesse gilt der *Zukunft*, *nicht* dem Eschaton, also *nicht* dem »Gottesreich«. Ja, unsere individuellen und kollektiven Anstrengungen zur Zukunftssicherung können geradezu als der immer neue Versuch gelten, das Ende der vorfindlichen Welt, ihrer Systeme und Bedingungen zu verhindern statt es (wie die Zeugen des Neuen Testaments) zu erhoffen. Was immer die Rede vom »Reich Gottes« inhaltlich besagt – sie meint auf jeden Fall ein Ende der Geschichte, das jenseits unserer Entwürfe und Anstrengungen liegt. Gewiß, man kann in den Tag hineinleben wie zu Zeiten Noahs und Lots (Vers 27f.), heute beispielsweise nach dem Leitbild eines »freizeit-kulturellen Lebensstils« (H. W. Opaschowski), der nach der Devise »Lasset uns essen und trinken, denn morgen sind wir tot« (1. Kor 15,32) vor allem darauf aus ist, Leiden zu vermeiden bzw. seine Wirklichkeit vor dem Bewußtsein abzublenden. Nach den offiziellen Normen unserer Gesellschaft sind jedoch Planbarkeit und Berechenbarkeit des persönlichen Lebens und erst recht der gesellschaftlichen Lebensbedingungen Triebfeder verantwortlichen Handelns, nicht die Sehnsucht nach dem »Reich, da Fried und Freude lacht«, weil es als solches zugleich das Ende der condition humaine darstellt.

3. Es verblüfft immer wieder, wie selbstverständlich gerade von Exegeten vorausgesetzt wird, der Sinn dessen, was sie uninterpretiert als »Gott« oder »Gottesreich« übersetzen, sei jedermann klar. Das gilt erst recht für die Formel von der »Wirklichkeit der Gegenwart Gottes in Jesus«. Seelsorge-Gespräche lassen demgegenüber – ist erst einmal eine gewisse Vertrauensbasis hergestellt – immer wieder erkennen, daß die meisten Gemeindemitglieder die theistische bzw. personale Prämisse eines solchen Redens von Gott nicht mehr zu teilen vermögen. H. M. Müller hat recht mit der Feststellung: »Die bei uns üblich gewordene Leerformel ›Reich Gottes‹ kann ... nahezu alles und jedes christlich verbrämen – oder tarnen« (Predigtstudien I/2, 1979, 256). M.a.W.: Die Rede von Gottes Handeln oder von Gottes Zukunft ist ihrerseits der Interpretation bedürftig, soll sie als Motivation christlicher Praxis wirksam werden – also als Argument statt als Zugehörigkeitsformel.

4. Entscheidendes Gewicht gewinnt in diesem Zusammenhang das Verständnis von »entos hymon« in Vers 21: eine Ortsanweisung, welche die Aufforderung zu einem Perspektivenwechsel und damit einen Entscheidungsruf impliziert. So richtig und wichtig die Feststellung ist, daß dieser Satz im Kontext eine anti-apokalyptische Spitze hat, so schwierig ist sein Verständnis im einzelnen.
Die alte liberale Interpretation, welche die Gegenwart des Gottesreiches als sittliche Erneuerung verstand, scheint mir ebenso wenig angemessen wie der Hinweis auf »die Herrschaft Gottes über die Herzen der Seinen, also die ›Innerlichkeit‹ des Reiches Gottes« (H. M. Müller, a.a.O., S. 258). Beide Deutungen blenden individualistisch die universale und damit notwendigerweise auch politische Dimension dieses Geschehens vor dem frommen Bewußtsein ab.
Allerdings führt, wie mir scheint, die geläufige Leerformel von der Gegenwart des Reiches Gottes in Jesus (so mit vielen anderen E. Schweizer hier im Exegesenband) auch nicht weiter. Nicht nur, daß davon wirklich nichts im Text steht. Auf diese Weise käme auch etwas, das anscheinend mehr Prozeß als Faktum, eher Option als dogmatische Wahrheit ist, vorschnell zur Ruhe, ganz abgesehen davon, daß auf diese Weise nur eine Chiffre gegen eine andere, scheinbar eingängigere, ausgetauscht wäre.
5. Es scheint mir unabdingbar, die in der Tat beunruhigende Spannung zwischen der noch ausstehenden (eschatologischen) Zukunft des »Gottesreiches« und seiner Gegenwart homiletisch offenzuhalten. Den Hörern unserer Predigt müßte also verstehbar werden, daß »die Heilung der Welt bereits mitten unter ihnen geschieht, ohne daß man sie auf bestimmte Einzelheiten fixieren kann. Die geheilte Welt ist selbstverständlich erst Zukunft; aber der Prozeß der Heilung hat bereits begonnen« (G. Kegel, Und ich sah einen neuen Himmel und eine neue Erde. Gütersloh 1988, S. 131).
6. Für die Predigt ergibt sich damit – zunächst negativ – eine dreifache Zielrichtung: Sie müßte der Resignation *widersprechen*, als sei unser persönlicher Einsatz – etwa für Gerechtigkeit, Frieden, Bewahrung der Schöpfung – nur ein »Tropfen auf den heißen Stein« und angesichts politischer Zwänge und struktureller Grenzen von vornherein zum Scheitern, jedenfalls zur Belanglosigkeit verurteilt. Sie sollte *streiten* gegen eine »spießbürgerliche Sorglosigkeit« (so treffend E. Schweizer im Exegesenband), welche die banale Auskunft »Es ist noch immer irgendwie weitergegangen« mit vertrauendem Glauben verwechselt und für die eine möglichst reibungslose Abwicklung des Alltags schon Leben genug ist. Sie hätte zu *warnen* vor Aktionismus und Machbarkeitswahn, der jedweden Fortschritt nur vom eigenen Tun erwartet und deshalb immer Gefahr läuft, die eigenen Erfolge zu verabsolutieren und Partiallösungen für endgültig zu halten. Die bekannte Bonhoeffersche Differenzierung von »Letztem« und »Vorletztem« aufnehmend könnte man sagen: »Das Letzte steht noch aus; unser Leben gehört zum Vorletzten. Mögen große Ereignisse ihre Schatten vorauswerfen, die Ankunft Gottes tut es gerade nicht. Auf die Normalität des Alltags fällt weder Schatten noch Glanz des Kommenden. Das Vorletzte und Vorläufige ist geprägt von der Unscheinbarkeit des Profanen und Alltäglichen« (R. Stuhlmann, Predigtstudien I/2, 1985, S. 285).
7. Positiv lautet meine Predigtabsicht: *»Spuren des Reiches Gottes entdecken«*. Ich konzentriere mich also bewußt auf Vers 21b und unterstreiche dessen ermutigende, motivierende Komponente. Dabei kommt mir die Losung des erst wenige Monate zurückliegenden Kirchentags zu Hilfe: »Gottes Geist befreit zum Leben«. Das war ja nicht als dogmatische Behauptung gemeint, sondern als Zeitansage, als Ermutigung zu einem aufmerksamen Leben. Wie der Geist Gottes, so lassen sich auch die

Spuren des Gottesreiches nicht in menschlichen oder christlichen »Erfolgen« dingfest machen. Und doch gilt: »Der Geist gewinnt Gestalt« (wie das Leitmotiv des Themenbereichs 3 »Glaube und Kultur« lautete). Die Schlüsselworte des konziliaren Prozesses können bei dieser »Spurensuche« behilflich sein.
Gewiß gilt es dabei die Warnung aus Vers 21a zu berücksichtigen, keine geschichtliche Spur des Gottesreiches mit dessen eschatologischer Durchsetzung zu verwechseln. Gleichwohl bleibt festzuhalten: Erst aus der Freude über die Spuren des Gottesreiches in unserem Leben und unserer Geschichte kann der lange Atem erwachsen, der die schmerzliche Differenz zu seiner endgültigen Verwirklichung aushält, ohne das Ziel, das jenseits allen menschlichen Wollens und Vollbringens liegt, aus dem Auge zu verlieren.

Vorschläge zur Liturgie

Eingangswort

»Siehe, jetzt ist die Zeit der Gnade, siehe, jetzt ist die Zeit des Heils!« (Wochenspruch, 2. Kor 6,2b)
Mit diesen Worten macht der Apostel Paulus seine Gemeinde auf das aufmerksam, was Gott in ihrer Mitte tut. Mit diesen Worten möchte auch ich Sie heute begrüßen und in unserem Gottesdienst willkommen heißen. Wir müssen nicht erst auf das Leben warten. In Gottes Namen können wir feiern, was uns geschenkt ist, und erbitten, was uns fehlt. Gnade: Gott schenkt uns heute von neuem das Leben, und er erwartet von uns nichts anderes als offene Augen und ein bereites Herz.

Sündenbekenntnis

Mit wie vielen Freundlichkeiten beschenkt uns Gott Tag für Tag – doch wir übersehen seine Gegenwart.
Wie schnell finden wir uns mit unserem Alltag ab, mit unserem kleinen Glück und dem Zustand dieser Welt.
Wir erwarten zu wenig von Gott und anderen Menschen.
Unser Leben wird eng, unsere Hoffnung ist klein.
Gott sei's geklagt. Ihn rufen wir an und bitten:
Herr, erbarme dich!

Gnadenwort

Mitten in unserem Leben will Gott neues Leben stiften.
Mitten in dieser Welt beschenkt er uns mit Zeichen seiner neuen Welt.
Gerechtigkeit und Frieden sind seine Spuren,
an denen wir erkennen können, wie er es mit uns meint.
Sein Geist will uns beflügeln, wenn wir mutlos sind.
Gott sei's gedankt. Ihn loben wir und rufen:
Ehre sei Gott in der Höhe ...

Kollektengebet
Gott, wir fassen dich nicht:
Vielleicht geschehen Wunder –
und wir begreifen sie nicht.
Vielleicht wird uns geholfen –
und wir spüren es nicht.
Vielleicht bist du der Freund –
und wir sehen dich nicht.
Bleibe uns zugewandt.
(F. K. Barth u.a., Gottesdienst menschlich 2, S. 170)

Lesungen
Die im Perikopenbuch vorgesehene Epistel Römer 14,7–9 eignet sich als Kontext zu Luk 17,20ff. nur bedingt. Stattdessen schlage ich eine Lesung vor, die im Zusammenhang mit dem bereits als Eingangsvotum verwendeten Spruch der Woche das »schon jetzt – noch nicht« der christlichen Existenz besonders eindrücklich zur Sprache bringt: 2. Kor 6,1–2.4.6.9–10. Wer den Hoffnungsaspekt stärker betonen möchte, wähle Offb 21,1–7.

Schlußgebet (Fürbitten)
Gott, unser Vater:
Dein Reich ist mitten unter uns –
doch wir haben oft keine Augen dafür.
Deine Nähe läßt uns leben –
aber wir bleiben dir fern.
Du versprichst deiner Welt Frieden und Gerechtigkeit –
doch deine Gaben zerrinnen unter unseren Händen.
Darum rufen wir zu dir wie Jesus, dein Sohn.
Erhöre uns, wenn wir bitten:
    Dein Reich komme.
Noch sehen wir die Mächtigen dieser Erde ihre Reiche aufrichten,
wir sehen Gewalt und Unterdrückung, Leiden und Tod.
Aber wir wissen schon jetzt:
Menschliches Unrecht hat keinen Bestand,
denn du willst Frieden und Freiheit für alle Menschen.
Hilf uns, heute zu tun, was dem Frieden dient.
Gott, erhöre uns, wenn wir bitten:
    Dein Reich komme.
Noch sehen wir Armut und Hunger in den Ländern der Dritten Welt –
und oft übersehen wir sie auch.
Aber wir wissen schon jetzt:
Die Hungernden sollen satt werden und sich freuen;
die Fülle des Lebens ist ihnen versprochen.
Hilf uns, heute geschwisterlich zu teilen.

Gott, erhöre uns, wenn wir bitten:
Dein Reich komme.
Noch sehen wir Menschen weinen vor Schmerzen und Trauer,
eingeschlossen in ihre Einsamkeit.
Aber wir wissen schon jetzt:
Du wirst abwischen alle Tränen von ihren Augen,
und der Tod wird nicht mehr sein
noch Leid noch Geschrei noch Schmerz wird mehr sein.
Hilf uns, heute den Menschen nah zu sein, zu helfen, zu trösten.
Gott, erhöre uns, wenn wir bitten:
Dein Reich komme.
Noch sind wir gefangen in unserer Angst,
verschlossen in Mißtrauen,
ums eigene Leben besorgt.
Aber wir wissen schon jetzt:
Du wirst die Türen auftun und uns entgegenkommen.
Auf Schritt und Tritt werden wir die Spuren deines Reiches entdecken.
Hilf uns, heute darauf zu vertrauen.
Gott, erhöre uns, wenn wir bitten:
Dein Reich komme.
(Nach: Liturgieentwürfe für das Kirchenjahr, Frankfurt/M. 1985, S. 359f. [verändert])

Lieder

Im EKG bringt das Wochenlied 123 (Wir warten dein, o Gottessohn) vor allem in Vers 3 Aspekte des Predigttextes zu Geltung. Darüber hinaus bieten sich an: das Pfingstlied 102 (Freut euch, ihr Christen alle); 288 (In dir ist Freude) und 111,1–3 (Gelobet sei der Herr). An neueren Liedern nenne ich: Aus der Sammlung »Mein Liederbuch« die Nummern B 80 (Wir haben Gottes Spuren festgestellt); B 79 (Weißt du, wo der Himmel ist); B 88 (Entdeck bei dir); aus dem Liederheft für Kirchentage: 7 (Auf die eigene Kraft sich verlassen); Kanon 14 (Der Himmel geht über allen auf); 33 (Gott spannt leise Fäden) und 89 (Wir strecken uns nach dir).

Vorschläge zur Predigt

Möglicher Anfang

Geläufige Erfahrung: Man lebt sein Leben, so alltäglich wie möglich, den eingefahrenen Gewohnheiten treu, einen Tag um den andern – aber zwischen den Ritzen dieses selbst gebastelten Gebäudes wartet die Angst. Nein, kein Drama. Ich rede hier nicht von jenen Ängsten, die Menschen zuzeiten an den Rand der Verzweiflung treiben. Es gibt ja, wenn Sie so wollen, auch eine ganz alltägliche Angst. Sie ist nur schwer zu erkennen und demzufolge noch schwerer zu beheben. Denn sie verkleidet sich als Lebensklugheit.

»Es ist noch immer irgendwie weiter gegangen«, sagen wir, beispielsweise, wenn uns die Nachrichten über die Zerstörung unserer Natur an die Nerven gehen. Oder wenn Kriegsmeldungen zeigen, wie gefährdet das weltpolitische Gleichgewicht allen Beteuerungen zum Trotz immer noch ist. »Das Leben geht weiter«, sagen wir Trauernden am offenen Grab, als ob dieser Allerweltstrost etwas helfen könnte gegen den Schmerz über einen Verlust und die Angst vor dem Alleinsein. »Kopf hoch! Kommt Zeit, kommt Rat«, sagen wir uns manchmal selbst, um uns Mut zu machen, während uns in Wahrheit die Ratlosigkeit im Magen steckt.
So gesehen, lassen wir uns unser seelisches Gleichgewicht einiges kosten. Denn wo wir die Tiefpunkte des Lebens geflissentlich umrunden vor lauter Angst hineinzufallen, entgleiten uns im gleichen Maß (nur unbemerkt) auch die Höhepunkte des Lebens. »Man muß vernünftig sein«, bekommen wir dann zu hören oder sagen es uns am Ende selbst.
Ziele? Perspektiven? Oder gar Träume? Fehlanzeige. Stattdessen lautet die Devise: Immer bescheiden. Immer gut funktionieren, keine allzu großen Pannen erleben, die persönliche Zukunft sichern, so gut es bei den heutigen Verhältnissen eben geht, und im übrigen auf ein bißchen Glück hoffen. Mit einem Wort: über die Runden kommen. Leute, die so leben, gelten oft als Lebenskünstler. Aber in Wirklichkeit wird das Leben nur noch abgewickelt. Nur manchmal zeigt sich in der Entrüstung über Leute, die es anders halten, die verratene Sehnsucht nach dem anderen Leben, das man selbst einmal gesucht hat. Resignation, schwach getarnt als Lebenserfahrung.

Zum weiteren Verlauf
Wer will, kann sich für diese Haltung sogar auf die Bibel berufen. Da gibt es ja durchaus die Warnung davor, die Möglichkeiten der Gegenwart zu überschätzen. Jesus selbst hat davon gesprochen, daß die Sorge um die Zukunft nicht unsere Sache sein soll, weil wir mit den Sorgen des heutigen Tages schon genug zu tun haben. Ja, er hat zudem eindeutig klargestellt, daß es so etwas wie eine heile Welt, in der alles gut ist und in der sozusagen nichts mehr zu wünschen übrig bleibt, wenn überhaupt, dann erst an dem Tage geben wird, wo es diese Welt, wie wir sie kennen, *nicht* mehr geben wird. In der Sprache Jesu: am Tag des Menschensohns. Aber hören wir ihn selbst!
Text.
Unter dem Aspekt »Versuch und Irrtum« würde ich mich in meiner Predigt nun zunächst mit den drei Fehlhaltungen auseinandersetzen, die entweder dem Verzicht auf die Vision des »Reiches Gottes« – in der Tat so etwas wie die Verheißung einer »heilen Welt« – oder seiner Verzweckung als Legitimation eigener Lebensziele entspringen (Gesichtspunkte dazu in den theologisch-homiletischen Vorüberlegungen, Ziff. 6).

Als »Lösungsangebot« möchte ich dann mit meinen Zuhörern Zeichen des versprochenen Reiches Gottes im alltäglichen Leben, in der Praxis christlicher Gemeinden, aber auch weit außerhalb des organisierten und als solches identifizierten Christentums aufspüren: »Spurensuche«.
Wäre das die Möglichkeit: Gottes Reich – mitten unter uns? Frieden für die Völker, Gerechtigkeit für die Armen, Gemeinschaft für die Einsamen, Befreiung für die Schuldbeladenen, ein erfülltes Leben für alle Verschlossenen und Verkrampften, Liebe, Glück ... Alles am Ende schon wahr, mitten unter uns, nur noch nicht entdeckt, weil unsere Augen nur das Nächstliegende sehen und unser Herz zu sehr am eigenen hängt?
Daß es so ist, läßt sich nicht beweisen. Daß die Zukunft, von der wir manchmal träumen, schon Gegenwart ist, nur verborgen und deshalb unserer Entdeckung bedürftig – das will jeden Tag neu buchstabiert sein. Es bedarf unseres Mutes, unserer Entschlossenheit, darauf zu achten und dementsprechend zu leben. Also keine forschen Behauptungen. Aber Fragen müssen erlaubt sein.
(Das folgende als Beispiel und Anregung für die »Spurensuche« in der eigenen Gemeinde.)
Kennen Sie nicht auch Menschen, die empfindlich geblieben sind für die Sorgen und Ängste anderer? Menschen, die zuhören können, ohne andere gleich mit Rezepten aus dem Schatz ihrer Lebensweisheit zu überfahren? – Gibt es nicht (auch in unserer Gemeinde) Leute, die einer mühsamen Beziehung nicht davonlaufen, sondern durchhalten, ohne sich dabei selbst aufzugeben und die eigenen Hoffnungen zu verraten? – Wer kennt das Durchstehvermögen vieler Frauen in ihrem alltäglichen Kleinkram, ohne daß sie darüber verbittert und hart geworden wären? – Wer weiß, wie viele Gerüchte *nicht* weitererzählt, wie viele Verdächtigungen *nicht* ausgesprochen werden, wie viel unauffällige Hilfe es gibt, obwohl andere es *nicht* verdient haben – aus keinem anderen Grund als dem, daß Menschen als Christen zu leben versuchen? –
So ließen sich viele Beispiele nennen. Aber es geht ja nicht um einen Katalog guter Taten, der beweisen soll, wie gut wir als Gemeinde sind. »Reich Gottes« – das meint allemal mehr als nur Kirche, Diakonie und Nächstenliebe. Es lohnt sich, gerade dort auf die Spuren des Reiches Gottes zu achten, wo es menschlich und alltäglich und nicht selten sogar recht zweideutig zugeht.
In der Tat – gibt es nicht auch das? Menschen widerstehen der Verlockung, möglichst schnell möglichst viel Geld zu machen, arbeiten stattdessen als Entwicklungshelfer, setzen sich ein für Mitmenschen in Not. – Aktions- und Initiativgruppen streiten für eine gerechtere Erde, für Menschenrecht und Menschenwürde, ohne Angst, als Spinner belächelt und als weltfremde Idealisten verspottet zu werden. – Immer größer wird die Zahl derer, die unsere bedrohte Umwelt als Gottes Schöpfung zu bewahren suchen, obwohl sie selbst nicht einmal an Gott den Schöpfer glauben.

Immer mehr Leute verzichten bewußt auf Güter und Komfort, wenn diese auf Kosten unserer Nachkommen gehen. (Gerade von jüngeren Leuten, die gar nicht ins christliche Schema passen, könnte ich hier erzählen!) – Und es gibt, auch unter Politikern, auch unter Atheisten, viel Beharrlichkeit im Einsatz für Versöhnung zwischen den Völkern. Ist nicht in den letzten Jahren ungeheuer viel geschehen, was das Gesicht Europas, ja der Welt verändert hat: Verständigung, Ausgleich, Bemühungen um einen dauerhaften Frieden? Alles Spuren des Gottesreichs. Man muß sie nur suchen. Man muß sie nur sehen.

Möglicher Schluß
Sie haben sicher herausgehört, wofür ich heute bei Ihnen werben möchte: Für ein reicheres Leben, das mehr Interessen kennt als nur die Sorge um die Bestände. Für die verschütteten Hoffnungen, die zu anspruchsvoll, zu verrückt scheinen fürs alltägliche Einerlei. Ich will mich nicht abspeisen lassen mit dem billigen Trost, daß es schon irgendwie weitergehen wird – mit mir, mit der Kirche, mit dieser Welt, wie sie ist. Ich will mich nicht abfinden mit der kleinkarierten Oberflächlichkeit, die ich oft genug für Realismus halte: Hauptsache, ich komme über die Runden. Ich werbe stattdessen – bei Ihnen und bei mir selbst – für den Mut, auch einmal Enttäuschungen in Kauf zu nehmen, Schmerzen auszuhalten, Konflikte durchzustehen, statt nach der Desive zu leben: »Glücklich ist, wer vergißt, was doch nicht zu ändern ist«. Lebensklugheit ist gut. Aber besser ist es, der Vision vom Reich Gottes zu trauen und sich von ihr locken zu lassen. Eine heile Welt werden wir nicht schaffen. Das verlangt Gott auch nicht von uns. Aber ihre Spuren entdecken und ihnen zu folgen, sie zu vertiefen und sie Schritt für Schritt sichtbar werden zu lassen, mitten in unserem normalen Alltag, mitten in dieser widersprüchlichen Welt – das ist Leben genug.

Kontexte

1. Wir glauben nur aus Angst und weil wir es in der Schule so gelernt haben, an irgendwelche Grenzen. Es gibt keine Grenzen. Nicht für die Gedanken, nicht für die Gefühle. Die Angst setzt die Grenzen. Jesus sprengte die Gesetze und die Grenzen durch ein völlig neues Gefühl, von dem man vorher nie etwas gehört hat: die Liebe. Natürlich reagierten die Menschen mit Angst und Wut, so wie sie immer mit Angst reagieren und fliehen wollen, wenn sie von einem großen Gefühl überwältigt werden – obwohl sie sich vor Sehnsucht nach ihren kümmerlichen und abgestorbenen Gefühlen fast verzehren.
(Ingmar Bergman)

2. Und ob das Ziel, das hohe, entwichen scheint und fern:
Es kommt der Tag, der frohe, Wir trauen unserm Stern.
Die Gegenwart mag trügen, die Zukunft bleibt uns treu.
Ob Hoffnungen verfliegen, sie wachsen immer neu.

Aus Nichts wird Alles werden, eh sie es noch gedacht,
trotz ihrer Machtgebärden. Wir spotten ihrer Macht.
(Karl Liebknecht)

3. Wir können die Gefahren unserer Zeit weder als naturgegeben hinnehmen, noch dürfen wir verzweifeln. Wir kennen Gottes Liebe und bekennen einen Herrn der Geschichte, in dem uns das Leben in seiner ganzen Fülle verheißen ist. Der Heilige Geist wirkt unter uns, der die Liebe erweckt und die Furcht vertreibt, unsere Vision vom Frieden erneuert, unsere Phantasie belebt und uns befreit und eint. Immer mehr Völker der Welt erheben sich, fordern Gerechtigkeit und schreien nach Frieden. Das sind Zeichen der Hoffnung in unserer Zeit.
(Vollversammlung des ökumenischen Rates der Kirchen, 1983)

4. Leben. Nichts wichtiger als das. Nichts schwieriger als das. Nichts kann schöner, nichts kann schrecklicher sein. Manchmal ist es eine Lust zu leben. Ein anderes Mal wird jeder Augenblick zur Qual. Wir haben nicht in der Hand, was uns erwartet. Und doch kann unser Leben unter unseren eigenen Händen glücken oder mißlingen ... Leben ist mehr als die Summe des Machbaren, die wir Realität nennen. Dazu gehört die Hoffnung, die über den Horizont der eigenen Wünsche und Pläne hinausreicht. Dazu gehört der Glaube, der mehr vernimmt als die Sprache der Tatsachen und der mehr wahrnimmt als nur die Oberfläche der Wirklichkeit. Dazu gehört die Liebe, die mehr im Blick hat als nur die eigenen Interessen. Wo diese drei zu finden sind – wie zaghaft, wie bruchstückhaft auch immer –, da entdecken wir Anhaltspunkte des Glücks, Spuren des Lebens.
(W. Koeppen u.a., Spuren des Lebens. Neukirchen-Vluyn: Schriftenmissions-Verlag 1990, S. 7)

5. Wo der Mensch ist, da ist der Himmel auf Erden. Es braucht keinen anderen Himmel dazu, es ist schön genug auf unserer Erde. Aber rechte Menschen müssen drin sein, dann ist das Paradies da.
(Christoph Blumhardt)

6. Wir träumen einen Traum, und wenn auch alle lachen.
Wir träumen einen Traum von einer bessern Welt:
Da sind die Blumen nicht aus Schaum,
da sind die Tränen nicht aus Glas,
da ist die Freude nicht geschminkt,
da ist das Leben schön.
Wir träumen einen Traum und schenken ihm das Leben.
Wir träumen einen Traum und machen uns die Welt.
Da ist der Mensch dem Menschen gleich,
da ist der Christus ganz aus Fleisch,
da ist die Auferstehung wahr,
da ist das Leben schön.
(Aus: Leben wird es geben, Text: Günter Hildebrandt, Musik: Peter Janssens, alle Rechte im Peter Janssens Musik-Verlag, Telgte 1975)

Vorletzter Sonntag im Kirchenjahr

Predigttext: Matthäus 25,31–46

Gerhard Monninger

Theologisch-homiletische Skizze

Seit Kindertagen habe ich Predigten über die »Rede vom Weltgericht« gehört, und die meisten sind in die Falle einer »schwarzen Pädagogik« (Alice Miller) getappt. Es reichte nicht, nur einzuschärfen: Übe Nächstenliebe an den Hungrigen, Fremden, Nackten usw. Der Druck des Appells wurde vervielfacht durch die Vorstellung, daß man es ja mit Christus selber zu tun hatte, wenn man ihnen begegnete. Und wer jetzt noch nicht ja und amen sagen wollte, dem gab die Vorstellung vom ewigen Höllenfeuer den Rest. Bei Jürgen Moltmann (Kirche in der Kraft des Geistes, München 1975, S. 141–149) habe ich gelernt, Matth. 25,31–46 nicht als ein Kapitel der Ethik, sondern der Ekklesiologie zu lesen.

Ich möchte mit meiner Predigt den Hörern eine neue Sicht der »Armen« nahelegen. Sie sind nicht Objekte unserer gut gemeinten Nächstenliebe; sie sind ein Indikator dafür, ob Kirche noch Kirche Jesu Christi ist. Denn so wie sich Christus mit dem Apostolat in der Gemeinde identifiziert: »Wer euch hört, der hört mich«, so identifiziert er sich mit den Armen: »Wer sie besucht, besucht mich«. »Im Apostolat spricht der erhöhte Herr. Sollte in den Geringsten nicht der Gekreuzigte sprechen?« (Moltmann S. 146). »Das Apostolat sagt, was die Kirche ist. Die Geringsten sagen, wohin die Kirche gehört« (S. 148).

Um ihrer selbst willen muß die christliche Gemeinde die Nähe zu den Geringsten suchen. Anteil an der Herrlichkeit ihres erhöhten Herrn gewinnt sie nur in der Teilnahme an seinem Kreuzweg. Hier passieren in der Tat Scheidungen, aber was Matthäus an das Weltende und in den Spruch des Richters projiziert, geschieht schon jetzt immerfort und ohne ausdrücklichen Urteilsspruch. Die Gemeinde, die dem einleuchtenden Grundsatz huldigt: »Wer gut leben will, meide die Berührung mit dem Elend«, nimmt nicht teil an der Bewegung des Reiches Gottes und richtet sich selbst.

Damit nun aber nicht doch wieder der Imperativ über den Indikativ triumphiert, muß festgehalten werden: Der Weg, die Berührung mit dem Elend zu suchen, ist kein Todes-, sondern ein Lebensweg.

Er belohnt die, die ihn gehen, schon jetzt: Er befreit vom Zwang des Haben-Müssens, er löst aus der Verkrümmtheit der Sorge um sich selbst, er bekräftigt die Erfahrung: »In Ängsten, und siehe wir leben«; und er nimmt dem Tod seinen Stachel.

Die Predigt wird »die geringsten Brüder« genauer unter die Lupe nehmen müssen. Dabei muß sie sich hüten

- vor einer Romantisierung nach dem Motto: weil sie arm sind, sind sie sensibler, solidarischer und fröhlicher;
- vor einer Verchristlichung, als handle es sich nur um solche, die wegen ihres unerschrockenen Christusbekenntnisses verfolgt werden und jetzt zu den »Geringsten« gehören;
- vor einer Spiritualisierung im Sinne einer »geistlichen« Armut, die auf den Selbstruhm verzichtet;

– andererseits vor einer Engführung auf bloß materielle Armut. Es gibt zweifellos auch arme Reiche, die unter Lebensüberdruß, Selbstausbeutung, Beziehungslosigkeit usw. leiden.

Es ist deshalb auch erlaubt, zu vermuten, daß wir hin und wieder selbst unter die Geringsten zu zählen sind. In diesem Fall wird die Identifikation Christi mit den Armen unmittelbar zur guten Nachricht für uns.

Zur homiletischen Situation: Von der Weltversammlung in Seoul zurückgekehrt, sprach Carl Friedrich von Weizsäcker vom »unstillbaren Zorn der Länder des Südens«, den er als das herausragende Ereignis in Südkorea erlebt habe. Die Gemeinde, der ich predige, überwiegend begüterte, selbstbewußte und selbstkritische Menschen, hörte ihn mit Betroffenheit. Sie halten es für erwiesen, daß unser Wirtschaftssystem, das im Blick auf den nun nicht mehr real existierenden Sozialismus so glanzvoll dasteht, an den Opfern gemessen werden muß, die es in den Ländern des Südens fordert.

Was sie brauchen, sind nicht aufrüttelnde Appelle. Die würden sie nur in Abwehr oder Depression führen. Was sie brauchen, ist die Erkenntnis ihrer eigenen Bedürftigkeit und die Entdeckung, welche Chancen die Begegnung mit den »Geringsten« birgt.

Vorschläge zur Liturgie

Lieder

Wochenlied 120,1.5–7; zur Predigt 246; 252. Neuere Lieder: »Die Not ist verborgen, sie hält sich versteckt«; »Menschen hungern nach Verstehen«, beide im »Liederheft 72« hrsg. vom Landeskirchenrat der Evang.-Luth. Kirche in Bayern.

Ein *Kyrie*, das die Identifikation Christi mit den »Geringsten« besingt:
Rufen wir Christus, unsern Herrn an, dessen Leben darin bestand, daß er sich rückhaltslos mitteilte. Bitten wir darum, so gesinnt zu sein und so zu leben wie er.
Gem.: (singt)

Er hat sein Leben mit Gott nicht für sich behalten, wurde arm und teilte mit uns. Gem.: Kyrie eleison
Er teilte die Armut des Stalles. Gem.: Kyrie eleison

Er teilte das Leben der Flüchtlinge. Gem.: Kyrie eleison
Er teilte das Leben der Lahmen und Blinden. Gem.: Kyrie eleison
Er teilte die Versuchung der Mächtigen. Gem.: Kyrie eleison
Er teilte das Leben der Ausgestoßenen. Gem.: Kyrie eleison
Er teilte die Hitze, den Frost, Hunger und Durst mit den Armen. Gem.: Kyrie eleison
Er teilte das Brot mit seinen Freunden. Gem.: Kyrie eleison
Er teilte das Paradies mit einem Verurteilten. Gem.: Kyrie eleison
Er teilte das Los aller, die im Sterben verlassen sind. Gem.: Kyrie eleison
Darum hat auch Gott mit ihm geteilt und ihn zum Herrn gemacht über alles. Darum rufen wir mit allen Gläubigen zu allen Zeiten, auf allen Kontinenten: Gem.: Kyrie eleison
(Quelle nicht mehr rekonstruierbar)

Kollektengebet zum Volkstrauertag

Herr, unser Gott:
höre unsere Klage
über die Menschen,
die uns der Tod nahm.

Herr, unser Gott:
sieh unsere Ängste
in einem Leben,
das der Tod bedroht.

Herr, unser Gott:
schenk uns den Glauben,
der stärker ist als Angst,
der uns Trauer ertragen läßt.

Herr, unser Gott,
gib uns, was wir brauchen –
zum Leben und zum Sterben;
denn auf dich hoffen wir.

(Heinz-Dieter Knigge in ZGP 5/86)

Gebet nach der Predigt

Herr:
Wir denken an die Menschen, die in unserer Welt leiden –, die sich an ihren Grenzen wundreiben, die das Einerlei ihres Alltags nicht mehr ertragen können, die in Alkohol und Drogen flüchten, die unter einem diktatorischen Regime leben müssen, die unterdrückt, ausgebeutet und bespitzelt werden, die hungern müssen und keine Hoffnung haben, die am Sinn ihres Lebens verzweifeln.
Herr:
Wir denken auch an alle, die nicht mehr leiden können, die abgestumpft, müde und kaputt sind, die sich eingerichtet und mit den Verhältnissen abgefunden haben, die nichts zu verbessern sehen, die nicht mehr wünschen, hoffen, träumen können.
Herr:
Für sie und alle Menschen und für uns selber bitten wir um Hoffnung, die über den Tag hinausgreift, um Wünsche, die mehr sein wollen als das private Glück, um den Mut zur Veränderung dessen, was nicht hingenommen werden darf, um Träume, die zeigen, was für diese Welt noch möglich ist.

Herr:
Gib uns deinen Geist, der uns beweglich machen kann, wo wir erstarrt sind, der uns Phantasie schenkt, wo wir uns geistlos anpassen, der uns Kraft gibt, eigenes Leiden anzunehmen, und der uns stark macht, Leiden zu bekämpfen. (Wolfhart Koeppen in ZGP 6/84)

Vorschläge zur Predigt

Möglicher Anfang

Wer gut leben will, der gehe dem Elend aus dem Weg. Heiter müssen unsere Tage verlaufen und störungsfrei unsere Beziehungen. Im Einkaufszentrum empfängt uns schon am Morgen eine schmeichelnde Musik, die uns träumen lehrt. Und zugleich dafür sorgt, daß wir schön auf dem Teppich bleiben. Psychologen haben ermittelt, wie man so eine Musik schreibt. Dissonanzen, Reibungen, schrille Töne sind nicht erlaubt. Der Rhythmus soll wiegend sein. »Es ist alles gut«, sagt diese Musik, »gräme dich nicht. Vergiß die Elendsbilder aus der Tagesschau von gestern abend. Es ist doch alles übertrieben, was sie bringen über Hunger und Seuchen in Afrika oder über die Kinderheime in Rumänien. Und wenn du das Martinshorn hörst und mußt an den Krankenwagen denken: Komm näher zum Lautsprecher, es ist gleich vorbei.«

Es gibt noch viele andere Techniken, dem Elend aus dem Weg zu gehen ... Ein exemplarischer Fall war jener Prinz im 6. vorchristlichen Jahrhundert mit Namen Siddhartha Gautama. Er lebte im Palast von Kapilawastu von Reichtum und Luxus umgeben. Er wurde mit Benares-Sandelholzöl gesalbt und kleidete sich in Benares-Tuch. Bei Tag und Nacht wurde ein weißer Sonnenschirm über ihn gehalten. Ständig war er von Musikantinnen umgeben.

Es war die Absicht des Vaters, ihn von jeder Begegnung mit dem Elend fernzuhalten, aber der Prinz mißtraute diesem Vorhaben und verließ heimlich den Palast. Vier Ausfahrten sind es gewesen, die er unternahm, vier Ausfahrten, die in die Religionsgeschichte eingegangen sind. Bei der ersten Ausfahrt begegnete er einem alten, hinfälligen und häßlichen Mann; bei der zweiten einem Kranken; bei der dritten einem Toten und bei der vierten einem Asketen.

Danach verließ er mitten in der Nacht den Palast für immer, ließ sich das Haupthaar scheren und legte den gelben Umhang eines Bettelmönches an. Er fastete, fügte sich Schmerzen zu und versuchte, die Begierden seines Körpers abzutöten. Sein Weg führte ihn schließlich zur Erleuchtung, er selber wurde der Erleuchtete, der Buddha. Millionen Menschen gehen bis heute seinen Weg.

Der Prinz Siddhartha glaubte nicht an den Satz: »Wer gut leben will, der gehe dem Elend aus dem Weg«. Er wollte sich nicht in die Tasche lügen und das Leid übersehen. Aber sein Weg war dann, seine Empfindungen, seine Gedanken auszulöschen und sich selber los zu werden. Da war er das Leiden auch los.

Knapp 500 Jahre später trat Jesus von Nazareth vor die Menschen seiner galiläischen Heimat. Er war kein Asket; Gegner nannten ihn sogar einen Fresser und Weinsäufer. Aus einem abgeschirmten Palast brauchte er nicht auszubrechen. Er zählte von Geburt an zu den Armen. Aber er suchte die Nähe der Elenden. Er ging auf die Aussätzigen am Rand des Dorfes zu und schloß sie in die Arme. Er wich den geifernden und heulenden Unglückswürmern nicht aus, von denen es hieß, sie seien von Dämonen besessen. Die toten Augen eines Blinden berührte er zärtlich mit seinen Fingern, und er trat in die Grabhöhle eines Lazarus, dessen Leichnam dort lag und schon stank.

Zum weiteren Verlauf
Es wird gezeigt, wie der so beschriebene Weg Jesu im Kreuz seinen Tiefpunkt hat und in Ostern seinen wahren Charakter zeigt: Wenn du leben willst, gehe dem Elend nicht aus dem Weg, sondern laß dich darauf ein. So wird das Elend überwunden. Nach diesem Anmarsch wird die Rede vom Weltgericht eingeführt als ein Kapitel der Ekklesiologie, nicht der Ethik. Ubi Christus, ibi ecclesia. Und Christus ist nicht nur gegenwärtig in Wort und Sakrament, sondern als der Gekreuzigte in den Armen. Da läßt er sich finden. Alle Hungernden, Nackten, Gefangenen usw. sind nun nicht mehr Objekte unserer gut gemeinten Nächstenliebe, sondern solche, die uns die Nähe Christi vermitteln. In den Elenden steht das Kreuz Jesu Christi vor uns, und wir wissen doch, was aus dem Gekreuzigten geworden ist. Das sollen auch wir werden!
An einem aus der Tagesaktualität entnommenen Beispiel wird dann gezeigt, wie der Christus in den Armen die Gemeinde auf den Weg der Heilung, des menschlichen Maßes, des Friedens und des Vertrauens weist: Wenn wir uns auf Christus in den Armen einließen, könnten wir neu entdecken, daß der nicht ärmer wird, der gibt; daß der die eigenen Sorgen los wird, der sich Sorgen um andere macht. Wir könnten etwas von der Kunst lernen, einen Mangel fröhlich zu bestehen; wir könnten darauf verzichten, die Armen dazu zu mißbrauchen, daß sie uns unsere Überlegenheit bestätigen müssen, und wir würden frei, von ihnen zu lernen.

Möglicher Schluß
Wo war denn nun vom Weltgericht am Ende der Tage die Rede, wo von Verdammnis und Seligkeit, wo vom Urteil des Richters über mein Leben? Kann man am »Gerichtsssonntag« darüber einfach hinweggehen?
Vom Gericht war die Rede, aber so, daß die Menschen sich selber richten, je nachdem ob sie sich entscheiden, das Elend zu meiden und es damit nur zu vergrößern, oder ob sie sich der Begegnung mit Christus in den Armen aussetzen und auf ihr Ostern zugehen. Das Urteil des Richters am Ende der Tage stellt nur fest, was wir heute und in allen Augenblicken unseres Lebens selber entschieden haben. Am Ende der Tage sagt der Richter

Jesus Christus nichts anderes, als was der Sohn der Maria aus Galiläa gesagt hat. Wir haben keinen Grund, den Himmelskönig mehr zu fürchten als den Zimmermannssohn. Er wird auch dann kein anderer sein als der, der Gott in seiner Liebe zeigt und vertritt. Aber dann endgültig.

Kontexte

»Die Zahl der alleinstehenden Obdachlosen in der Bundesrepublik Deutschland wird zur Zeit auf über 130 000 geschätzt. Dazu kommen 200 000 obdachlose Erwachsene und Kinder, die in Familien, und etwa 100 000, die in Billigpensionen leben; sowie 100 000, die in Heimen und psychiatrischen Einrichtungen untergebracht sind. In zahlreichen Obdachloseneinrichtungen sind 10 bis 30 Prozent der neu hinzukommenden Obdachlosen Übersiedler aus der DDR. Die Zahl wächst. Die Aussicht für obdachlose Menschen, die in der Regel auch arbeitslos sind, irgendwann wieder in einer Wohnung zu leben, wird angesichts der derzeit katastrophalen Wohnungssituation immer geringer ...

Die Evangelische Obdachlosenhilfe fordert die Aufnahme eines Rechts auf Wohnung in die Verfassung. Aber sie appelliert auch an Kirche und Diakonie, eigene Mittel zur Beschaffung von Wohnraum zur Verfügung zu stellen. Es sei ein ›Skandal‹, so die Vertreter des diakonischen Fachverbandes, ›daß die Kirche sich einerseits als Kirche der Armen darstellt, andererseits aber den Armen und den eigenen Mitarbeitern in der Armenhilfe völlig fern ist.‹ Die Kirche müsse wieder eine Kirche der Armen werden ...«

Justine Schuchardt im »Sonntagsblatt. Evangelische Wochenzeitung für Bayern«, 1. Juli 1990.

Affirmation II aus dem Schlußdokument der Weltkonvokation des Ökumenischen Rates der Kirche in Seoul 1989 (gekürzt)

Wir bekräftigen, daß Gott auf der Seite der Armen steht

Die Existenz der Armut ist ein Skandal und ein Verbrechen ... In den Schreien der Armen hören wir die aufrüttelnde Stimme Gottes. Jene, die die Gesellschaft als die »Geringsten« behandelt, nennt Jesus seine Brüder und Schwestern. Wir sehen zwar die Notwendigkeit ein, doch müssen wir heute erkennen, daß die Bedürfnisse der »Geringsten« nur befriedigt werden können, wenn die Strukturen der Weltwirtschaft grundlegend verändert werden.

– Wir bekräftigen, daß Gott auf der Seite der Armen steht, und erklären, daß wir als Christen die Pflicht haben, Gottes Handeln im Kampf der Armen um unser aller Befreiung zu unterstützen.

– Wir werden allen Kräften, politischen Maßnahmen und Institutionen widerstehen, die Armut verursachen und fortbestehen lassen oder sie als unvermeidlich und unausrottbar hinnehmen.

– Wir verpflichten uns, die Verbündeten jener Organisationen zu sein und jene Bemühungen zu unterstützen, die sich die Abschaffung von Ausbeutung und Unterdrückung zum Ziel gesetzt haben.

Buß- und Bettag

Predigttext: Lukas 13,1–9

Helmut Zeilinger

Theologisch-homiletische Skizze

Ich hatte zunächst Mühe, im Blick auf eine zeitlich nicht überstrapazierende Predigt die beiden Teile der Perikope (Verse 1–5 / 6–9) miteinander zu verbinden: die Schuldfrage und die nach den ausbleibenden Früchten. Zusammengehalten werden diese Teile durch den Hinweis auf die Umkehr. Aber das plastischere Bild mit den Früchten schob die abstraktere Erörterung des Schuld-Ergehen-Zusammenhangs und der Buße nach hinten.

Am liebsten hätte ich mich nur auf das Gleichnis konzentriert. Aber auch da fiel es mir zunehmend schwerer, mich zu entscheiden: Sowohl Weinbergbesitzer wie Weingärtner fanden je nach Blickwinkel meine Sympathie oder Abneigung. Sollte »Buße tun« sich auch darauf beziehen, daß ich davon Abstand nehme, mich auf eine der beiden Rollen festzulegen: entweder nur die verständliche, aber je nachdem auch erbarmungslose Frage nach der Effektivität herauszukehren oder andererseits nur das vertrauensvolle, fürsorgliche, aber je nachdem auch verantwortungslose Zuwarten und Zeitgeben? Zudem spüre ich, wie das erwartete Früchtetragen auch abhängig ist von Bedingungen »außerhalb des Baumes«. Kann ich dem »Baum« den gegebenenfalls unfruchtbaren oder verdorbenen »Boden« vorwerfen?

Weiterhelfend und die beiden Perikopenteile verbindend war die Überlegung: Die Frage, welche der genannten Bevölkerungsgruppen mehr Schuld trage, wird von Jesus an die Fragesteller zurückgegeben: Kehrst *du* nicht um, kommst *du* um! Die Antwort auf das Bedenken, wer von den beiden Gleichnisgestalten mehr Recht habe, kehrt womöglich ähnlich herausfordernd an den Fragesteller zurück: Was man bei *dir* als »Frucht« sucht, ist vielleicht gerade die Geduld mit dem anderen.

Die Herausforderung, warum bei uns oft wenig wächst und »herauskommt«, wird mich über diese Textbefassung hinaus weiterbeschäftigen und verunsichern, aber auch danken lehren für jeden Partner, der mich nicht festlegt, sondern begleitet in der Hoffnung auf »Weiterungen«.

Ich denke, daß auch der Bußtag 1991 Abschluß einer Friedensdekade sein wird. Das kann nahelegen, im Zusammenhang örtlicher, regionaler oder bundesweiter Aufrufe und Aktionen spezifische Konkretionen anzusprechen.

Vorschläge zur Liturgie

Lieder

Zum Eingang: EKG 390,1+5+8. Lobvers: EKG 182,3; 371,14. Vor der Predigt: EKG 145,1+2+4; 185,1–4. Nach der Predigt: EKG 185,5–7; 485,1+2 (»Behalte mich in deiner Pflege ...«); 616 (aus: Anhang '77: »Hilf, Herr meines Lebens ...!«). Zum Schluß: EKG 344,7

Votum
»Du solltest bringen gute Frucht«: Unter diesem Vorzeichen sind wir zum Gottesdienst am Bußtag zusammengekommen, um uns neu zu orientieren und gemeinsam umzukehren im Namen Gottes, des Vaters ...

Eingangsspruch
Joh 15,5

Bußgebet
Wir gestehen uns in der Stille ein, was uns objektiv und subjektiv belastet und anlastet: Mein Gott! »Ich sollte bringen gute Frucht.« Aber was habe ich bisher gebracht: in meiner Familie – in meiner Arbeit – in meiner Gemeinde? Was hat mir und anderen mein Christsein gebracht? Ich halte dem einen Moment lang stand. (Stille) ... »Gute Frucht«: Ich hatte solche Ansprüche an mein Leben. Ich hatte mir und anderen viel versprochen, manches versucht und dabei doch wenig fertiggebracht und viel versäumt. (Stille) ... Manchmal denke ich: So wird es wohl immer weitergehen; mehr und anderes wird nicht sein. Dann glaube ich wieder: Doch, heute werde ich tun, was ich lange vor mir hergeschoben und verdrängt habe. (Stille) ... Ich möchte trotz Schuld bei mir und bei anderen noch nicht fertig sein mit mir und mit den anderen und mit Gott, sondern ich möchte neu anfangen mit Gott, mit den anderen und mit mir. Deshalb rufe ich: »Herr, erbarme dich!« (folgt Kyrie-Ruf)

Gnadenzusage
Joh 15,16

Schriftlesung
Jes 5,1–7 oder Hes 18,1–4.21–24.30–32

Im Abendmahlsteil
Dankgebet: Leben kann wider Erwarten zum Blühen kommen, zum Aufblühen. Auch Menschen, bei denen schon viel abgestorben war an eigener Lebendigkeit und Beziehung und Lebenserwartung, haben das schon erlebt. Dafür danken wir Gott mit allen, die so schon *vor* uns ihr Leben erfüllt haben, die *mit uns* das Leben teilen und die auch *nach* uns noch leben möchten. (folgt Sanctus-Gesang) ... Keime der Liebe sind aufgegangen und haben Frucht getragen. Das fing mit *ihm* an, der nie mit anderen fertig war und dessen Tod noch zum Leben reizte. So heißt es in den Worten zum Abendmahl: (folgen Einsetzungsworte) ...
Entlaß-Voten nach dem Empfang von Brot und Wein in verschiedenen Halbkreisgruppen (nach Gal 5,22):
Die Frucht des Geistes Christi ist Liebe (Frieden / Geduld / Freude / Treue / Güte / Gerechtigkeit / Freundlichkeit). Säen und ernten, genießen und bringen Sie solche Frucht!

Fürbitten
Gott sei Dank für alle Ermutigung, die uns in unserer Schwäche erreicht und bestärkt, dran zu bleiben an der Sache Jesu und nicht aufzugeben. Wir danken für alle Zeichen, daß auch Totgeglaubtes sich wieder mit Leben füllen kann. Wir danken für alle Menschen, die uns nicht im Stich lassen, die nicht den Stab über anderen brechen, auch nicht über denen, die es ihnen schwer machen. Wir danken für alle, die uns anregen und begleiten, neu zu glauben, neu zu lieben, neu zu hoffen. Wir beten für die, die aufgeben möchten oder von anderen aufgegeben werden. Wir beten für alle, die sich nicht einreden lassen, »es habe keinen Sinn«, »es bringe ja doch nichts«. Wir beten für die, die sich für andere einsetzen und auf andere warten können: in unserem Gemeindeleben, in der Arbeit der Diakonie, im Leben der Schule, im Krankenhaus, im Gefängnis. Wir beten für die, die in den ökumenischen Beziehungen trotz Enttäuschungen nicht loslassen. Wir beten, daß der Einsatz der vielen für Gerechtigkeit, Frieden und die Bewahrung des Lebens Früchte bringe. Wir möchten uns mit dafür einsetzen, daß die Wünsche und Hoffnungen und Sehnsüchte nach Leben und die Visionen der neuen Welt wahr werden ...

Predigt-Entwurf
»Bitte warten!« ... »Bitte warten!« ... »Bitte warten!« ... Ist Ihnen auch schon die Geduld geplatzt, wenn Sie so am Telefon auf eine Verbindung warten mußten und mit einer Komputer-Vertröstung hingehalten wurden? Und haben dann aufgehängt mit dem schlechten Gewissen, vielleicht gerade einen Moment zu früh aufgegeben zu haben?
Wir – meine Frau und ich – hatten uns vor Jahren zum Hochzeitstag einen Fliederbusch gekauft. Beim Einpflanzen im Garten sahen wir gedanklich schon die lila Blüten vor uns. Und wir freuten uns auf ihren besonderen Duft. Mit Spannung erwarteten wir den nächsten Mai. Aber außer Blättern hatte sich nichts weiter entwickelt. Braucht der Strauch zur Blütenbildung vielleicht erst eine bestimmte Höhe? Aber auch im Jahr danach war nichts zu sehen. Im dritten Jahr schrieben wir die Pflanze ab. Wir fühlten uns betrogen – von ihr und von dem, der sie uns verkauft hatte.
Liebe Gemeinde. Mit diesen eigenen Empfindungen kann ich die Trauer nachspüren, mit der der Mann im Gleichnis vergeblich auf die Feigenfrüchte gewartet hatte. Und seinen Entschluß: »Weg mit diesem Gewächs!«
Haben Sie – Mütter und Väter, Erzieherinnen, Lehrer, Sozialarbeiter, Trainer – nicht auch schon sehnsüchtig gewartet, endlich Früchte Ihrer Erziehung, Ihrer Fürsorge zu sehen? Haben Sie nicht auch schon von »verlorener Liebesmühe« gesprochen? Ich kenne das aus meinem beruflichen Einsatz. Wieviele verschiedene Versuche, Menschen zu erreichen und sie für ein »anders leben« zu gewinnen! Die Einsicht dazu ist bei vielen gewachsen. Und die Herausforderung dazu immer drängender geworden.

Aber wie oft raunt dann die Resignation: »Laß es! Es bringt doch nichts!« Dann ärgere ich mich über mich selbst. Denn gerade diesen – oft von jungen Leuten – leicht und abschätzig hingeworfenen Satz »Was bringt's schon?« kann ich zunehmend nicht ausstehen. Als sei alles von vornherein kalkulierbar, vorhersehbar und chancenlos. Vor Jahren fand ich's weiterführend, wenn man – so mit Bert Brecht – fragen lernte: »Wozu führt's? Wem nützt's?« Aber aus solchem dranbleibenden Fragen ist inzwischen ein eher gleichgültiges »Was soll's?« geworden. Und doch kann ich den Mann schon verstehen: »Hau ihn ab! Da kommt nichts mehr!«
Aber auch dem anderen, dem Weingärtner, bin ich innerlich nahe. Spätestens seit unser Fliederbusch im vierten Jahr – oder war's erst im fünften? – wider jedes Erwarten zu blühen und zu duften begonnen hatte. Beinahe hätten wir ihn ums Leben und uns um die Überraschung und um einen wichtigen Lerneffekt gebracht. Können wir aus solchen Erfahrungen in der Natur lernen für das, was wir voneinander erwarten und wie wir miteinander umgehen?
Eine unserer Jugendgruppen hat mich vor kurzem beschämt. All die Zeit über hatten diese Jugendlichen ihre unauffälligen Treffs und tauchten im Blick und Bewußtsein der übrigen Gemeinde kaum weiter auf. »Was macht Ihr denn eigentlich?« So ähnlich fragten sich Vertreter des Ältestenkreises und der Jugendleiter gelegentlich gegenseitig. Aber solche Fragen halfen nicht, die Skepsis des einen gegenüber dem anderen zu überwinden. Dann verblüffte mich diese Gruppe: »Wir sind dabei, einen Gottesdienst zum Thema ›El Salvador‹ vorzubereiten. Die Jugendlichen der katholischen Nachbargemeinde würden auch mitmachen. Können wir das in der Kirche machen und die ganze Gemeinde dazu einladen?« Mit so was hatte ich nicht gerechnet. Obwohl ich solches Engagement der Solidarität und politischen Diakonie in jedem Konfirmandenjahrgang anrege, vermutete ich diese jungen Leute dafür nicht ansprechbar und auf einem ganz anderen Trip. Lange Zeit schienen sie meine Unterstellung zu bestätigen. Und nun bekam ich mit, daß sie schon seit längerem Kontakt hatten mit einer Jugendgruppe in San Salvador. »Früchte«, wo ich nichts mehr erwartet hatte. Eine beglückende und beschämende Erfahrung zugleich. Ich möchte dieses Erleben wie einen »Knoten im Taschentuch« festhalten. Ich möchte es auch Müttern und Vätern erzählen. Gerade auch denen, die am Ende des 4. Schuljahrs manchmal auf Biegen und Brechen ihre Kinder aufs Gymnasium bringen wollen, obwohl Kollegen der Grundschule dringend raten, dem Kind im Zweifelsfall doch noch ein Jahr – ein 5. Schuljahr in der gleichen Schule – zu gönnen und so die Chance, sich weiter zu entfalten und dann klarer und schmerzfreier den Übergang woandershin zu schaffen.
Warten können, Geduld haben miteinander und eben nicht aufhören, den »Boden« und das Umfeld zu pflegen – also auch die Beziehung zum anderen. Ich verstehe den Weingärtner und möchte daraus für manche eigene Ungeduld lernen. Aber natürlich – *immer* nur warten? Ich kenne den Zwei-

fel und manchmal den Zorn gegen die, die öffentlich »das Lied vom Warten singen«, ohne daß das jetzt Mögliche und Nötige geschieht. Der Weinbergbesitzer ist ungeduldig nicht nur, weil die Früchte ausbleiben, sondern weil er die Gefahr sieht: Die nutzlose Pflanze laugt nur noch den Boden aus und nimmt zugleich anderen Gewächsen, die vielleicht mehr »brächten«, den Platz. Ich bin zornig, wie politisch Verantwortliche weiter zögern, notwendige Schritte etwa in Wirtschaft und Industrie zu veranlassen, damit der Boden oder Wasser und Luft nicht länger vergiftet werden oder damit die verheerende Rüstungsproduktion aufhört und der Handel damit und der Export.

Lukas erzählt von Galiläern, die Pilatus hinrichten ließ, als sie als Wallfahrer nach Jerusalem gekommen waren, um im Tempel zu opfern. Wahrscheinlich gehörten sie zu denen, die die Geduld verloren hatten, noch länger zu warten, daß die römische Unterdrückung ihres Volkes von allein nachläßt. Vielleicht sind sie bei Widerstandsaktionen gefaßt oder zur Abschreckung anderer herausgegriffen worden. »Sie sind selbst schuld!« wird es schon damals geheißen haben. Ähnlich wie es Mutmaßungen gab: Wer von Katastrophen heimgesucht wird und unter Erdbebentrümmern umkommt, wird's – durch welche Schuld auch immer – schon verdient haben. Jesus nimmt denen, die so argumentieren, den Wind aus den Segeln ihrer Rechthaberei und merkwürdigen Unempfindlichkeit. »Seid *Ihr* denn schuldlos?« ... an dem, was in der Politik und in der Natur passiert, wenn man einfach zuwartet, zusieht und nichts tut? Wenn man versäumt, »umzukehren« und den Lebensstil zu ändern? Ein Lebensstil, der vielleicht selbst fruchtlos ist und obendrein anderen den »Boden« verdirbt, so daß auch sie sich nicht weiterentwickeln können.

Liebe Gemeinde. Sie merken's: ich fühle mich hin- und hergerissen zwischen Weingärtner und Weinbergbesitzer. Ich kann nicht entscheiden, wem ich mehr recht geben möchte: dem, der darauf besteht: »Früchte *jetzt* – oder weg mit ihm!« Oder jenem, der voll Hoffnung zum Zuwarten rät und weiteren Spielraum öffnet und viel eigenes Mühen dransetzt – einen fast sinnlosen Aufwand sogar. Ein Feigenbaum nämlich – so las ich – braucht offenbar nicht solche Pflege, wie sie im Umgraben und Düngen des Bodens angesprochen wird. Er müht sich in übertriebener Weise und versucht noch das Letzte.

Ich kann *beiden* nachempfinden. Und die Frage, wer mehr Recht hat, ist vielleicht ebenso zu beantworten, wie's Jesus mit der Frage der Leute getan hat. Die wollten wissen, ob die Umgekommenen schuldiger gewesen seien als die Überlebenden. In beiden Fällen gibt er zu verstehen: »Schaut nicht auf die andern, sondern schaut auf Euch! Lebt *Ihr* anders, damit *Ihr* nicht umkommt!« Und so fühle auch ich mich unmittelbar angesprochen. Entscheidend ist nicht, ob *andere* Früchte bringen oder nicht. Entscheidend ist, was aus meinem eigenen Leben herauskommt. Es ist sicher nicht zufällig, daß Jesus von einem Feigenbaum mitten im Weinberg redet. »Weinberg«:

das ist in den biblischen Schriften immer wieder ein Bild für die Gemeinde Gottes, für die Kirche. Welche Früchte trägt also unser Gemeinde-Sein, unser Christ-Sein – und für wen?
Ich habe mir den Feigenbaum im Urlaub in Italien etwas genauer angesehen. Wie groß und schön sind seine Blätter – im Vergleich zu den kleinen Früchten. Gibt's das auch in unserem (Gemeinde-)Leben: großes »Blätterwerk«, viel Drum und Dran, das schnell verbirgt, daß darunter vielleicht wenig gewachsen ist? »Feigenblätter«, hinter denen man sich verbirgt?
Die Erwartung, daß unser Christsein – also eigentlich ein Leben, wie Jesus es gelebt hat – lebenswichtige Früchte trägt, begleitet das Leben der christlichen Kirche von Anfang an. Diese Erwartung ganz bestimmter Früchte hat auch die Weltversammlung für Gerechtigkeit, Frieden und Bewahrung des Lebens begleitet und natürlich die Schritte davor und danach. Mit der gleichen Erwartung blicken viele auf unser gemeindliches und ökumenisches Leben am Ort. Was kommt dabei heraus? Zu den erwarteten »Früchten« gehört sicher auch, daß man sich gegenseitig nicht losläßt mit der Frage: Was ist jetzt dran? Was sollte zum Aufblühen kommen und dann zum Reifen? Es gehört auch die Geduld dazu, die wir füreinander aufbringen und mit der wir uns gegenseitig nicht abschreiben. Also die Bereitschaft, gegen bisherige Erfahrungen dem anderen etwas zuzutrauen. Und es gehört dazu, gemeinsam dafür zu sorgen, in unserem »Umfeld« Bedingungen zu ändern, die dem Fruchtbringen im Sinn Jesu im Weg stehen. Dabei hoffe ich, daß so auch andere mit mir noch »ein weiteres Jahr« Geduld haben. Es braucht viele, die einander zutrauen, daß mehr zu erwarten ist, als bisher zu erleben war. Als Maßstab dafür möchte ich Jesus im Blick behalten. Er hat auch überraschenden Leuten zugetraut, daß ihr Leben noch einiges »bringt«. »Im Zusammenhang mit mir«, sagt er nach Joh 15, »bringt ihr viel Frucht.« Die Frage nach unseren Früchten ist also eine Frage nach unserer »Wurzel«. Umkehren zu *seiner* Art: das wird uns nicht verkümmern, sondern aufblühen lassen.

Einfälle und Leitgedanken

– Wenn einer umkommt, scheint das manchen ein Zeichen für die Größe seiner Schuld zu sein. Daß auch sie Anteil an seinem Tod haben könnten, vermögen sie nicht zu erkennen. Jeder Tod hat eine entsprechende Vorgeschichte.
– Ich kenne einerseits den Ärger, daß etwas kaputtgeht, weil zugewartet und nicht sofort reagiert wurde, andererseits die Überraschung, daß sich etwas ändert und lebendig wird, dem ich keine Chance mehr gegeben hatte.
– Wie oft schon habe ich eine Idee geäußert und etwas angeregt und bei anderen kein Verständnis gefunden, also nichts erreicht. Später formulierte einer aus demselben Kreis meinen früheren Gedanken als seinen Einfall und fand offene Ohren und Zustimmung. Wieviel Zeit braucht's, bis Anregungen Früchte tragen?
– Geduld sieht Erfolge. Wir haben so wenig Geduld miteinander. Wir werben zu wenig um den andern. Wenn er geworben wäre, würde sich vielleicht einiges ändern – bei ihm wie bei mir.

– Ist die pessimistische Redensart »Das bringt's nicht« nicht eine deutliche Weigerung, die einerseits ein Intervenieren wie das des Gärtners als von vornherein aussichtslos disqualifiziert und andererseits zu schuldhaftem Versäumnis führt, weil ein ausbleibender Eingriff in die »Speichen des Rades« (Bonhoeffer) die sich anbahnende Katastrophe nicht verhindert?
– Umkehr führt nicht ins Leere. Umkehr bringt Früchte und trägt Früchte.

Kontexte

An einem dürren Ast / Ist eine Blüt' erblüht / Hat sich heut nacht bemüht / Und nicht den Mai verpaßt. // Ich hatt' so kein Vertraun / Daß ich ihn schon verwarf / Für Anblick und Bedarf. / Hätt' ihn fast abgehaun.
(Bertolt Brecht, Frühling. In: Ges. Werke Bd. 10, S. 969)

Der Obstbaum, der kein Obst bringt / Wird unfruchtbar gescholten. Wer / Untersucht den Boden? // Der Ast, der zusammenbricht / Wird faul gescholten, aber / Hat nicht Schnee auf ihm gelegen?
(Bertolt Brecht, Über die Unfruchtbarkeit. In: Ges. Werke Bd. 9, S. 602)

Im Hofe steht ein Pflaumenbaum / Der ist klein, man glaubt es kaum. / Er hat ein Gitter drum / So tritt ihn keiner um. // Der Kleine kann nicht größer wer'n. / Ja größer wer'n, das möcht er gern. / s'ist keine Red davon / Er hat zu wenig Sonn. // Den Pflaumenbaum glaubt man ihm kaum / Weil er nie eine Pflaume hat / Doch er ist ein Pflaumenbaum / Man kennt es an dem Blatt.
(Bertolt Brecht, Der Pflaumenbaum. In: Ges. Werke Bd. 9, S. 647)

Rabbi Uri lehrte: Der Mensch gleich einem Baum. Willst du dich vor einen Baum stellen und unablässig spähen, wie er wachse und um wieviel er schon gewachsen sei? Nichts wirst du sehen. Aber pflege ihn allezeit, beschneide, was an ihm untauglich ist, wehre seinen Schädlingen, zu guter Frist wird er groß geworden sein. So der Mensch: es tut nur not, die Hemmnisse zu bewältigen, auf daß er zu seinem Wuchs gedeihe; aber ungeziemend ist es, allstündlich zu prüfen, um wieviel er schon zugenommen habe.
(Der wachsende Baum. In: Martin Buber, Die Erzählungen der Chassidim. Zürich 1984 9.A., S. 613)

Bußtagspsalm (Aus Ps. 130)

Ewigkeitssonntag

Predigttext: Matthäus 25,1–13

Oda-Gebbine Holze-Stäblein

Theologisch-homiletische Skizze

Der Kasus ›Toten‹- oder ›Ewigkeitssonntag‹ ist zumindest in der Stadtgemeinde nicht mehr das, was er mal war. Die Zahl der kirchlichen Beerdigungen ist deutlich gesunken, die Trauergemeinden auf dem Friedhof sind kleiner geworden. Deutlich zugenommen haben anonyme Begräbnisse oder Beisetzungen »ab Halle«: auf das Nötigste reduzierte Urnenfeiern am Grab. Trauerkleidung trägt man meist nur noch zur Trauerfeier selbst, und schließlich folgt längst nicht mehr jede Trauerfamilie, jeder Hinterbliebene der persönlichen, schriftlichen Einladung zum Gottesdienst am Totensonntag. Dies alles mögen vorübergehende Erscheinungen sein. Ich meine eher eine veränderte Einstellung zu Tod *und* Leben zu beobachten, etwa diese: Wenn das Leben keinen Spaß mehr macht, hat es auch keinen Wert mehr und sollte bald zu Ende sein. Eine möglichst problem- und folgenlose ›Entsorgung‹ wäre dann wünschenswert. Leben als Gabe, gar als *Auf*gabe? Diese christliche Sicht entschwindet immer mehr dem Bewußtsein. »Leid und Schmerzen müssen nicht sein«, predigen die Ärzte. Gut so, wenn es um das Durchstehen z.B. einer Krebserkrankung geht. »Körperliche Defekte müssen nicht sein«, predigen aber auch die Gentechnologen. Gut so? Von den Eckdaten Geburt und Tod her gerät das Leben als ganzes in nie dagewesener Weise unter Legitimationsdruck, wird die Frage nach seinem Sinn und Wert in neuer Schärfe gestellt.

Der Kasualcharakter des Totensonntags darf angesichts dieser Problemlage sicher nicht einfach übergangen werden. Wer ernstlich trauert, wird an diesem Tag einen Ort des Gedenkens suchen und Zuspruch brauchen. Der Gemeindegottesdienst kann nur bedingt Ort persönlicher Seelsorge sein. Er kann aber den Blick schärfen für den Wert und die Einmaligkeit unseres Lebens und für den Hoffnungs- und Verantwortungshorizont, in dem es steht. Das aufzuspüren kann ja auch ein Stück Seelsorge sein: Sorge für den geistlichen Menschen.

Zum Text: Ich folge der erhellenden Analyse und Auslegung von Hans Weder (»Die Gleichnisse Jesu als Metaphern«, S. 239ff.), deren Ergebnisse auch von W. Pratscher (Exegesenband) aufgenommen sind. Demnach handelt es sich im ursprünglichen Bestand Mt 25,1.3–10b um ein Basileia-Gleichnis, das von Jesus selbst stammen könnte. Auf vormatthäische Gemeindebildung dürften Vers 2 und in Vers 3+4 die Zusätze ›töricht‹ und ›klug‹ sowie Verse 10c–12 zurückgehen. Matthäus hat vor allem Vers 13 hinzugefügt.

Das Basileia-Gleichnis redet vom Kommen Gottes als Bräutigam. Es endet mit dem Hineingehen derer, die bereit waren zur Hochzeit. Jesus als Erzähler will dem Menschen zum Heil verhelfen, indem er die richtige Einstellung zum Kommen Gottes ermöglicht (Weder, S. 247). Die richtige Einstellung hat der Mensch, der Gott nicht zu einem bestimmten, von ihm selbst berechneten Zeitpunkt erwartet, sondern der sich bereithält für das Kommen, wann immer *Gott* es will. Der vorhandene oder nicht vorhandene Ölvorrat steht als äußeres Zeichen für diese Einstellung.

Die vormatthäische Gemeinde bereits – so Weder – hat dem Basileia-Gleichnis eine Erweiterung angefügt, die den vormals einladenden Charakter verändert und die Gewichte verlagert. Der Bräutigam ist nun der gekreuzigte, auferstandene und wiederkommende Christus. Aus der nahen Basileia, auf die man sich mit Freuden einstellen sollte, wird das Kommen zum Gericht, zur Scheidung der Klugen von den Törichten, die sich auf die Verzögerung der Parusie nicht einzurichten wußten, z.B. vielleicht dadurch, daß sie die Worte Jesu nicht befolgt haben (vgl. Mt 7,24ff!). Dem Zuhörer wird nun warnend vor Augen geführt, daß es ein ›Zu spät‹ geben kann. Auf dieser Warnung liegt jetzt das Gewicht. Durch die Mahnung Vers 13 wird sie noch verstärkt. Nicht auszuschließen ist, daß im Schlafen und Aufwachen der Jungfrauen das Sterben und Auferstehen zum Gericht, das *allen* Menschen bevorsteht, abgebildet ist. Unberührt von dieser Akzentverschiebung zwischen Basileia-Gleichnis und Gemeindebildung bleibt indes die Aussage des Gleichnisses: Das Gelingen oder Verfehlen des Lebens vollzieht sich zwar jetzt und hier, indem ich auf Hoffnung, auf den kommenden Gott, auf ein noch Ausstehendes setze. Aber das Gelingen oder Verfehlen wird nicht schon jetzt, sondern erst am Ende offenbar, am Ende meines persönlichen Lebens und am Ende dieser Weltzeit.
Indem aber das Gleichnis heute seine Hörer findet, kann der erzählende, einladende oder auch mahnende Jesus Christus zum Zuge kommen. *Noch* ist alles ›drin‹: Das Verpassen Gottes hier und für immer *und* die Chance zum Mitfeiern. Was ein Leben in Bereitschaft sein könnte, ist aus dem Text allein nicht zu entnehmen. Hier müssen Konkretionen eingebracht werden – falls das überhaupt möglich ist.
Zusammenfassend: Der Kasus ›Totensonntag‹ läßt danach fragen, worin eigentlich der Sinn und Wert unsres Lebens bestehen könnte, eines Lebens, das das »Offenbarwerden vor dem Richterstuhl Christi« (2. Kor 5) nicht zu scheuen braucht. Kann es aber solch ein Leben überhaupt geben? Eigentlich nicht. Niemand kann im Gericht bestehen. Gerade deshalb ist es wichtig festzuhalten, daß der kommende Richter Christus zugleich der ist, der gekreuzigt wurde, weil er sich in seiner hingebenden und vergebenden Liebe nicht von den Menschen trennen ließ. Eben darin hat er Gottes Wesensart zum Vorschein gebracht. Wird solch ein Christus, solch ein Gott, wirklich am Ende die Tür zum Hochzeitssaal verschlossen halten und sagen: ›Ich kenne euch nicht‹?

Vorschläge für Gebete

Eingangsgebet

Wir beten zu dir, Gott. Dir gehören wir im Leben und im Tod. Wir hatten etwas ganz anderes vor – aber du entscheidest, was wird. Alles war so gut eingerichtet – dir hat es nicht gepaßt. Was kommt auf uns zu? – Du weißt es. Wir haben Angst – du sagst: Ich will euch trösten. Wir denken: Gesundheit ist das Wichtigste. Du sprichst: Ich bin der Arzt. Wir möchten dem Tod entgehen – du hast uns zum Sterben bestimmt. Wir sehen unser Leben bedroht – du sagst: Ich bin euer Leben. Wenn wir weinen und verzweifelt sind, wischst du unsere Tränen ab als eine Mutter.
(Aus Materialhefte zur Gestaltung von Gottesdiensten ... Frankfurt, Bd. 53, Heft Nr. 1 »Weil du krank bist«, 1. Aufl. 7/88, ohne Verf. und Seitenangabe. Rechte bei F.K. Barth)

Fürbitte
Gott, vor dir rufen wir uns die Namen unserer Toten ins Gedächtnis ... Wir danken dir, daß sie leben durften; daß du sie die Schönheit der Welt, den Reichtum der Liebe, die Tiefe der Hingabe hast erfahren lassen. Wir danken dir auch für unseren Lebensatem, für die Zeit, die uns noch bleibt.
Vor dir rufen wir uns auch die ins Gedächtnis, deren Leben gewaltsam zerstört wurde. Du kennst ihre Namen. Wir vertrauen darauf, daß du ihnen Recht schaffen wirst.
Wir denken vor dir an die Kinder, die nur wenige Jahre leben durften; an ihre Eltern, die den Verlust nicht verwinden können; an die Kinder, die nicht zur Welt kamen. Vergib uns unsere Schuld und hilf uns, der vielfältigen Verneinung des Lebens in unserer Mitte ein Ende zu setzen.
Erwecke die Lebensmüden zu neuem Vertrauen. Bewahre die vor Verzweiflung, die mit einer unheilbaren Krankheit leben müssen. Den Sterbenden gibt Verlangen und Vorfreude auf das Leben in deiner Nähe. Die Trauernden laß zu einem neuen Leben finden. Herr Jesus Christus, du bist auferstanden von den Toten und hast die Allmacht des Todes zerstört. Wir danken dir für die Verheißung des Lebens, das du uns heute, hier und in Ewigkeit geben willst.

Vorschläge zur Predigt
Möglicher Anfang
Liebe Gemeinde! Der letzte Sonntag des Kirchenjahres, der Totensonntag, stellt uns das Leben der Menschen, die wir lieb hatten, noch einmal vor Augen. Wir erinnern uns an ihr Leben, an ihr Sterben und ihren Tod – und daran, wie wir nun ohne sie zurechtkommen müssen. Wo sind unsere Toten jetzt? Sind sie bei Gott, in seiner Hand, wie es uns in der Bibel versprochen wird? Haben sie Leben in einer Form, die wir noch nicht kennen? Oder haben die recht, die sagen: »Mit dem Tod ist alles aus«?
Was ist der Ertrag ihres Lebens? Was bleibt von ihnen: unter uns – und bei Gott? – Und: Was wird mit *uns* sein? Wann ist es mit uns so weit? Wie wird es sein, wenn *uns* der Tod begegnet? Werde ich dann sagen können: ›Es war gut, und nun ist es genug‹? Möchte ich vieles ungeschehen machen? Wird mich die Last des Mißlungenen und Verpfuschten schier erdrücken? Oder bekommt alles Platz und Sinn im Ganzen meines Lebens? Wird mein Leben aufhören, wie einer aufhört zu atmen, wie ein Wind sich legt? Oder wird ein Ziel erreicht sein? Wird es gar einen Neuanfang geben, einen ungeahnten?
Immer schon haben die Menschen sich über das Ende und Ziel ihres Lebens Gedanken gemacht. Auch die Bibel redet davon, oft in Bildern, oft in Gleichnissen und Geschichten. Eins davon habe ich im vergangenen Sommer neu entdeckt: durch einen Besuch in Magdeburg.
Wer in Magdeburg den herrlichen Dom besucht, der wird bei seinem Rundgang auch die schwere Eichentür im nördlichen Seitenschiff finden,

gleich neben Barlachs Mahnmal gegen den Krieg. Sie führt in einen lichten gotischen Anbau, die Paradiesvorhalle. Rechts und links von der Tür stehen auf zierlichen Konsolen zehn Steinfiguren, die jeden Betrachter bezaubern und anrühren. Es sind zehn junge Mädchen in langen Gewändern und Umhängen. Die Gesichter sind umrahmt von einer lockigen Haarpracht. Wie alt mögen sie sein? Höchstens sechzehn, siebzehn. Die fünf auf der rechte Seite der Tür tragen mit einem Anflug stolzer Würde Gefäße in den Händen. Aber in ihren Augen blitzt der Schalk. Einige scheinen zu kichern, wie junge Mädchen in dem Alter eben kichern. Es liegt eine heitere Aufgeregtheit über ihnen, als gingen sie zu ihrem ersten Ball. – Wenn man dann die Figuren links betrachtet, ist man betroffen: auch hier fünf junge Mädchen, genauso gekleidet, mit ähnlich schöner Haarpracht. Aber die erste beißt sich auf die Lippen und greift sich ans Herz. Die zweite schlägt sich mit der flachen Hand an die Stirn: »Wie konnte mir das passieren!« Die dritte starrt traurig vor sich hin, den Kopf in die linke Hand gestützt. Die vierte trocknet sich mit einem Zipfel ihres Mantels die Tränen, so lebensnah, daß man ihr ein Taschentuch in die Hand schieben möchte. Und die fünfte hat auch schon den Mantel in der Hand: Will sie ihre Nachbarin trösten – oder weint auch sie gleich los? – Auch diese Mädchen tragen Gefäße in der Hand. Aber sie sind nach unten gekehrt: leer. Und das ist offenbar der Grund ihres Jammers.

Ich lese die Geschichte, die hier dargestellt ist: Mt 25,1–10b.

Die Geschichte ist noch nicht ganz zu Ende, aber ich möchte hier einen Moment innehalten. Der Schöpfer der Figuren von Magdeburg – ein überragender Künstler muß er gewesen sein! – hat einen wichtigen Augenblick dieser Geschichte festgehalten: *den Augenblick der Wahrheit.* Alle zehn waren eingeladen, haben gewartet, sind eingeschlafen und wurden vom lauten Ruf »Er kommt!« geweckt. Bis dahin scheint alles gleich. Aber es scheint wirklich nur so. Denn jetzt zeigt sich: Die einen haben überlegt: Kommen wird der Bräutigam bestimmt. Aber wann? Er könnte sich verspäten. Also: besser Öl mitnehmen. Die anderen haben sich gesagt: Er kommt bestimmt *gleich.* Da brauchen wir uns doch nicht mit Vorräten abzuschleppen. Aber nun zeigt sich: Sie haben falsch gedacht. Und deshalb verpassen sie das Fest, auf das sie sich so gefreut haben. Wie ärgerlich! Nie wieder wird ihnen so eine Panne passieren. Das nächste Mal sind sie klüger!

Bis dahin, liebe Gemeinde, hat Jesus selbst wahrscheinlich die Geschichte erzählt. Die Geschichte eines ärgerlichen Mißgeschicks oder auch einer vorausschauenden Bereitschaft, die sich am Ende als richtig erweist. Jesus will sagen: Mit Gottes Reich ist es wie mit einem Hochzeitsfest. Sein Reich kommt, und ihr könnt euch schon jetzt darauf freuen. Aber das Wann, das bestimmt nicht ihr. Das bestimmt Gott allein. Also ist es gescheit, wenn ihr ein bißchen ›auf dem Sprung‹ lebt – und doch mit langem Atem, damit ihr hineinkommt in das Fest von Himmel und Erde. Gott will euch dabei haben.

Liebe Gemeinde, wir merken: Es ist eine dringliche, aber doch freundliche Einladung, die Jesus mit diesem Gleichnis ausspricht. Es ist nicht gleichgültig, wie wir leben. Das Leben plätschert nicht so dahin, bis es zu Ende ist. Wir gehen auf etwas zu, das alle Höhepunkte unseres Lebens in den Schatten stellen wird. Wir sollten so leben, daß unsere Tage, so alltäglich sie auch sein mögen, von einer – geduldigen Vorfreude, von einer hoffenden Wachheit, vom Vertrauen auf das gute Ende durchwärmt und getragen sind. Dann wird der Augenblick der Wahrheit keinen Schrecken bergen.
So weit, so gut. Aber nun geht die Geschichte noch weiter: (Lesung Mt 25,10–13). – Merken Sie es nicht auch? Was eben noch wie eine dringlich-freundliche Einladung klang, ist plötzlich düster und drohend geworden. Die Tür ist donnernd ins Schloß gefallen. Aus dem strahlenden Bräutigam, mit dem man gern feiern möchte, ist einer geworden, bei dem ich mir gar nicht sicher bin, ob ich an seiner Hochzeit teilnehmen möchte. Daß er sich vom Bitten der jungen Mädchen nicht erweichen läßt, die Tür doch noch einmal zu öffnen, das ist schlimm. Noch schlimmer aber ist, daß er ja nicht etwa sagt: Zu spät, das Fest hat schon begonnen. Er weist die fünf ganz persönlich ab: Mit euch will ich nichts zu tun haben! Ja, hatte er denn diese fünf *nicht* eingeladen? Wie kann er sie denn jetzt zu unwillkommenen Gästen erklären?! Solange ich diese Geschichte kenne: mir haben die fünf abgewiesenen Mädchen immer leidgetan, und dieser Umschwung von der Einladung zum Drohwort hat mir immer zu schaffen gemacht. Für diesen Umschwung gibt es eine Erklärung …

Fortführung in Stichworten
Christen der zweiten Generation haben das ursprüngliche Gleichnis für ihre Zeit fortgeschrieben. Der Gerichtsgedanke bekommt jetzt Gewicht, nicht von ungefähr: Hoffnung auf nahes Ende blieb unerfüllt. Verfolgung, Märtyrertod, Bewährung, Glaube muß jetzt für lange Durststrecken gerüstet sein, darf nicht kurzatmig werden. – Heute: keine Verfolgungssituation, eher verbreitet Inflation von »Heilslehren«; Orientierungslosigkeit. Aber auch eine Angst vor dem Gericht ist wieder da: vor einer nicht gottgewollten, sondern menschengemachten ökologischen Katastrophe etwa … (Ich würde das nur anreißen, weil es ohnehin Dauerthema in zeitgenössischen Predigten ist.)
Was ist die »Wachheit« (Vers 13)? Könnte sie eine neue Lebenslinie sein? Hat sie etwas zu tun mit erfülltem Leben? Gefüllte Ölgefäße – erfülltes Leben – »Fülle Gottes« – die Welt ist »voll Gott«: d.h. voller Chancen zur Gotteserfahrung. Niemals so, daß wir Gottes habhaft werden könnten. Es sind Augenblicke des Berührtseins: aus ihnen erwächst »volles« Leben, schön in aller Widersprüchlichkeit, heil in aller Zerbrechlichkeit, ›ewig‹ in allem Abschiednehmen. Im Entwurf ist das Vollkommene doch schon zu ahnen. Die zehn Mädchen ›verbrauchen‹ ihr Leben gleichermaßen. Und doch sind die einen am Ende reich, die anderen leergebrannt. Die Trauer

über das leere Leben, das nicht die Fülle Gottes erlebt, weil es auch vorher nie von ihr oder von sonst einer Begegnung angerührt war, greift ans Herz: siehe Magdeburg. Aber so *muß* es nicht mit uns enden.

Schluß
Jesus jedenfalls wollte es so nicht. Mögen Christen zu anderen Zeiten ihn auch anders gesehen und verstanden haben: *ich* möchte mich an den Jesus halten, der niemandem die Tür verschlossen hat. Wird er nicht auch das leergebrannte, vertane, mißlungene Leben aus der Fülle seiner Liebe annehmen, ihm die Öllampe füllen und es einladen zu seinem Freudenfest? Amen.

Alternativen
1. Natürlich kann die Schilderung der Magdeburger Figuren auch ersetzt werden durch eine lebendige Erzählung des Gleichnisses. Mich hat in Magdeburg besonders bezaubert, daß da lebensnahe junge Mädchen dargestellt sind und keine steifen, hehren ›Jungfrauen‹.
2. Einen ähnlichen Ansatz wie den hier versuchten hat Rolf Heue (Predigtstudien I,2, 1985, S. 308ff.) gewählt: »Ich kenne einen, der die Geschichte ganz anders zu Ende erzählt. Der weiß auch, wie es in der Welt zugeht. Der hat selbst erfahren, wie das ist, wenn man im Dunkeln steht. Der hat selbst den Tod gelitten ... Aber er erzählt die Geschichte ganz gegen seine Erfahrung zu Ende: Als aber die fünf jungen Frauen, die zu spät gekommen waren, draußen anklopften, da wurde es im Saal ganz still. Da konnte keiner mehr mit gutem Gewissen essen und trinken. Da erschraken sie, weil sie erkannten, daß sie waren, wie man ist. Und sie bestürmten den Bräutigam: Herr, Herr, tu ihnen auf! Sieh, wir geben ab von dem, was wir haben. Hier ist ja Essen für alle, Wärme für alle, Musik und Lachen für alle. Und der Bräutigam lächelte ... und er öffnete die Tür: Kommt, ich kenne euch mit Namen.«

Kontexte
Milan Kunderas Buch »Die unerträgliche Leichtigkeit des Seins« beschäftigt mich: »Man kann nie wissen, was man wollen soll, weil man nur ein Leben hat, das man weder mit früheren Leben vergleichen noch in späteren korrigieren kann. Ist es besser, mit Teresa zu leben oder allein zu bleiben? Es ist unmöglich zu überprüfen, welche Entscheidung die richtige ist, weil es keine Vergleiche gibt. Man erlebt alles unmittelbar, zum ersten Mal und ohne Vorbereitung. Wie ein Schauspieler, der auf die Bühne kommt, ohne vorher je geprobt zu haben. Was aber kann das Leben wert sein, wenn die erste Probe für das Leben schon das Leben selber ist? Aus diesem Grunde gleicht das Leben immer einer Skizze. Auch ›Skizze‹ ist nicht das richtige Wort, weil Skizze immer ein Entwurf zu etwas ist, die Vorbereitung eines Bildes, während die Skizze unseres Lebens eine Skizze von nichts ist, ein Entwurf ohne Bild. Einmal ist keinmal, sagt sich Tomas. Wenn man ohnehin nur einmal leben darf, so ist es, als lebe man überhaupt nicht.« (Fischer Roman Nr. 5992, S. 11f.)

»Gott, deinen Namen will ich singen, dir entspringt mein Leben. Aus deiner Schöpfung schöpfe ich, schöpfe meine Kraft. In deiner Sonne blühe ich, in deinem Boden wurzle ich, aus dir ziehn meine Sinne Saft ... Dein Wille setzt voraus, ich setze nach und tue, was ich kann. Dein Abendrot führt mich in Weiten, ich ahne meine Zeit. Die Dunkelheit führt mir beizeiten dein Amen vor, die unbekannte Ewigkeit. Gott, deinen Namen will ich singen, und dann – zu guter Letzt – versteck den meinen in deinem großen, weiten Kleid.« (Aus: Materialhefte zur Gestaltung von Gottesdiensten ... Frankfurt, Bd. 53, Weil du krank bist ... Hefte 1, ohne Verf. und Seitenangaben.)

Zum »Gedenktag der Entschlafenen«

Predigttext: Johannes 5,24–29

Gottfried Mahlke

Theologisch-homiletische Skizze

Als theologisch komprimierte Zuspitzung der Erzählung von der Heilung des 38 Jahre lang Gelähmten am Teich Bethesda, die darüber hinaus noch in eine liturgische Struktur gebracht ist, weckt dieser Abschnitt mein Interesse. Der Evangelist macht deutlich: Das Gericht vollzieht sich schon jetzt in der Situation des Menschen. Der Schritt vom Tod zum Leben geschieht im Hören auf Jesu Wort, und als lebendes Beispiel steht dafür der Gelähmte.

Die Abgrenzung der Perikope mit Vers 24 bis 29 finde ich nicht unproblematisch. Einerseits bleibt der dazugehörende Rahmen Verse 19–23 und Vers 30 unberücksichtigt – gerade dieser Zusammenhang könnte eine Hilfe für den Hörer sein, sich einzuhören in den johanneischen Sprachstil –, andererseits wird mit Vers 28f. ein ganz neuer theologischer Gedanke eingeführt: Das noch ausstehende Endgericht und das Gerichtshandeln des Menschensohnes formuliert in Anlehnung an Dan 7,13f. und Dan 12,2. Diese Vorstellung ist nicht nur im Johannesevangelium singulär, sie steht vor allem in ausgesprochenem Gegensatz zu seiner Eschatologie (vgl. Joh 11,24–26 Jesu Gespräch mit Martha über den verstorbenen Lazarus), speziell aber zu den unmittelbar voraufgehenden Versen (24–27), die im gegenwärtigen Hören auf den Sohn Gottes alle endzeitlichen Hoffnungen erfüllt sehen: Der Glaube an ihn und sein Wort führt schon jetzt zur endgültigen Gemeinschaft mit ihm, zum Übergang vom Tod zum Leben. Der Sohn ist der endzeitliche Lebensbringer, und in der Begegnung mit ihm ereignet sich das Gericht jetzt. Es gibt viele Exegeten (Bultmann, Schnackenburg u.a.), die die Verse (28f.) deswegen dem Evangelisten absprechen und einer späteren Korrektur zuordnen. Es wäre eine denkbare Lösung, die Perikope mit Vers 27 enden zu lassen bzw. sie auf die Verse 24 und 25 zu begrenzen, in denen ich im übrigen »meine« Eschatologie präzise formuliert wiederfinde. Andererseits weiß ich, daß bei einigen Predigthörern – ich denke dabei an meine frühere Dorfgemeinde – die Vorstellung des zukünftigen Gerichts nach den Werken durchaus lebendig ist. Ich vermute außerdem, daß die Rede von denen, »die in den Gräbern ruhen« (Vers 28), für die Abgrenzung der Perikope und für die Auswahl dieses Textes für den »Gedenktag der Entschlafenen« entscheidend waren, was eine zusätzliche Problematik darstellt.

Für die vorgeschlagene Perikopenabgrenzung sprechen m.E. zwei Gründe: Zum einen, denke ich, wird die Diskrepanz zwischen den beiden »Eschatologien« den Endredaktoren nicht verborgen geblieben sein, im Gegenteil, ich vermute, daß sich die Situation ihrer Gemeinden darin spiegelt – und nicht zuletzt auch die Vorstellungen vieler heutiger Gemeinden. Zum anderen könnte der Prediger mit dieser Spannung so umgehen, daß er die unterschiedlichen Standpunkte nicht egalisiert, sondern sie zum Gespräch in der Predigt nutzt.

Ich habe mich durch diesen Gedanken anregen lassen, mit Freunden (in der Mehrzahl aus der früheren DDR) diesen Text zu besprechen.

Gesprächsfragmente als Predigtimpulse

(Bei unserem Gespräch waren fünf Freundinnen und Freunde aus der ehemaligen DDR dabei.)

Als ich den Text vorgelesen hatte, haben alle geschwiegen. Schließlich sagte Christa (eine junge Sekretärin): »Ich habe mir gar nichts merken können, bei jedem Satz dachte ich, das ist wichtig, das mußt du dir merken, dann kam schon ein neuer Gedanke; das hat mich verwirrt.« »Irgend was hat mich erschreckt, mich klein gemacht«, sagte Jochen, »am Anfang hatte ich Hoffnung, da hat mir etwas Mut gemacht, aber zum Schluß fühlte ich mich irgendwie bedroht.« »Das ist eine schöne Utopie: die Guten hier und die Bösen da, das ist eine Schwarz-weiß-Malerei, die haben wir jetzt vierzig Jahre gehabt, das ist genug«, ergänzte Anne, und die andern nickten ihr zustimmend.

Nach einiger Zeit, in der wir versucht hatten zu buchstabieren, was es heißt, »vom Tod zum Leben hindurchgedrungen zu sein«, sagte Joachim, der während der Revolution in der DDR in seiner Stadt die entscheidende Rolle gespielt hatte: »Ich denke dabei an den letzten Herbst, Okt./Nov. 89, bei uns in der DDR. Das war zwar nicht unsere Sprache: vom Tod zum Leben, aber da war Stillstand, als uns nur die Angst im Nacken saß, Totenstille. Es waren ja nicht nur die real existierenden Grenzen und die Mauer, die uns eingrenzten; es war – und das war viel schlimmer – in uns selbst eine Lähmung. Jeder versuchte, mit sich allein klar zu kommen. Und dann – ganz langsam – trauten wir uns, mit anderen zu sprechen. Ich merkte – das klingt jetzt so selbstverständlich – ich merkte, ich bin nicht allein, ich lebe in Beziehungen, ich bin eingebunden, und daraus kann ich Kraft und Mut schöpfen. Ich trage mit, und ich werde auch mitgetragen.« Und die anderen erzählten von ihren Erfahrungen in dieser Zeit und vor allem von der Angst, auch als sie sich regelmäßig montags zu Gebeten in der Kirche trafen. Da sei etwas ganz langsam gewachsen an Selbstvertrauen und Mut, und ganz langsam sei so die Angst gewichen. Und sie erzählten, wie ihre Hoffnungen dann auch immer wieder von ihren eigenen Zweifeln angenagt wurden.

»Irgendwie hat das angefangen mit dem konziliaren Prozeß. Wir haben aufgeschrieben, was uns das Leben schwer macht, wo wir Probleme sehen, und dabei haben wir schon gemerkt, das hat wirklich auch etwas mit unserem Glauben zu tun. Und so war es für mich klar, daß ich dann bei den Montagsgebeten einfach mitgemacht habe, dort haben wir ja im Kreis der anderen im Gebet ausgesprochen, was uns bedrückt. Wir haben uns dann bemüht, uns ohne Kompromisse einzubringen. Und dabei war unendlich wichtig, daß wir alle das Gefühl hatten, wir sind eingebunden, wir tragen das gemeinsam. Und dabei war das Hören auf das, was Jesus gesagt hat, ganz wichtig: Nicht mit Gewalt! Liebt einander! Ihr könnt euch die Freiheit nehmen! Tretet für Gerechtigkeit ein!«

»In dem Vers ist von ›Gericht‹ die Rede, das Wort hat für mich jetzt einen anderen Klang. Früher habe ich dabei vor allem an ›Schuld‹ und ›Bestrafung‹ gedacht. Heute frage ich mich: Ist nicht die Revolution so etwas wie ›Gericht‹ gewesen, aber in dem Sinne von ›richtig‹ handeln lernen, ›ausrichten‹, ›Korrektur‹« – »das ist wie auf dem Bau, wenn etwas gerichtet wird, wenn etwas ins Lot kommt« – »das ist unsere Erfahrung: im Hören auf die Bergpredigt haben wir eine neue Richtung bekommen« – »das ist dasselbe, wie wenn man vom Tod zum Leben hindurchdringt.«

»Vers 25: ›Es kommt und ist schon‹ – das hört sich an wie die Ankündigung eines permanenten Vorgangs, es ist nichts einfach abgehakt, sondern es wirkt weiter – so wie M. Luther im Kleinen Katechismus sagt: täglich ersäuft werden und wiederum täglich hervorkommen.!«

»Die Erinnerung an den Herbst 89 ist schön, aber wie wirkt sie weiter? Wie werden wir jetzt überrollt. Werden wir nicht wieder entmündigt? Mit der D-Mark und der westlichen Wirtschaft, wird uns da nicht wieder etwas aufgedrückt?« Wir westlichen Teilnehmer an dem Gespräch fingen nun auch an zu fragen: Was bedeutet denn für uns »tot« sein? Merken wir eigentlich noch, woran unser Leben hängt? Wie hat die Währungs- und Vereinigungsdebatte uns deutlich gemacht, welchen Zielen wir gesellschaftlich nachjagen? Ist es nicht in Wahrheit das Ersatzleben, das Joh »tot« nennt.

Ich erzähle von meiner Arbeit mit Sterbenden, die manchmal in einer symbolischen Sprache von »Geld« reden, wenn sie »Leben« meinen. »Reicht denn mein Geld noch?« Oder – obwohl die Krankenkasse alle Kosten im Krankenhaus trägt, sagen Sterbende oft: »Das wird hier zu teuer.« »Time is money – Zeit ist Geld.« Mir scheint, daß »Geld« und »Leben« Synonyme geworden sind. Und welchen Kontrast stellt Joh dagegen: Wer mein Wort hört, der wird leben.

Vers 28f. ein ganz anderes Bild: In den vorigen Versen wird »tot« genannt, wer nicht im Glauben lebt; in diesen Versen wird »tot« genannt, wer verstorben ist, wer im Grab ruht; in den vorigen Versen hat »Gericht« mit »Richtung« oder »Umkehr« zu tun, in diesen Versen mit einem zukünftigen Drama. Ein harter Widerspruch. Was beiden Bildern gemeinsam ist: Es sind radikale Bilder, die deutlich machen, es gibt keine seichten Kompromisse: Das Hören auf Jesu Wort hat Folgen von fundamentaler Bedeutung. Es geht um Leben und Tod.

Jemand hat einmal gesagt, daß der Evangelist Johannes ein Wunder, nachdem er es erzählt hat, anschließend noch einmal – sozusagen auf einer Abstraktionsebene – bündelt. Die Wundergeschichte, die unserem Abschnitt vorangeht, ist die Geschichte von dem, der 38 Jahre lang gelähmt am Teich

Bethesda gelegen hat – wie ein Toter. »Ich habe keinen Menschen«, sagt er auf die Frage Jesu, ob er gesund werden will. Er hört Jesu Wort: Steh auf, nimm dein Bett und geh! und glaubt dem Wort und steht auf und geht. Der Evangelist erzählt nicht, wie es mit dem Gelähmten weitergegangen ist. Auch unser Predigttext bleibt irgendwie offen. Auf welcher Seite stehe ich? Stehe ich auf der Seite des Lebens? Mir scheint, solange ich atme, kann sich etwas verändern. Ich möchte dieses Wort des Johannes als eine Einladung hören, mich täglich neu auszu»richten« oder täglich neu »gerichtet« zu werden nach dem, was Jesus sagt.

Kontexte

Psalm 126:
»Wenn Gott uns nach Hause bringt / aus unserer Verbannung – / das wird wie ein Traum sein. / Wir werden singen, / lachen, glücklich sein. / Dann sagt die Welt: / Ihr Gott tut Wunder! / Ja, du tust Wunder, / Gott in unsrer Mitte, / du unsre Freude! / Bring uns dann heim, / kehr uns zum Leben, / wie die Flüsse in der Wüste, / die, wenn Regen fällt / aufs neue strömen. / Wer sät in Trübsal, / wird ernten in Freude. / Ein Mensch geht seinen Weg / und sät unter Tränen. / Singend kehrt er zurück / mit seinen Garben.« (Aus dem Holländischen übersetzt von Hans-Christoph Piper)

»Ich habe keine Angst mehr vor dem Tod, ich kenne seinen kalten, dunklen Gang sehr gut, der zum Leben führt. / Ich habe Angst vor jenem Leben, das nicht dem Tode entsteigt, das die Hände verkrampft und unsern Gang hemmt. / Ich habe Angst vor meiner Angst und noch mehr vor der Angst der andern, die nicht wissen, wohin sie gehen, und sich weiter an etwas klammern, da sie für Leben halten, und von dem wir doch wissen, daß es der Tod ist! / Jeden Tag lebe ich, um den Tod zu töten, jeden Tag sterbe ich, um Leben zu zeugen, und in diesem Tod des Todes sterbe ich tausendfach und erstehe ebensooft, aus der Liebe meines Volkes, die sich von der Hoffnung nährt!« (Aus Julia Esquivel, Paradies und Babylon)

Martin Buber:
»Rabbi Henoch von Alexander sprach: »Auch die Völker der Erde glauben, daß zwei Welten sind: ›in jener Welt‹, sagen sie. Der Unterschied ist dies: sie meinen, die zwei seien voneinander abgehoben und abgeschnitten, Israel aber bekennt, daß beide Welten in Wahrheit eine sind und in aller Wirklichkeit eine werden sollen.« In ihrer innersten Wahrheit sind beide Welten eine einzige. Sie sind nur gleichsam auseinander getreten. Aber sie sollen wieder die Einheit werden, die sie in ihrer innersten Wahrheit sind. Und dazu ist der Mensch erschaffen, daß er die beiden Welten eine. Er wirkt an dieser Einheit durch ein heiliges Leben mit der Welt, in die er gestellt ist, an dem Orte, an dem er steht.!« (Der Weg des Menschen, S. 48)

Ich habe genug

Predigt am Totensonntag (mit Bachkantate Nr. 82)

Klaus Zillessen

I

»Ich habe genug« – das sind bittere Worte des Lebensüberdrusses. – »Ich habe genug« – das klingt fast wie unser zornig-saloppes »Mir reicht's« – ich mag nicht mehr, ich kann nicht mehr, ich will nicht mehr, ich habe genug vom Leben mit all seinen Enttäuschungen, Abschieden, Leid, Krankheit und Einsamwerden. »Ich habe genug« – da fällt den Älteren unter uns ein – einst vielgesungenes – Sterbelied ein:

> »Es ist genug
> so nimm, Herr, meinen Geist
> ...
> es ist genug des Kreuzes, das mir fast
> den Rücken wund gemacht
> wie schwer, o Gott, wie hart ist diese Last!
> Es ist genug.«

Andere von uns wieder kennen Alban Bergs Violinkonzert aus dem Jahr 1935, das diesen Choral »Es ist genug« bittersüß zitiert, voller Lebensschmerz und Todessehnsucht ...

»Ich habe genug« vom Leben mit all seinem Leid, mit seinem Schmerz und seinen Trennungen, mit seinen Ungerechtigkeiten, Unbarmherzigkeiten und seiner Vergänglichkeit ... Hiob hat so gesprochen (und Brahms hat es ihm nachgesungen):

> »Warum ist das Licht gegeben den Mühseligen,
> und das Leben den betrübten Herzen,
> die auf den Tod warten – und er kommt nicht,
> und grüben ihn so gerne aus dem Verborgenen,
> die sich freuten und fröhlich wären,
> endlich ihr Grab zu finden ...«

II

»Ich habe genug« – das kann sich aber auch verwandeln und dann einen ganz anderen Klang bekommen, selbst an der Schwelle vom Leben zum Tod seine Verbitterung und seinen Lebensüberdruß verlieren.

Von Abraham heißt es in der Bibel (1. Mose 25):

> »Er starb in gutem Alter und lebenssatt.«

Damit ist nicht gemeint, daß er das Leben »satt gehabt« habe, sondern daß er wohlgesättigt war von der Fülle und dem Reichtum des Lebens, dankbar für alle Lebensfülle sterben konnte, ohne Bitterkeit, voller Dank. »Ich habe genug: Das Leben war reich und schön, voller Liebe, nun kann ich dankbar und zufrieden sterben.« Ich habe genug, mehr als genug, »Glücks genug« (so der Titel eines kleinen Klavierstückes von Robert Schumann). Es ist ein Geschenk, wenn man so an Gräbern stehen kann, so sterben kann, dankbar bekennend: »Schön war's, wir haben übergenug an Beglückendem miteinander erlebt. Dank dir, du guter Gott!«

III

Und dann – dritte Wandlung – könnte dieser Satz »Ich habe genug« wieder etwas von einem mühsam erkämpften, tapferen Entschluß in sich haben: »Ich habe genug, ich lasse mir das, was ich hatte, genügen, auch wenns kein voll ausgelebtes Leben war, ich begnüge mich damit ohne Bitterkeit – in genügsamer Selbstbescheidung.« Wenn man in alten Texten liest »Ich bin vergnügt«, dann ist das gemeint. (Also nicht Lustigkeit und Aufgeräumtheit, sondern es sich genügen lassen in heiterer Selbstbescheidung.)
In einem Brief des NT 1. Tim 6,6ff. heißt es einmal:

> »Es ist etwas Großes, sich's genügen zu lassen.
> Denn wir haben nichts in die Welt gebracht
> und werden auch nichts hinausbringen.
> Wenn wir aber Nahrung und Kleider haben,
> so lassets uns genügen!«

Ich habe genug.

IV

Und noch einmal will das Wort sich wandeln »Ich habe genug«: »... Ich hatte nicht alles und nicht das Ganze – aber ich habe genug, um damit sterben zu können!«
So meint das der Lobgesang des Simeon:

> »Nunc dimittis ...
> Herr, nun lässest du deinen Diener in Frieden sterben,
> denn meine Augen haben den Heiland gesehen ...«

Das ist genug, um getrost sterben zu können. Ich habe nicht alles, noch nicht die ganze Fülle deines Heiles, Gott, in Händen, nur ein kleines Kind, das erst Erlöser werden soll, nur die Anfänge von etwas Verheißungsvollem, noch nicht die Erfüllung selbst, noch nicht die Einlösung des ganzen Gottesversprechens – aber ich weiß von dem, der kommt, der gekommen ist, von dem das Johannesevangelium sagt:

> »Er ist gekommen, daß wir das Leben und volle Genüge
> haben sollen.«

Das ist genug zum Leben *und* zum Sterben. Ich habe genug.

* * *

Mag sein, daß dies von Bach vertonte »Nunc dimittis« jenes barocken Simeon (jenes Textdichters des 18. Jahrhunderts) uns doch etwas befremdlich ist. Wer kann und möchte von uns das schon so nachsprechen:

> »Ich habe genug, ich habe den Heiland, das Hoffen der Frommen
> auf meine begierigen Arme genommen ...
> nun wünsch ich noch heute mit Freuden
> von hinnen zu scheiden.«

Oder wer von uns könnte das so nachsprechen wollen:

> »Ich freue mich auf meinen Tod,
> ach, hätt er sich schon eingefunden!«

Da ist das alte »Nunc dimittis« des Simeon aus der Nachweihnachtsgeschichte des Lukasevangeliums in all seiner dichterischen Schönheit fast nüchterner und für uns leichter nachzusprechen:

> »Herr, nun lässest du mich in Frieden ziehen,
> meine Augen haben deinen Heiland gesehen,
> ein Lichtblick für alle!«

Aber hören wir uns dennoch beide an, oder besser: alle drei: den Simeon aus dem Lukasevangelium, den Dichter aus der Barockzeit und den Lobgesang des Kantors an der Leipziger Thomaskirche. Vielleicht hilft uns das, *unser eigenes* Nunc dimittis sprechen zu lernen, es zu leben, damit an Gräbern stehen und mit ihm einmal selbst sterben zu können:

> »Christus ist gekommen, daß ich das Leben und volle
> Genüge habe. – Ich habe genug – zum Leben und zum Sterben.«

Für diesen Band arbeiteten

Pfarrerin Ingrid Adam, Mainz. Pfarrer Martin Adam, Mainz. Pfarrer Willy Beppler, Eltville. Pfarrerin Corinna Diestelkamp, Bodenfelde. Pfarrer Martin Engisch-Böhringer, Leinfelden-Echterdingen. Kirchenmusikdirektor Friedemann Gottschick, Bielefeld. Pfarrer Egbert Haug-Zapp, Böchingen. Pfarrer Helmut Herberg, Ulm. Pfarrer Dr. Okko Herlyn, Duisburg. Pfarrer Richard Hilge, Münster. Pfarrerin Oda-Gebbine Holze-Stäblein, Hannover. Pfarrer Wolfhart Koeppen, Ortenburg. Pfarrer Konrad Langrehr-Tell, Bremerhaven. Pfarrer Gottfried Mahlke, Luckau. Pfarrer Claus Marcus, Berlin. Pfarrer Gerhard Monninger, Stockdorf. Pfarrer Michael Popke, Berlin. Pfarrer Dr. Klaus Reblin, Hamburg, Dekan Karl-Heinz Ronecker, Freiburg. Pfarrer Klaus Schimpf, Berlin. Pfarrer Bodo Thiel, Norderstedt. Pfarrer Dietrich Zeilinger, Neckargemünd. Pfarrer Helmut Zeilinger, Freiburg. Dekan Klaus Zillessen, Waldshut.